建築

鑑賞導引系列 3

舒陽　李海英

三聯書店（香港）有限公司

鑑賞導引系列 3

建　築

作　　者　舒　陽　李海英

責任編輯　沈怡菁

設計製作　郭照威、林荔兒

出版發行　三聯書店（香港）有限公司
香港中環域多利皇后街九號
JOINT PUBLISHING (H.K.) CO., LTD.
9 Queen Victoria Street, Central, Hong Kong

印　　刷　陽光印刷製本廠
香港柴灣安業街三號七樓

版　　次　2001年3月香港第一版第一次印刷

規　　格　大24開（200 × 187mm）204面

國際書號　ISBN 962-04-1878-6

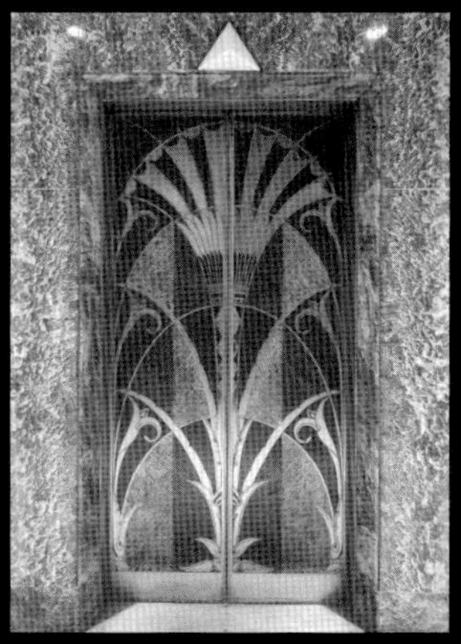

目錄

下篇　現代建築及其它

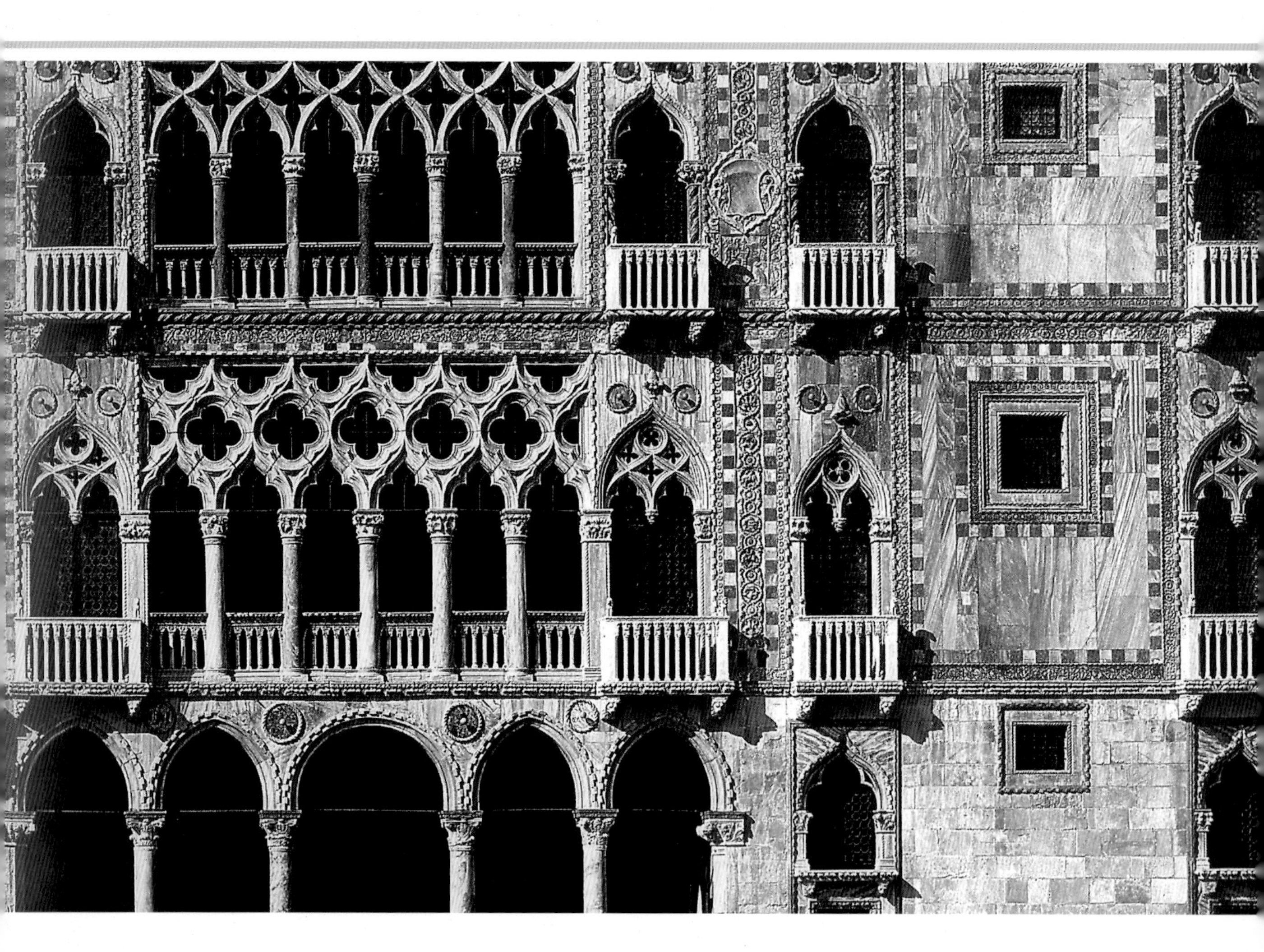

序言

建築在人類生活中的作用太重要了，它直接影響着我們的生活，而我們許多人對建築的認識並沒有超出自己盒子似的單元房。建築需要多方面的合作，才能真正改善我們的生活。了解建築，會使我們更加了解我們的生活。

源於我對建築的濃厚興趣和研究，我寫了本書的上篇，主要對歷史建築作了一種解析式的闡述。為了讓讀者能夠全面地了解建築，我也系統地選擇了大量歷史上的經典建築的圖片並作了簡要介紹。本書的下篇由李海英女士撰寫，主要涉及建築師和現代主義建築及其後的介紹。建築與環境的關係在今天無疑是建築最重要的課題之一，這一部分對東方建築的環境觀——風水作了集中闡述。李海英女士與我的文章在論述建築的歷史時段上各有側重，在對建築的理解上互為補充。我希望這樣能使讀者對建築產生一個多樣化的認識。

在本書的寫作中，好友甄巍多年來與我在藝術上的探討給予了我很大的幫助，在此我對他表示由衷的謝意。我還要借此書感謝我藝術上的啟蒙者——我的大舅趙拓，以及我的家人朋友對我一貫的關愛。我想，李海英女士對她的家人及朋友閔大海、邱連峰、李智、王振江也充滿了感激之情。不論怎樣，此書的完成對於我們各自都是一個開始。我們永遠都將把我們的目光不斷投射在建築藝術上，並以此觀照我們賴以生存的這個多彩的世界。

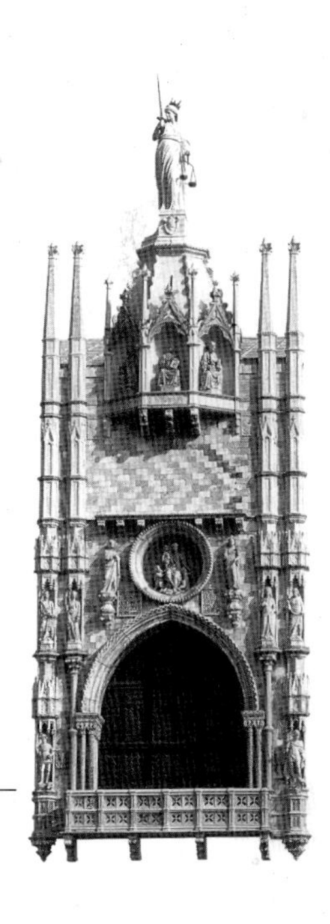

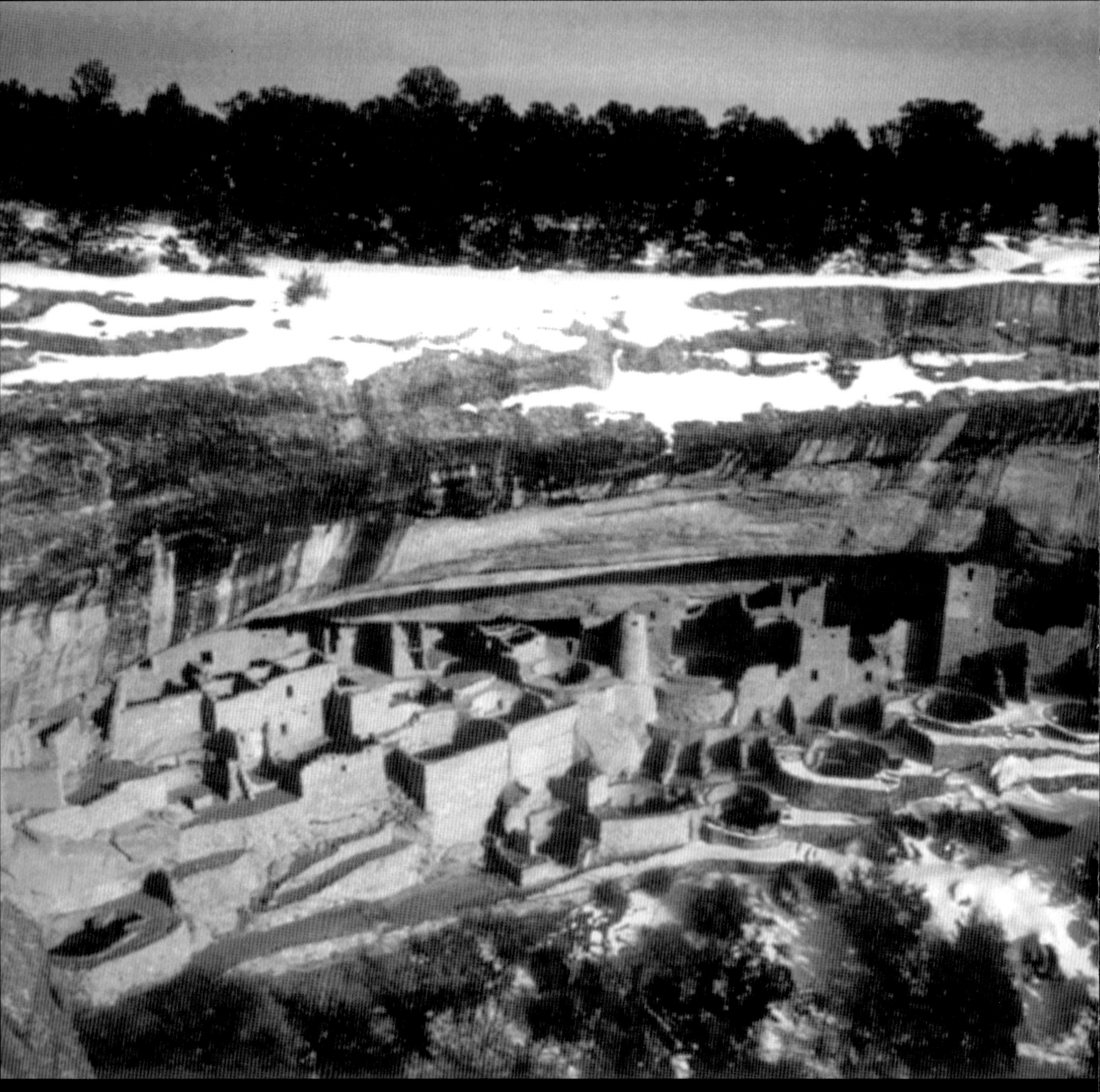

古典建築

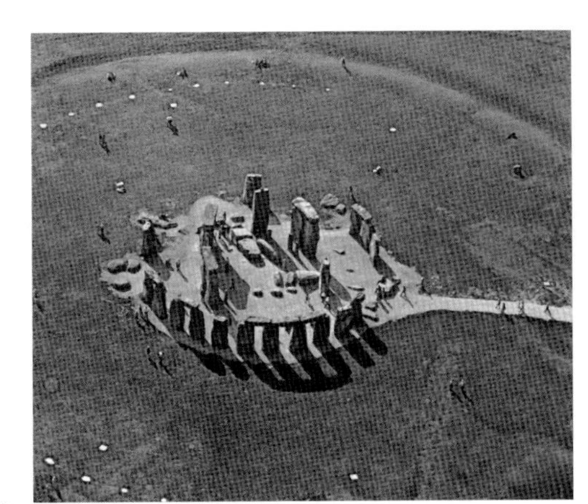

建築包括對人類生活中整個外部環境的考慮；假如我們還認為自己是文明的一部分，這就意味着要對地球本身所面臨的人類需要進行塑造和變革，世人對此概莫能外，除非我們身處室外荒漠之中……

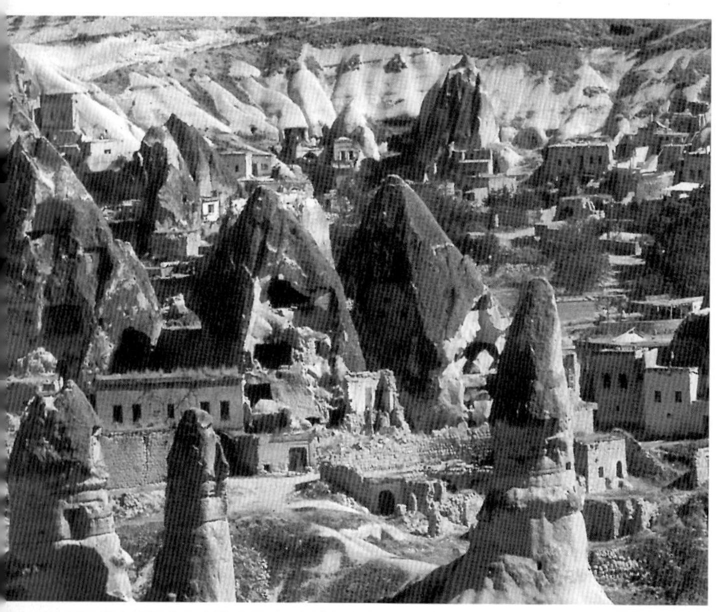
岩洞遺址是人類最早的處所。圖為土耳其卡帕多奇亞的洞穴民居。

1 源於需要

對科學的心理學解釋起源於這樣一種敏銳的認識：科學是人類的創造，而不是自主的、非人類的、或者具有自身固有規律的純粹的"事物"。科學產生於人類的動機，它的目標是人類的目標。科學是由人類創造、更新、以及發展的。它的規律、結構以及表達，不僅取決於它所發現的現實的性質，而且還取決於完成這些發現的人類本性的性質。❶

——馬斯洛

如果將馬斯洛這段話中的"科學"二字全部換成"建築"，那麼我敢説這段關於科學的"敏鋭的認識"就會變成一段恰如其分的對建築的"敏鋭的認識"。科學，這個曾經被認為是超越人類的"客觀現實"，這個曾經代表着"永遠進步"的引領人類邁向未來物質天堂的新救世主，在人類經歷了現代化的喜悦和接連兩次人類歷史上最野蠻、最富於技術性的屠殺，以及工業化對生態毀滅性的摧殘而危及人類生存的時候，不得不重新審視其中人類意志的存在。人，才是我們這個世界的意義所在。把問題的焦點對在人上，我們對"科學"和"建築"的置換才不會導致誤用。

我們對建築有過許多看法，認識建築也就認識了人。

"然而總括說來，從古到今建築的目的不外是取得一種人為的環境，供人們從事各種活動。"[2]這是對建築的最低限的一種看法。建築取得的環境在這裡是一種場所，一個人類的處所。我們的先民們所佔據的就是這樣一個處所——洞穴，最早人為的處所就是建造起來的山洞。建築當然不只是一種建造起來的山洞這種意義上的人為環境，就像我們不只是穴居人。這種對建築的看法只是一種描述，而不是真正的認識。這裡的"建築"僅僅是建造而已。

"建築是一件藝術的事情，一種富有情感的現象，處於單純的建造問題之外，超越這個問題之上。建造的目的是把構件樹立起來，而建築的目的是動人。……建築就是'關係和比例'是'純精神創作'。"[3] 既然建築的目的不是建造，而是動人，那麼動人的建築首先是提供給視覺的，"關係和比例"所體現出來的數當然也是訴諸視覺的。那麼建築是否也像是視覺藝術——繪畫、雕塑那樣一類的"純精神創作"？如果是這樣，那麼拉斯金的話"裝飾是建築藝術的主要組成部分"[4]是再正確不過了。

可是裝飾往往演變成為某種矯飾，因此建築還須是"一種合乎道德之藝術"，"它主要關係到表現真實"。[5]

有人說，建築還"基本上是社會改革之工具"。[6]

最無情的建築闡述是："一所房子是一個住人的機器……一把椅子是坐人的機器，如此等等。"[7]

還有更多，這許許多多甚至相互矛盾的看法怎麼才能給我們勾畫出一幅圖畫，讓我們一眼望穿建築的全境呢？建築隨着人類的歷史遍佈在我們腳下的這顆藍色行星上。人類沿着考古地層向上層層生長，建築也隨着人類文明的節奏變換着方式，像人類自身一樣變動不居、難以捉摸。

如果建築是"人類的創造"，而不是與人無關的事物，那麼對建築的把握必然包括人的因素。如果建築"產生於人類的動機，它的目標是人類的目標"，那麼探討一下人類的動機和目標對於把握建築就是絕對必要的。如果建築"是人類創造、更

秘魯的馬楚皮克楚要塞，印加人早已懂得有規劃地分佈社區。西北是宗教區，中部是集合場所，東方及南方是城鎮區。

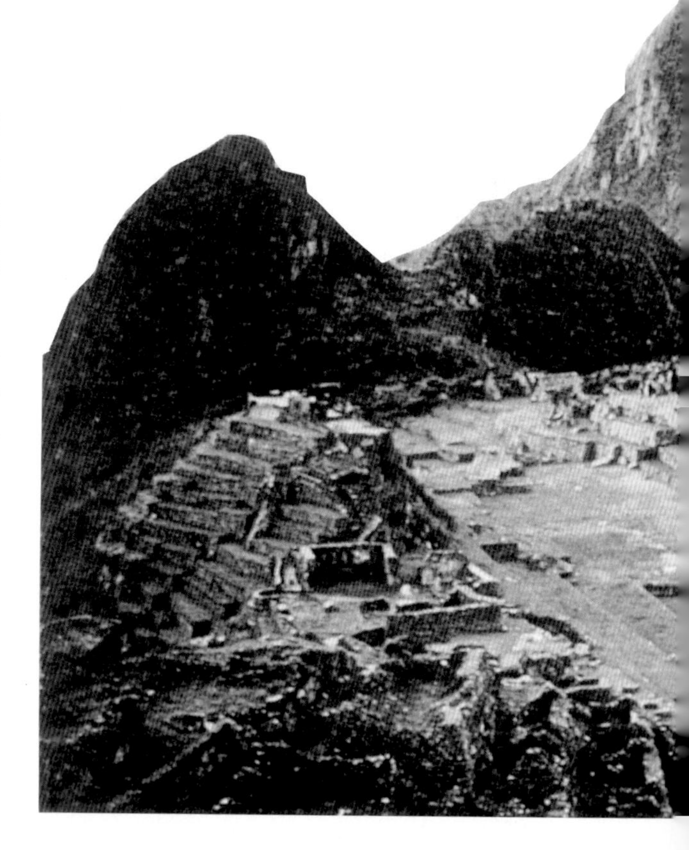

新、以及發展的”，那麼在建築發展的每一步我們都不應把“人”棄置一旁。如果這些說法都能夠成立，那麼當然建築的“規律、結構以及表達，不僅取決於它所發現的現實的性質，而且還取決於完成這些發現的人類本性的性質”。

普金差一點就說對了，他說：“建築及布置總是來源於它們的需要與目的。”[8] 普金的錯誤在於他的話是一種自我循環的論述，建築怎麼能來源於它自己的需要與目的呢？或者我們進一步深問一下，建築的需要與目的意味着什麼呢？根據我們的假設，可以說建築的需要與目的就是人類的需要與目的。普金是傑出的，他接觸到了建築問題的實質，只是沒有把問題深入展開。我們可以肯定地說：建築源於人的需要與目的。

當然，這個肯定的結論來自於一系列的假設，波普爾稱這一類的假設為猜想。波普爾認為

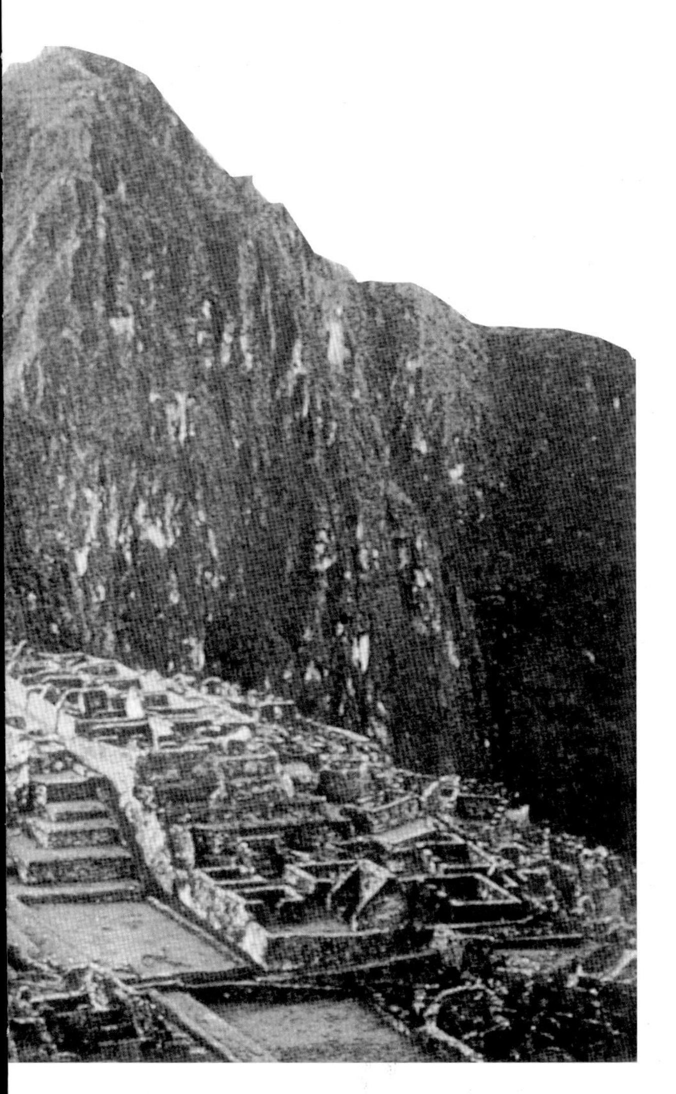

科學認識的過程是提出假設(即猜想)再經過事實進行檢驗。這個檢驗是一個證偽的行為。只要我們承認人的認識是有限的，那麼我們認識的真理就不會是終極真理。這樣的真理在其有效範圍內是正確的認識，超出了這個有效範圍就不再適用，也就是可以被證偽。例如牛頓的萬有引力理論在經典力學的範疇內依然是有效的，屬於真理性認識。超出了經典力學的範疇，就可以被證偽，證明其不適用。但並不能因為萬有引力理論能被證偽，我們就認為這個理論完全是個謬誤。因此波普爾把科學認知的過程稱作猜想與反駁的過程，並且能被證偽的理論才是具有科學性的認知。通過波普爾的理論，我們就能夠對人類的整個歷史作出較為合理的有連貫性的認識。人類歷史早期形成的神話並不因能被證偽而對人類毫無意義。當我們把神話作為人類的一種創造性的認知活動，作為一種對未知事物的猜想，那麼人類就有可能從中得到今天稱之為科學的認識。所以波普爾甚至說："它們(科學理論)基本上是神話創作和檢驗的產物。"❾ 在此我們暫時不論證我們的假設。我們先保留這一假說作為一種有意思的猜想，以便深入地進一步談一談建築與人類切身的關係。

建築如果源於人的需要與目的，那麼人的需要與目的又是怎樣的呢？人的目的不容易辨清，因為我們還都不是終結者，而目的的檢驗總是需要一定的結果和未來實踐的支持。人的需要相對而言比較具體，更多體現出當下的直接意願，所以我們就從人的需要談起。從人的需要談還有另一個原因，就是人的需要是促成人類行為的動機的根本性因素之一。

說起人的需要，我們不得不重提馬斯洛，因為馬斯洛關於人的需要的理論是迄今為止對這個問題表達的最為明確的理論。馬斯洛按照由低到高的不同層次，把人的需要分為下列五個階段：生理需要、安全需要、歸屬和愛的需要、自尊需要、自我實現需要。人類的一切活動都離不開對這五種需要的依次滿足。當然並不是要百分之百地滿足低級需要才會進入較高需要，但是低級需要的滿足是高級需要出現的基礎。更高的需要體現了更高的人的價值。從需要理論的角度來看建築，強調純功能的建築只滿足了較低級的人類需要，因而並沒有體現完整意義上的人的價值。這就涉及到建築的價值觀問題。

從強調功能的角度看，建築的價值觀當然超不出具體建築物的技術要求。但如從建築的終極是人的角度來看，建築價值無疑超出了純技術要求。建築所體現的只能是人的價值。人渴望平等，但人是不平等的。這可從自然界中普遍看到，也體現為達爾文的適者生存的理論。這種不平等不但體現在生物種群的關係中，也體現在人類的社會裡。原始人類在協同捕獵和勞作中的分工，決定了人類社會形成伊始就帶有差異性。而兩性所組成的任何社會組織形式都意味着以某種等級的形式來明確這種差異性。人類社會一旦確立了這種等級的制度，就毫無例外地將之投射到自己的造物上。從姜村遺址的平面我們就可以看到人類是如何通過等級觀念建立起一個真實的社區，用建築把人們劃分開，並使人們固定在建築所提供的等級秩序中。建築比其它原始藝術具有更強的人類生存狀況的隱喻。對建築的任何變革，都潛在地體現了人類價值觀念的轉變。威廉·莫里斯(William Morris)於1881年曾經説過："建築包括對人類生活中整個外部環境的考慮；假如我們還認為自己是文明的一部分，這就意味着要對地球本身所面臨的人類需要進行塑造和變革，世人對此概莫能外，除非我們身處世外荒漠之中。"

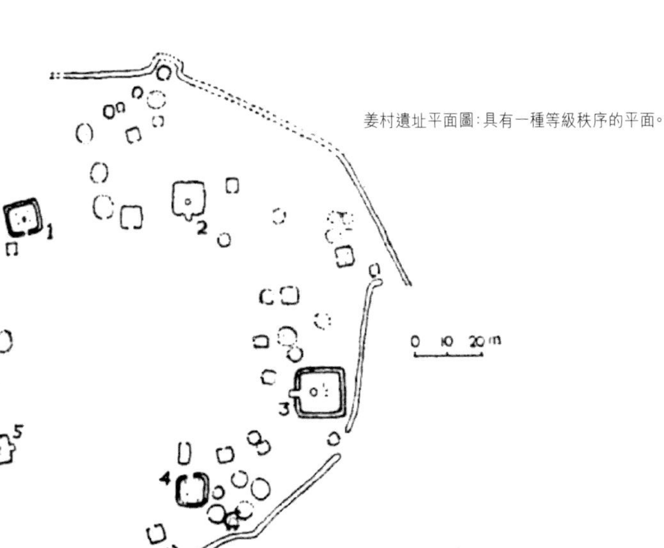

姜村遺址平面圖：具有一種等級秩序的平面。

注釋：

1 引自美國心理學家 A.H. 馬斯洛 (A. H. Maslow, 1908~1970) 的著作《動機與人格》，許金聲、程朝翔譯，華夏出版社1987年版。

2 引自高等學校教學參考書《建築初步》第一章第一節"怎樣認識建築"(清華大學田學哲主編，中國建築工業出版社1982年版)。

3 引自法國建築師勒·柯布西耶 (Le Corbusier, 1887~1965) 的著作《走向新建築》，吳景祥譯，中國建築工業出版社1981年版。

4 引自《現代設計的先驅者——從威廉·莫里斯到格羅皮烏斯》(〔英〕尼古拉斯·佩夫斯納著，王申祜譯，中國建築工業出版社1987年版)。

5 引自《現代建築設計思想的演變1750~1950》(〔英〕彼得·柯林斯著，英若聰譯，南舜薰校，中國建築工業出版社1987年版)。

6 引自《現代建築設計思想的演變1750~1950》(〔英〕彼得·柯林斯著，英若聰譯，南舜薰校，中國建築工業出版社1987年版)。

7 引自法國建築師勒·柯布西耶 (Le Corbusier, 1887~1966) 的著作《走向新建築》，吳景祥譯，中國建築工業出版社1981年版。

8 引自《現代建築設計思想的演變1750~1950》(〔英〕彼得·柯林斯著，英若聰譯，南舜薰校，中國建築工業出版社1987年版)。

9 參見卡爾·波普爾 (Karl Popper) 的著作《猜想與反駁》。

2 兩種基本方式

建築是以什麼方式來滿足我們的需要呢？讓我們就從建築自身談起。

最接近人類需要的自然場所無疑是洞穴。我們人類的祖先聚居在洞穴這樣的天然容身之地。從我們發現的許多史前人類洞穴遺址中，我們可以看到人類為自己選擇的這種棲息之地。雖然洞穴本身是天然的，但洞內的環境卻留下了人類創造的輝煌印記。人類就是在洞穴這一天然庇護所內開創自己的文明。洞穴是陰暗的，但人類的智慧已經開始在其中灼灼生輝了。這洞穴孕育着一次對自然的遠征。當人們有能力在洞穴之外開闢更合適的定居點時，建造的房屋預示着人類完全可以創造自己的生存環境，把握自己的命運。

洞穴所具有的條件無疑也是人類需要的一些基本條件。洞穴是一個基本圍合的內部空間，與野外的世界相隔離，因此可以擋風遮雨，使人們避開猛獸的侵襲。人們共同生活在洞穴中，就使人們開始了一種穩定的群體生活。通過這種生活，洞穴使人們的行為有了明顯的“內”、“外”之別。人類有了洞穴內的群體生活，就使得人類的心靈有了確定的歸屬。這種生活還使人們有了更多閒暇去遊戲與創造。當人們在平原上企圖擴大自己的疆域時，一定試圖用大自然賜予的各種材料來圍成這樣一個“洞穴”。

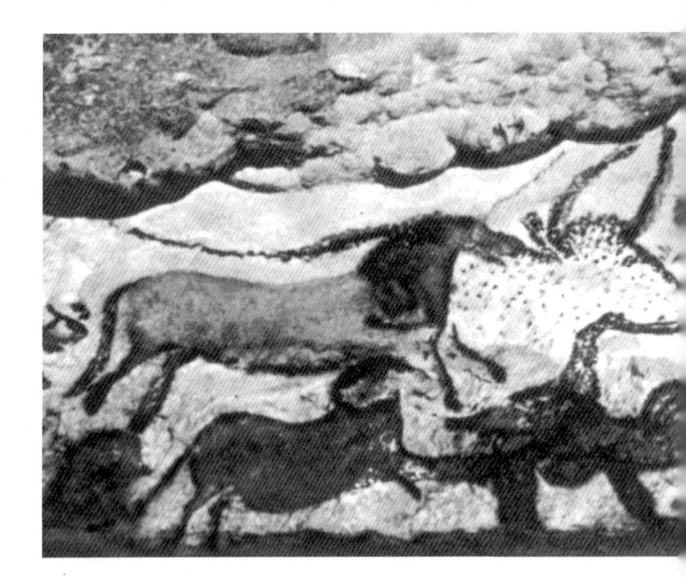

拉斯科岩洞壁畫，史前人類創造的輝煌印記。

大自然是富饒而慷慨的。對於史前人類來說，找到適合圍合空間的材料是輕而易舉的。茂密的山林能夠給人們提供所需要的一切。有兩類主要材料最終被選擇為適合圍合人類所需空間的物質：岩石和樹木。史前人類的幾乎所有建築都是以這兩種材料構成的。人類利用這些材料建造房屋的技術與打製石器等技術一樣，充分利用了這些材料的物理特性進行粗略的加工。

岩石是塊狀物，用它加工而圍合空間會形成一種最基本的方式，就是把岩石作為砌塊一層層壘起來，可稱為砌築式。人們後來用磚代石，也是使用的這種方式。樹木的幹和枝條可以固定結合點，形成另一種最基本的圍合空間的方式，可稱為框架式。人類最原始的建築幾乎全是使用這兩種基本方式建造起來的。

任何房屋除了具備一個圍合的空間的條件外，還需供人們出入的孔洞。怎樣在砌築式的建築

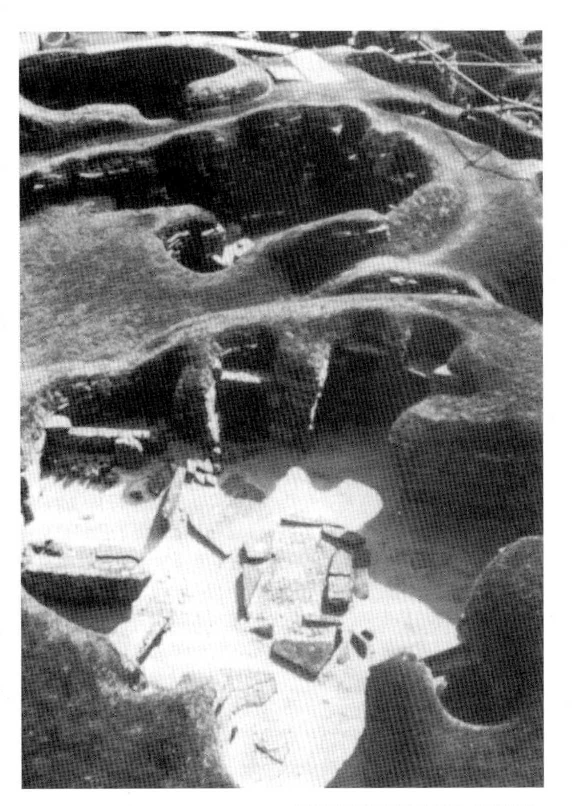

全部由石頭建成的的村落，石器時代。

孔洞

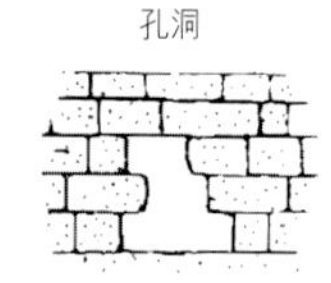

疊澀拱

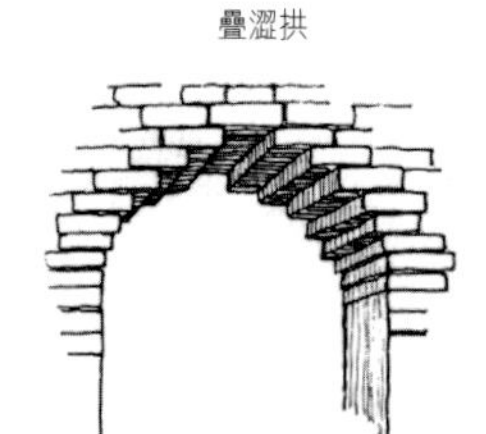

真拱

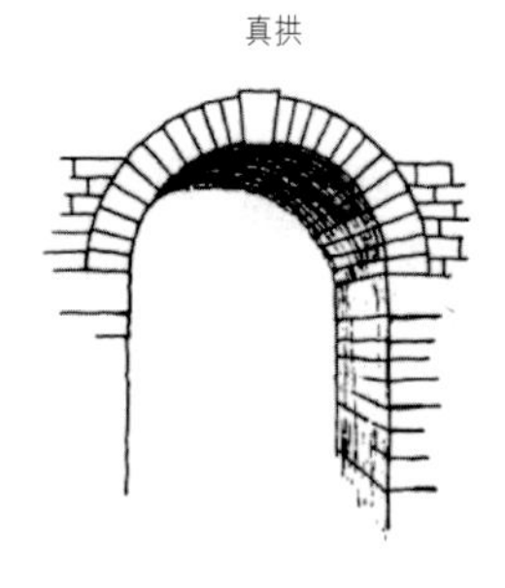

上“製造”這些必需的孔洞呢？我們可以設想一下從壘起的石牆中抽出幾個石塊，別的石塊由於互相支撐而不至倒塌，這樣就形成了一個孔洞。人們有意識地利用石塊的相互支撐而形成了一種拱券的形式——疊澀拱。當石塊相互支撐的技術進一步發展，人們對形成拱的岩石部分進行加工成為楔形石，以使孔洞每次能預先完成，就會形成真正的拱。拱券在砌築式建築中逐漸發展成一種非常重要的結構形式。

砌築式建築另一個重要結構形式就是樑柱形式。什麼是樑柱形式呢？當我們砌築石塊時，會把一塊長些的石頭跨置在兩塊隔開的石塊上，就形成了有兩個柱子支撐架起來的樑的結構。這個結構也是有效地形成孔洞的方式。這種結構就叫樑柱形式。我們經常會看到玩積木的兒童自然而然地運用這種形式“蓋房子”。這種樑柱形式在古埃及的建築中發展成為以石柱支承柱頂盤的形式。

框架式的建築由於是以樹的枝或幹先支撐起

一個骨架，再用其它材料圍合，因此形成孔洞不是問題。它的主要問題是如何固定這些枝幹以形成一個可容身其中的空間。我們可以把這些樹枝幹“壘”起來。由於自然中的枝幹的截面呈圓形，我們不可能像砌石頭那樣“壘”起它們，而只能“架”起它們。這樣形成的木結構形式稱為井幹式。井幹式結構由於枝幹層層架起，只有在平坦的地面上才能穩定。而原始人類最早居住的洞穴大都處於山陵地帶，在附近找一塊平地一定不太容易。相信井幹式結構不是最早的框架式建築的結構。

樹木枝幹還可以利用枝叉在上部互相支撐起來形成一個上小下大的內部空間。這樣形成的建築物不但牢固，而且能適應相對複雜的地形。我們從人類早期的建築遺迹能很容易發現這種建築結構。這種房屋中間常撐有柱子以便更牢固地支撐屋頂，屋頂下覆有半地穴。當人們的生活逐漸升上地面，屋頂也隨之升到支柱上。這樣就產生了真正的框架式建築。

樑柱

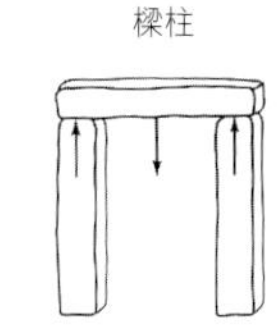

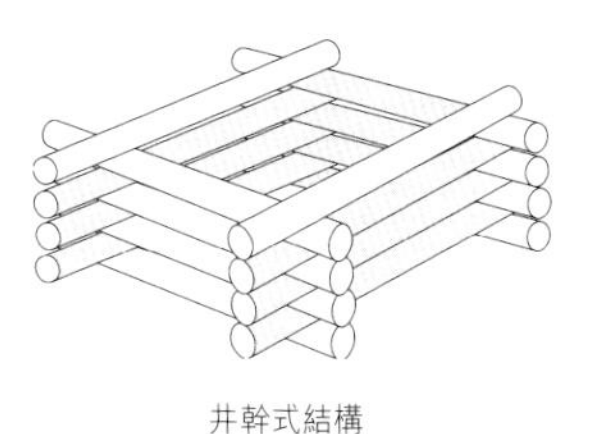

井幹式結構

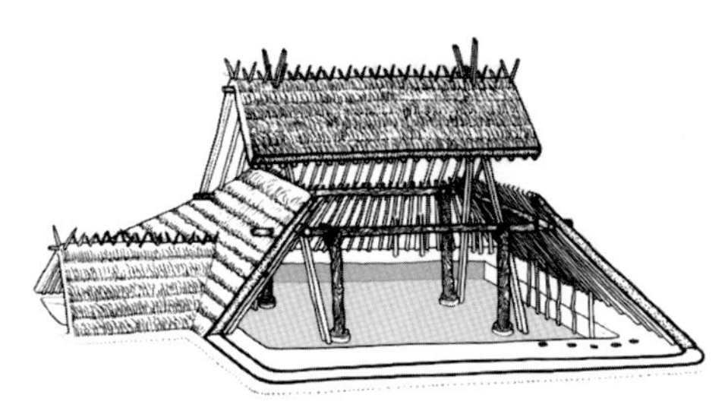

框架式·半坡房屋復原圖。

3 柱式

據說最早的石建築是從木建築中發展而來的，因此石建築的柱式殘留有木建築的痕迹。最早應用柱式的人被認為是伊姆霍太普（Imhotep），一位公元前2650年埃及古王國時的建築師。他首創的圓柱來自當地加固泥牆的葦束，這些葦束的原料在尼羅河畔很容易找到。古埃及柱子的柱身往往像是模仿當地的紙草或蘆葦等植物的形狀，柱頭使用傘狀的紙草花蓓蕾、蓮式或棕櫚葉式的造型。而根據葦桿紮成的葦束，就演變為柱身的凹槽。

這些精美的柱頭裝飾無疑需要熟練的雕刻技藝。而當古埃及的雕刻藝術流傳到古希臘羅馬時，這種柱頭裝飾的技藝無疑深刻影響了古希臘羅馬的柱式，只不過裝飾柱頭的植物變成當地土生的植物而已。

紙草花蓓蕾式柱頭

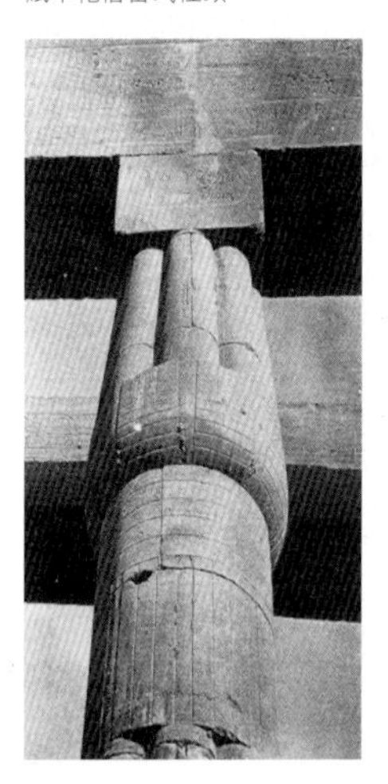

古埃及盧克索神廟運用了紙草花蓓蕾式柱頭

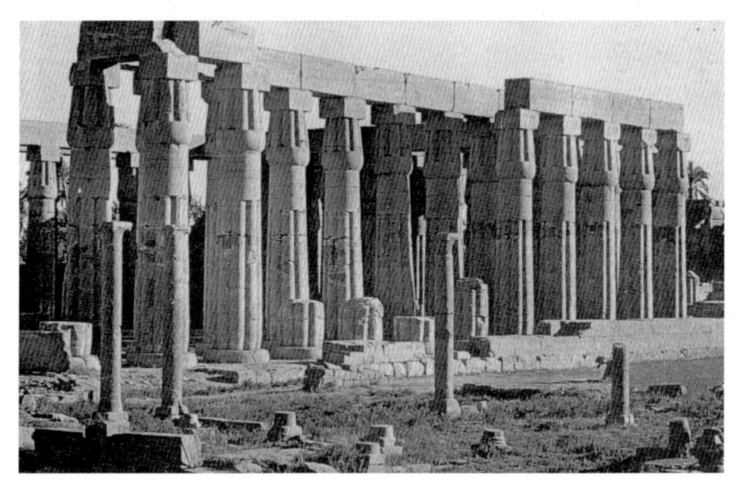

法國修士洛吉埃 (Laugier) 在他的《論建築》(1753) 一書中把建築追溯到原始的小木屋，認為這種木屋是所有人類建築的起源。因此在勒姆所作的圖中直接把柱子視為一截樹幹。無論是否源於木構建築，樑柱形式的立柱和柱上楣構組成的柱式都變成為西方古典建築最重要的基本形式。古希臘羅馬流行的帶有凹槽的立柱，早在古埃及中王國時期 (公元前2133年~公元前1786年) 的建築中就出現過。因此柱式的來源不但可能源於木構建築，而且與更早的古埃及建築有着極深的淵源。古埃及柱頂盤起初可能就是葦束上面平放的支撐屋頂的木塊，進而演變為柱頭。橫跨在柱子上的樑變成石樑，稱為額枋。

約翰・薩莫森爵士 (Sir. John Summerson) 也從石建築的結構細部和功能對柱式來源於木構建築作出了推測性的描述：“檐口底托石彷彿是伸出去支

棕櫚葉式柱頭

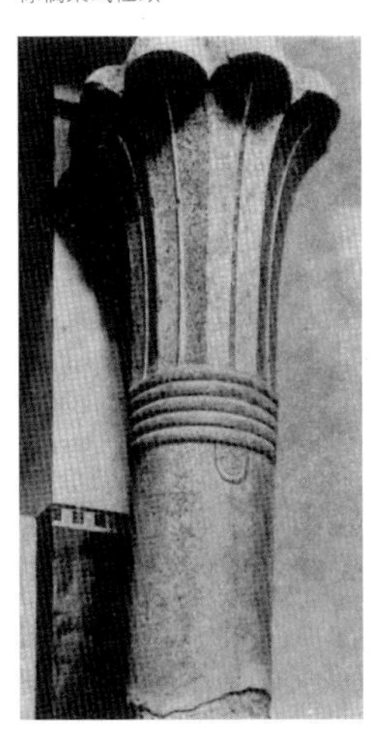

凡勒島圖拉真涼亭

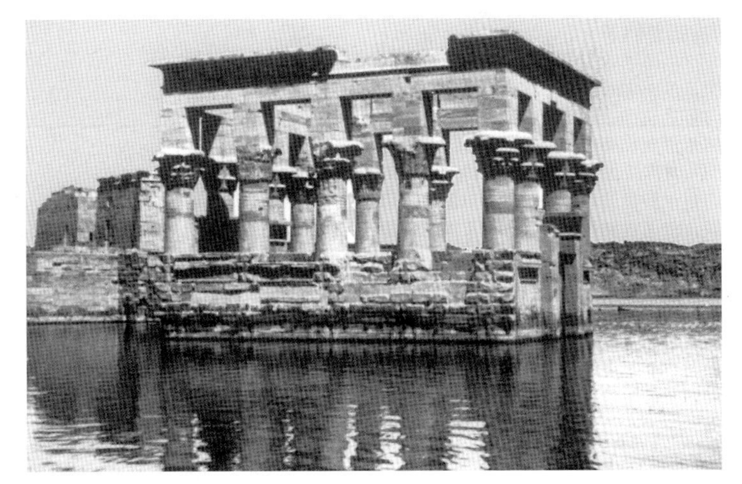

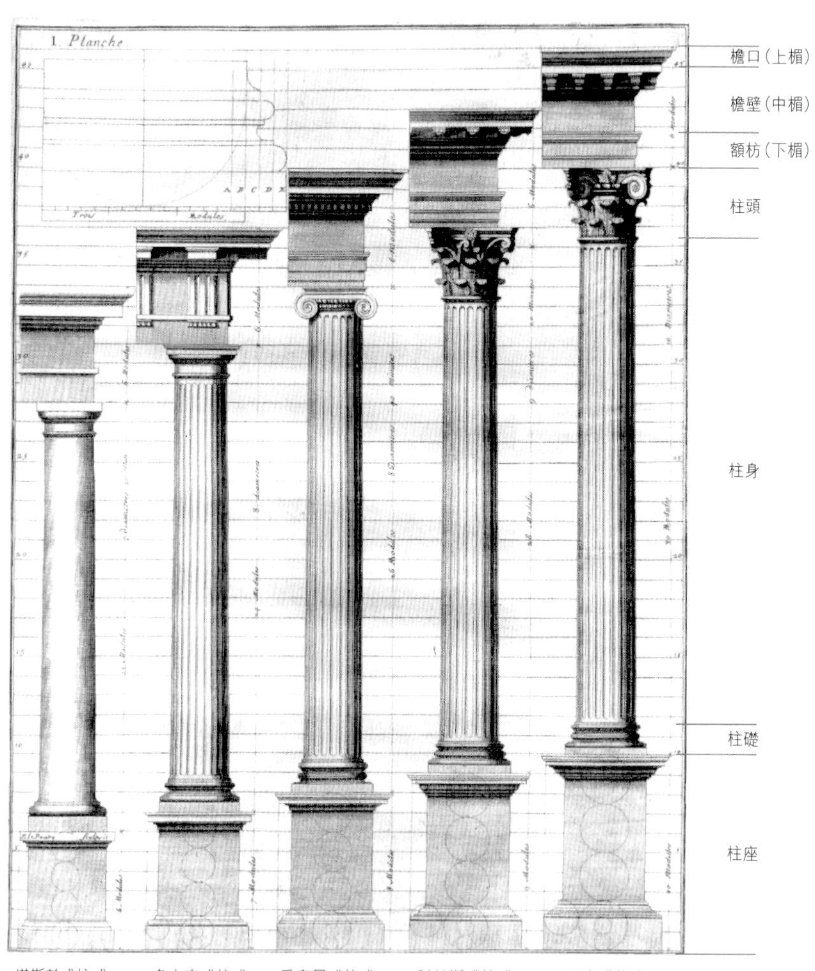
I. Planche
檐口（上楣）
檐壁（中楣）
額枋（下楣）
柱頭
柱身
柱礎
柱座
塔斯幹式柱式
多立克式柱式
愛奧尼式柱式
科林斯式柱式
混合式柱式

撐屋檐的懸臂的端部，雨水從屋檐滴下，可以不淌到柱子上，中楣上的三槽板可能是架在下楣上的大樑的端部，束帶飾看上去好像是用於捆紮的構件，被中楣上的珠狀飾固定在三槽板下，當然圓錐飾不是承樑木，而是固定在上面的木楔。”❶ 雖然薩莫森爵士認為這是他自己粗率的猜測，但他依然肯定自己的觀點，並以考古學和維特魯威的權威性為自己作證。

關於柱式的描述源自維特魯威 (Vitruvins) 的著作《建築十書》。維特魯威是公元1世紀古羅馬建築師。《建築十書》是15世紀以前唯一留存的論古希臘羅馬建築藝術的專著，於1415年被譯出。它是被羅馬教廷的一位書記波基奧在瑞士聖蓋爾圖書館發現的。維特魯威在書中描述的柱式主要有三種：多立克式、愛奧尼式和科林斯式。他也談及了塔斯幹式，而混合式則是1400年後的意大利文藝復興時期學者和建築師阿爾伯蒂 (Leon Battista Alberti) 通過自己的研究提出來的。這五種柱式後來就被固定為西方古典建築的主要設計構件。

柱式由柱子和柱上楣構組成。柱子自下而上分為柱礎、柱身和柱頭。柱上楣構由柱子支撐，自下而上分為額枋 (下楣)、檐壁 (中楣) 和檐口 (上楣)。柱子以下的柱底座不是柱式的基本部分。但是從16世紀的賽利奧 (Sebastiano Serlio) 開始，建築理論家給柱式也加上了相應的柱底座。

我們通常把歐洲古代思想的成熟歸於古希臘偉大的哲學家們，他們的思想始終影響着歐洲的文明。古羅馬世界完全接受了古希臘文化的影響，因此我們總把古希臘和古羅馬的文明共同合在一起稱為古代的古典文明。

古希臘的文明開始於公元前約650年左右至希波戰爭 (公元前490年~公元前479年) 開始時為止，稱為“古風時期”。這個時期希臘人同埃及和近東的古代文明有着緊密聯繫。接着從希波戰爭開始到公元前404年的伯羅奔尼撒戰爭結束為止，希臘人創造了自己成熟的古典文明，稱為“古典時期”。其後至公元前31年羅馬帝國吞併整個希臘世界之前稱為“希臘化時期”，這個時期古希臘文明完全影響了西方古典世界的整個地區。最後是羅馬帝國時期，從公元前31年到公元330年君士坦丁大帝把帝國首都遷到君士坦丁堡。在這近千年的古希臘羅馬偉大文明時期，最早被採用的柱式是多立克式。

希臘化時期之前，多立克式很少與其它柱式混合使用。多立克式比較簡單，刻有圓凹槽柱身的頂端是由一塊圓形的墊石和一塊無裝飾的方石組成的平淡的柱頭，柱頭托起無裝飾的額枋。額枋上面托住中楣，中楣由三樞板和間板交替組成，間板有時以繪畫或浮雕加以裝飾。三樞板上有檐口底托石和錐狀飾。希臘多立克式沒有柱礎。

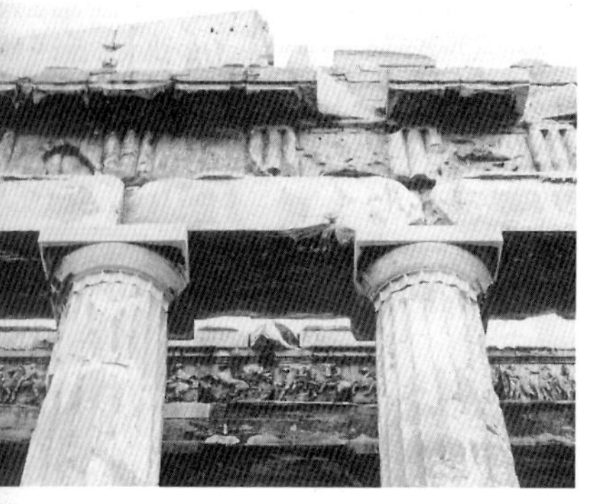
多立克式柱頭

愛奧尼式與多立克式都出現於公元前5世紀初葉。愛奧尼式源於小亞細亞，細長的柱身立於精緻的柱礎上，柱頭沿上方曲線向兩側捲成渦旋形。渦旋飾上面的方石頂盤托起三層向外層層略凸出的水平條帶形成的額枋。額枋托起的中楣是連續的不加分割的平面，有時以浮雕裝飾。中楣上還常常有齒飾。

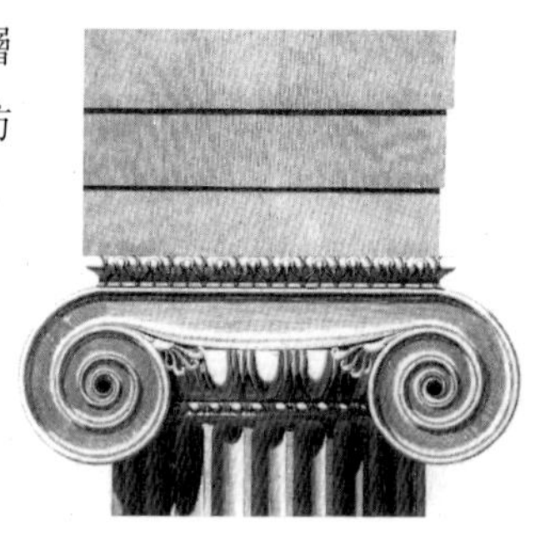
愛奧尼式柱頭

科林斯式是公元前5世紀末由雅典人發明的。它的柱頭呈倒鐘形，四週以莨苕葉形裝飾。同時蕨類植物似的葉子伸向頂柱方石四角。這種柱頭的設計據維特魯威稱來自雕刻家卡里瑪庫斯(Callimachus)。據説卡里瑪庫斯看到一個科林斯女孩的墓地上放着一籃玩具，並用一塊方石蓋在上

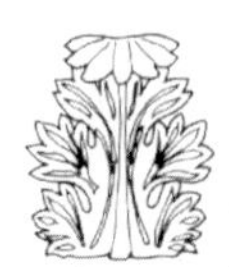
天然的莨苕葉

圖樣化的莨苕葉

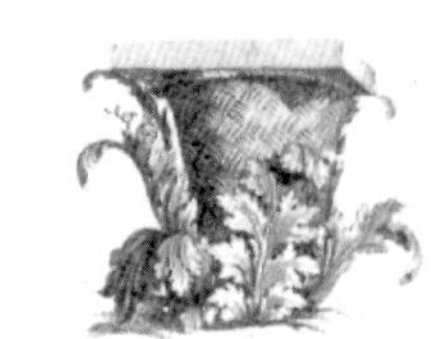
科林斯式柱頭起源假想

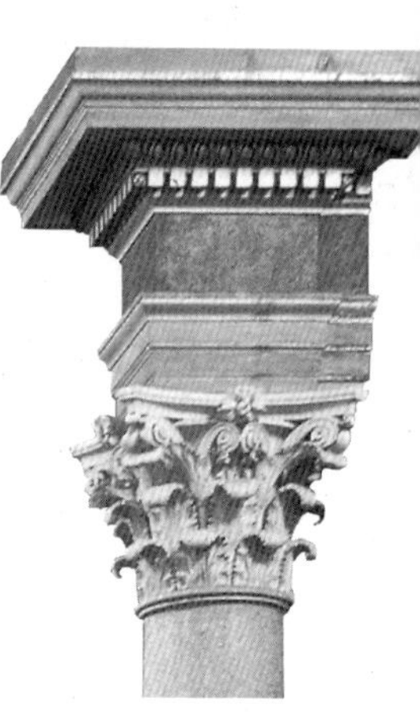
科林斯式柱頭

面，週圍長着野生的莨苕，從而創造出了科林斯式柱頭。不論此說是否真實，科林斯式比愛奧尼式能更好地解決轉角問題（它的正面和側面是一樣的），也更為華麗。因此科林斯式很快流行起來，並且在希臘化時期和羅馬帝國時代成為愛奧尼式的替代物而被大量採用。

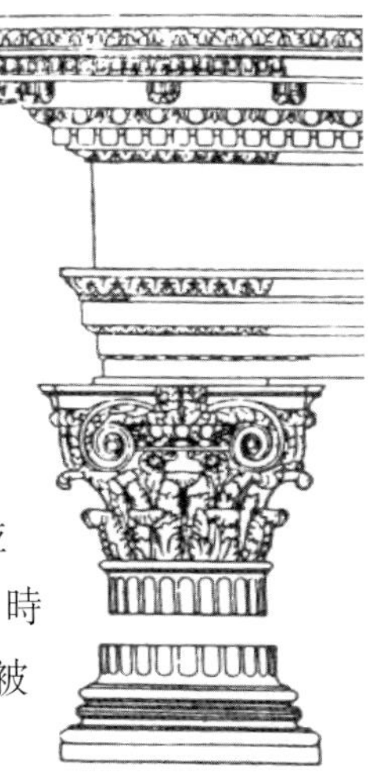
混合式柱式

塔斯幹式來自古代伊特魯斯堪神廟，它的柱身設有凹槽，由多立克式變粗短而成。

塔斯幹式與混合式都是被羅馬人首先採用的。混合式就是由愛奧尼式和科林斯式結合而成的柱式，是五種柱式中最複雜的柱式。

從15世紀的文藝復興運動開始，古希臘羅馬的文化逐漸被傳統的基督教國家重新肯定。柱式也成為這些國家建築設計的基本建築語言，形成古典主義的建築風格，直至19世紀以新材料、新技術為特徵的現代主義建築開始興起的時候。

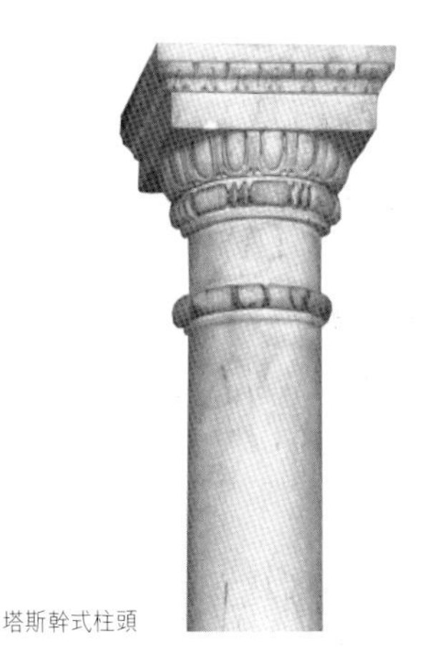
塔斯幹式柱頭

注釋：

1 引自《建築的古典語言》（〔英〕薩莫森著·張欣瑋譯·中國美術學院出版社1994年6月第一版）。

4 拱券和穹頂

砌築方式的兩種基本結構形式之一是樑柱，逐漸發展成為柱式。另一種基本形式就是拱券。

我們在前面說過，拱券來自於人們為了出入建築物的孔洞而抽取石塊所形成的疊澀拱。當人們把砌塊向上砌的時候，逐漸收縮的砌塊就形成了一個跨。這種跨與樑柱形式的樑所形成的跨的不同在於樑所能承受的彎力有限，所以跨度有限。而拱券上的砌塊所受到的是向下逐層傳遞的壓力，最終承受壓力的是地面，因此能跨越較大的空間。如果我們預先考慮到疊澀拱的形狀，我們就可以事先把形成拱券的部位的砌塊進行加工以達到我們希望的形狀。如在古代中美洲馬雅人所建的烏斯馬爾地方長官府邸上砌出的箭頭式拱門。

疊澀拱的目的在於，兩側砌塊向上砌的同時也向中間跨出合成一個拱券。那麼把形成拱券的部位的砌塊傾斜砌起來，就使砌塊更加符合拱券結構的要求。還有一種辦法，就是把形成拱券的砌塊加工成為楔形。楔形石夾在一起，就成為真正的拱。用楔形石砌拱通常需要用拱形的木架作支撐，待拱券砌成後再把木架撤掉。當建造特別大型的拱時，

烏斯馬爾地方長官府邸的箭頭拱門

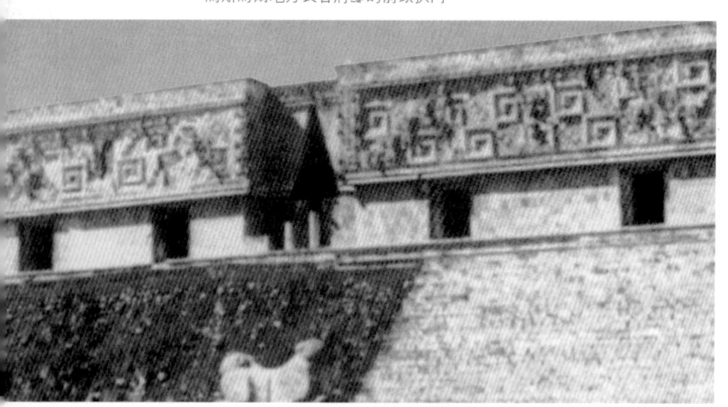

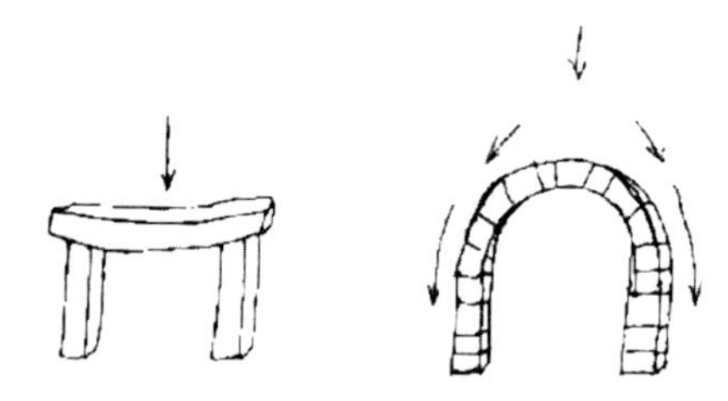

樑與拱受力示意圖

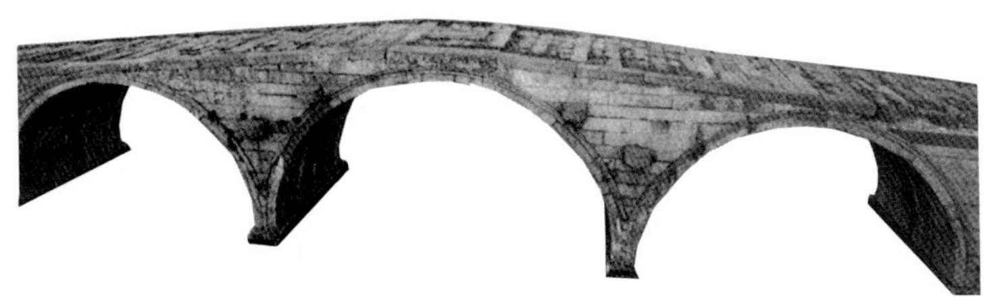
拱券大跨度的特點，非常適合在河上建橋。

有時也用土丘作為砌拱的支撐。

人類在建築上使用拱券的結構形式，並不僅僅在於取得一個可以出入的孔洞。拱券大跨度的特點，非常適合在河上建橋。

拱券還可以延伸形成建築物的整個空間，這樣拱就成為了建築物的頂部，成為穹頂。穹頂弧形的曲面就好像美麗的天穹。

最簡單的穹頂是筒形穹頂，可以看作是由一個圓拱延伸而成。這種筒形穹頂完全由牆壁承重，所以不宜開窗採光，而且過於厚實沉重。古羅馬的建造者把兩個筒形穹頂直角相交叉，就形成了交叉穹頂。兩個交叉的筒形穹頂所形成的邊棱稱為拱肋。交叉拱於公元1世紀開始使用，它擺脫了承重牆。

筒形穹頂

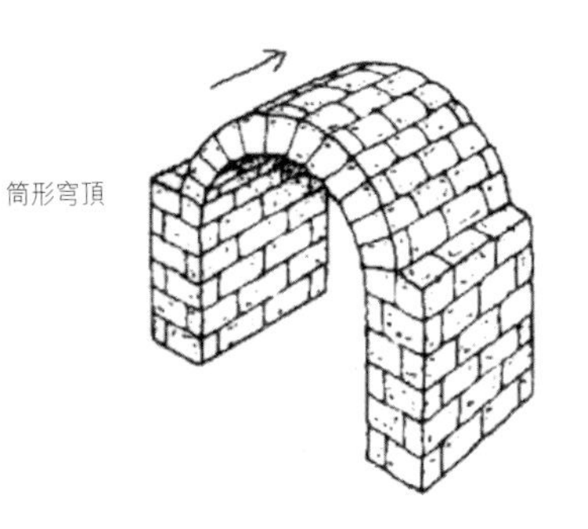

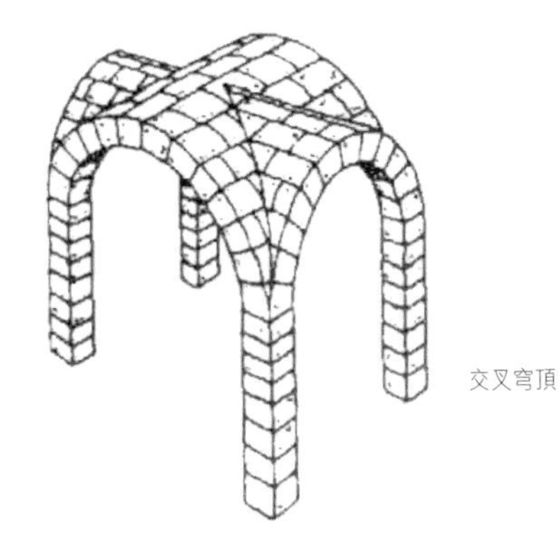

交叉穹頂

古羅馬境內的活火山為人們提供了製造混凝土的大量優質原料——火山灰，最好的火山灰來自那不勒斯旁邊的港口城市波佐利的紅色火山。混凝土的應用給穹頂的發展帶來巨大的推動。到公元前1世紀中葉，天然混凝土的使用已經代替了拱券結構中的石頭。火山灰加上石灰和碎石後，變得凝結力極強。用這種辦法製成的混凝土堅固、不透水，非常適合建造大跨度的建築物。羅馬皇帝哈德連建造的萬神殿內的穹頂直徑達到43.3米，是19世紀前世界上最大的穹頂。這個穹頂是個完整的半球形，穹頂的半徑與高度相等，坐落在廟宇主體的鼓筒的第二層，蔚為壯觀。

公元前80年羅馬市中心廣場旁的行政大樓還採用了另一種穹頂。它用一系列不太大的分為四瓣的穹頂來代替連續的筒形穹頂，這樣就可以逐間澆築完成。

古羅馬的穹頂是坐落在轉成圓形牆上的。筒形和交叉穹頂可以在圍成長方形和正方形的牆上起

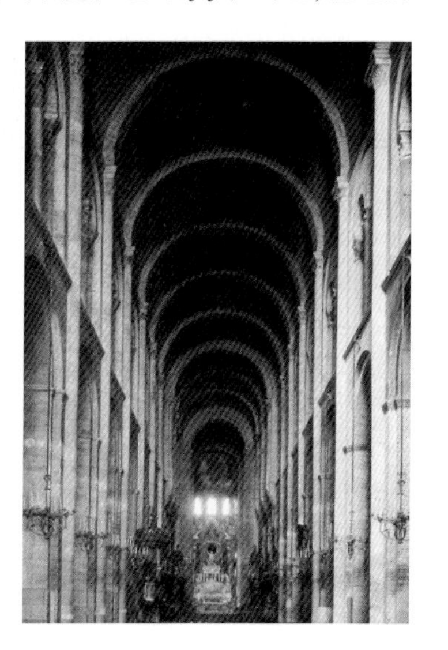
古羅馬的筒形穹頂

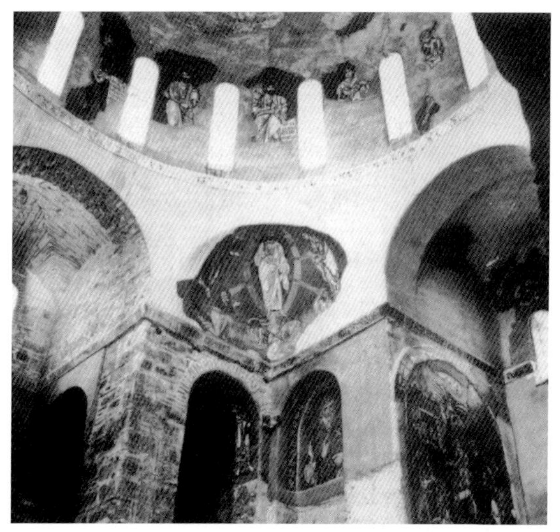
達尼夫修道院的內角拱，希臘。

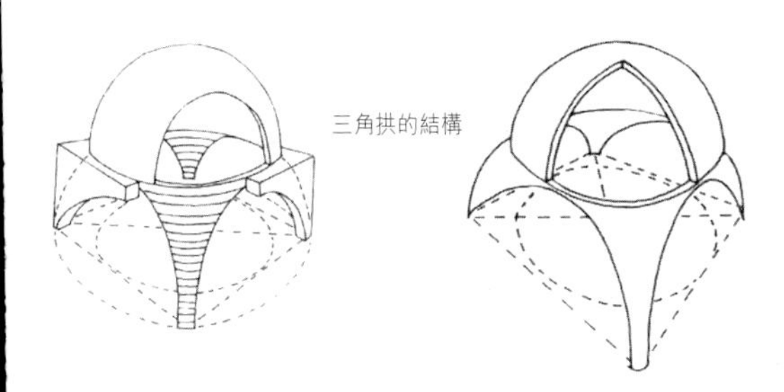

三角拱的結構

拱。如果要把圓形穹頂建在圍成方形的牆上該怎麼辦呢？古代波斯的聖徒陵墓上曾將圓頂建在八角形平面上。而敘利亞和小亞細亞一帶則用石板抹角，形成多邊形來托起穹頂。但使用這些辦法跨度只能很小。印度菲魯扎巴德的宮殿採用了內角拱的結構來解決這一問題。角拱就是把架在方形圍牆上的角樑改為拱，以使圓形穹頂能夠坐落其上。

如果穹頂下的四面石牆開有四個拱，那麼穹頂巨大壓力和側推力將使支撐柱無力招架。因此人們又想出了新的對策。這個新對策就是在四個拱之間砌築以圍合方形平面的對角線為直徑的穹頂，在四個拱終結處會形成一個水平的圓圈，這樣圓形穹頂可以在這個圓圈上起拱或建鼓筒。這樣圓形穹頂與四方形平面的過渡就變得天衣無縫、自自然然了。這種結構形式因四個角上的球面三角形而被稱作三角拱。三角拱的形狀很像古代海船上被風吹得鼓鼓的三角帆，因此也被形象地稱為帆拱。

由三角拱支撐的穹頂

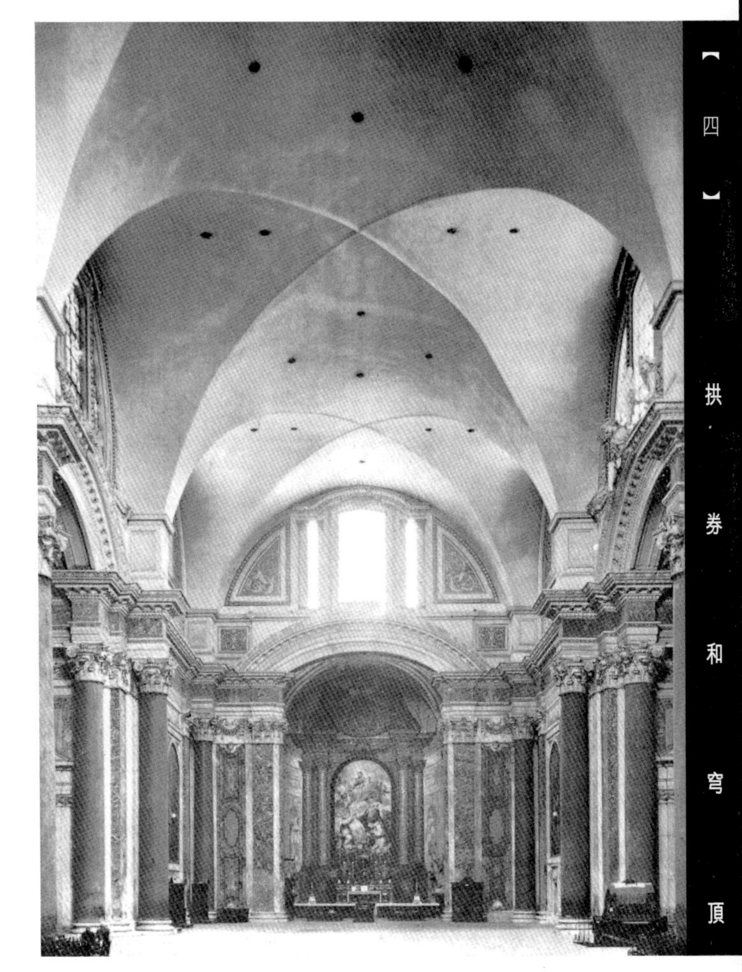

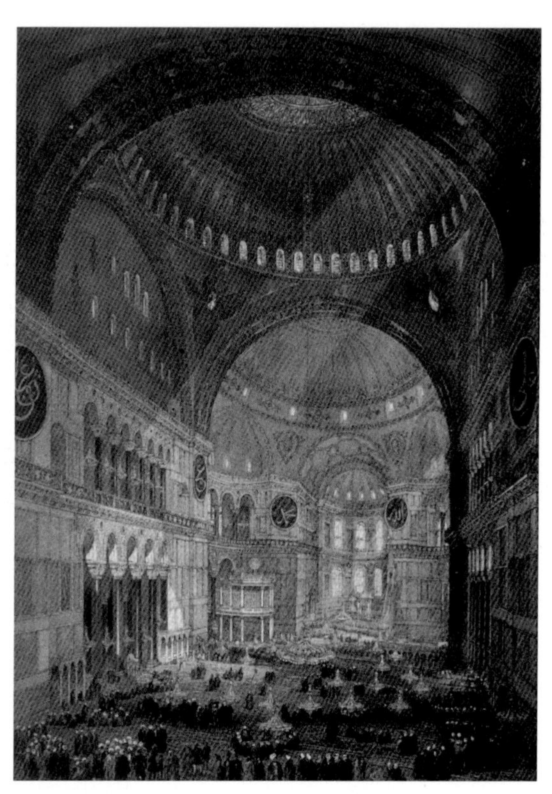

土耳其的聖索菲亞教堂，由四個三角拱支撐其圓頂。

俄國建築的蔥頭穹頂

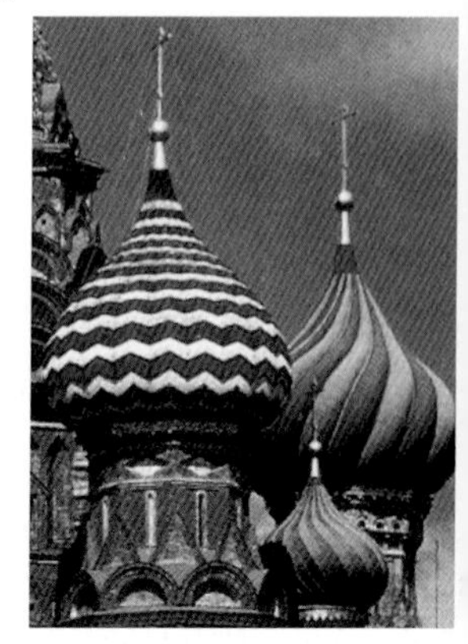

俄國在穹頂的樣式上也作了小小的創造。俄國建築師建造穹頂時從起拱處略向外鼓起一點，然後再向裡收縮。這種方法建起的穹頂形狀像洋蔥頭，因此也就被稱為蔥頭穹頂。

穹頂也被應用在中美洲。托爾特克人於9至10世紀在奇欽．伊查建造的螺旋式蝸牛天文台，被認為是帶有古代馬雅穹頂的唯一的一座圓形建築物。

在11世紀，拱肋開始經過計算造成像傘骨一樣的形狀。拱肋用一個可以挪動的木製拱形框架先被砌築起來，然後再在拱肋之間加以圍護材料。這種作法與古羅馬人的不同，用這種方式建造的穹頂拱肋清晰可見。這樣的拱券也被稱為肋拱。肋拱形成的穹頂較輕，從而降低了支撐穹頂部分所承受的壓力和側推力。同時肋拱能較容易地適應更為複雜更為自由的平面。

肋拱的

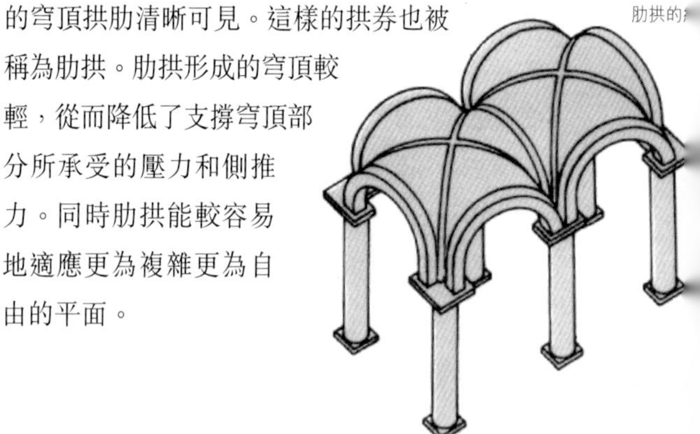

尖拱也在同時開始被廣泛採用。尖拱比圓拱更加自由，這表現在立面上。圓拱的曲率是一致的。因此當兩個圓拱的跨度不同時，跨度小的圓拱必須相應增加高度，這往往使兩部分的銜接變得複雜了。而尖拱具有不同的曲率，因此很容易地就解決了同高不同跨或同跨不同高的問題，使內部空間能夠更自由地得到安排。

共的結構

為了承受來自穹頂的側推力，拱券還以飛拱的形式被採用。飛拱把來自牆壁上部穹頂形成的側推力傳向扶壁或其它支撐物。

飛拱

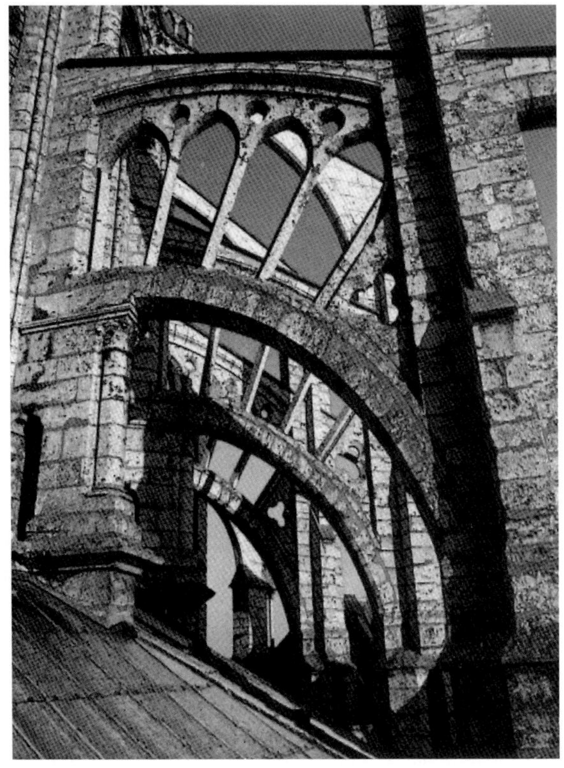

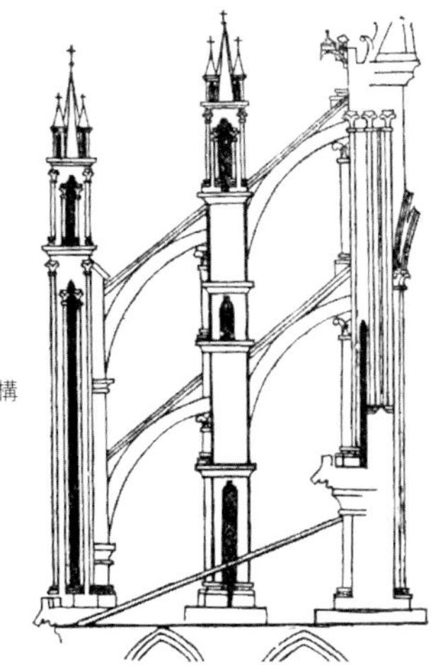

飛拱的結構

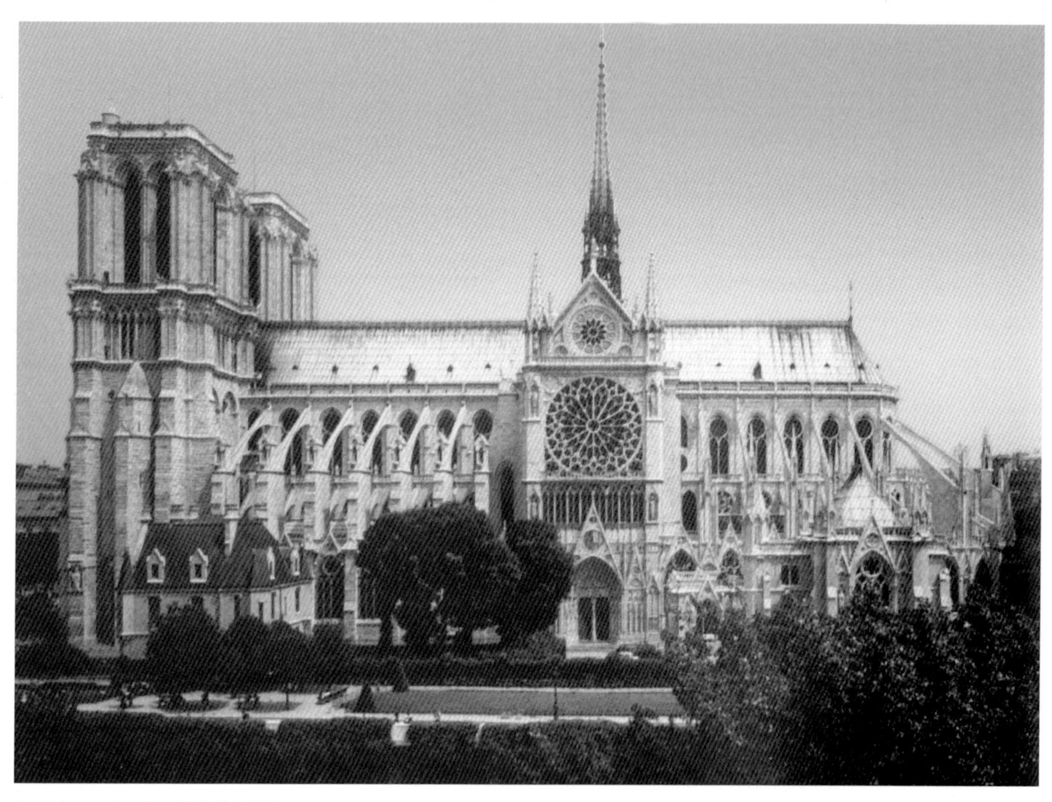

法國的巴黎聖母院南面外牆上的飛拱形態

格羅斯特主教堂的網狀穹頂

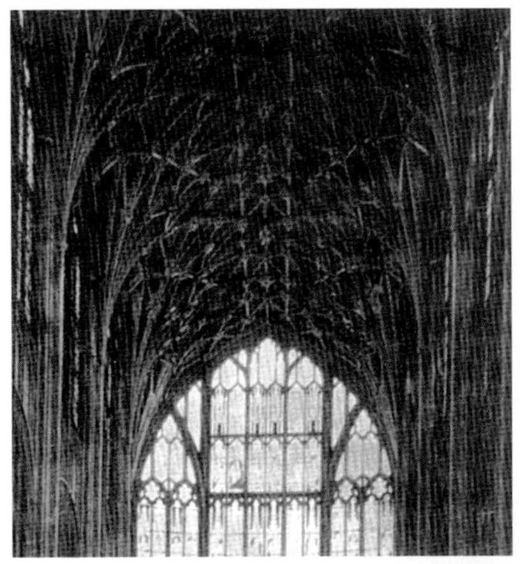

扇形穹頂

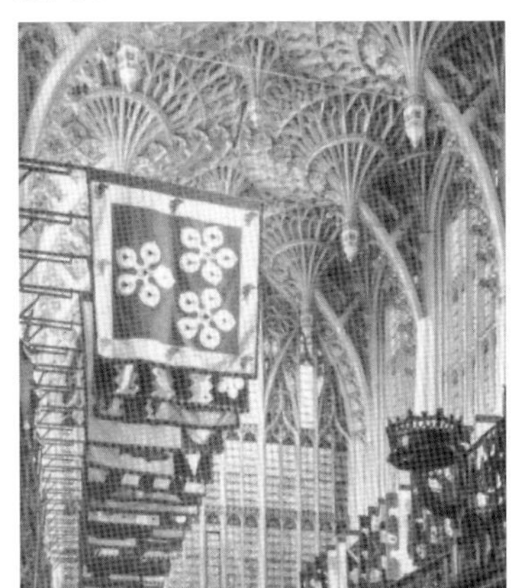

14世紀建造的格羅斯特主教堂採用一種新的穹頂——網狀穹頂。這種穹頂沿着拱肋分出許多短的枝肋，在穹頂形成各種彎曲的幾何形，使整個穹頂像覆上了一面繁複華麗的大網。在這個教堂1351年和1377年間修建的迴廊過道中還採用了另一種新式穹頂——扇形穹頂。這種扇形穹頂位於方形平面上，像半個擠進室內的漏斗。在1482~1494年建造的聖瑪利亞主教堂東端的王室總管禮拜堂，還採用一種星狀穹頂。

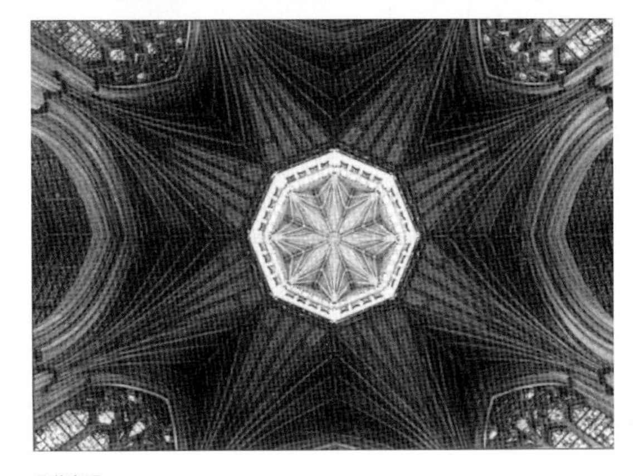

星狀穹頂

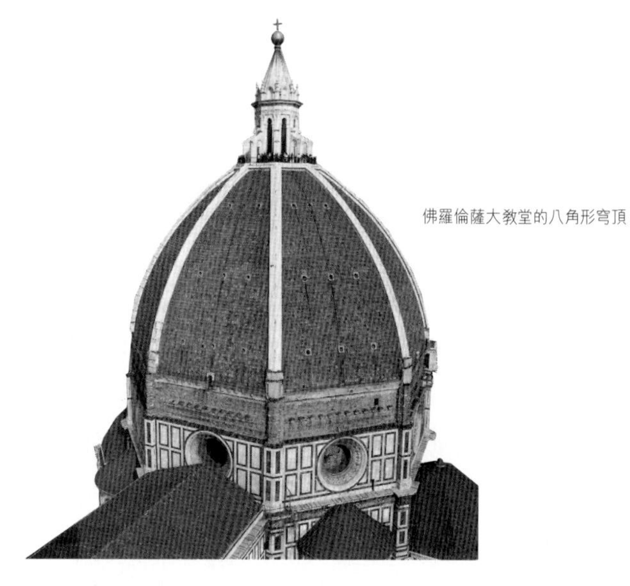

佛羅倫薩大教堂的八角形穹頂

文藝復興時期是一個富於個人創造的時代，佛羅倫薩大教堂的穹頂使我們看到新的發展。建築師布魯涅列斯基把鼓筒設計成八角形。由於大教堂的穹頂跨度約有43米，根本無法使用拱架。布魯涅列斯基採用一種建造穹頂的新辦法。這就是在八角

清真寺的穹頂和那上面高高的新月

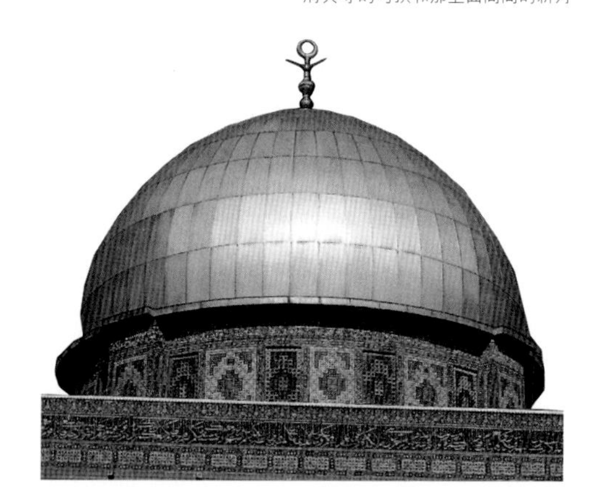

形的鼓筒上一層層地放置水平的磚石，並從八個角上築了八道大拱肋，拱肋用一系列鏈條固定在一起。這個穹頂有內外兩層磚石外殼，能起到隔熱和分解穹頂壓力的作用。

拱券和穹頂作為砌築建築的基本結構形式，不但是西方古典建築的偉大傳統，更普遍為世界各地所廣泛採用。我們經常能看到伊斯蘭宗教建築——清真寺的穹頂和那上面高高的新月。直至19世紀中葉托馬斯·沃爾特 (Thomas U. Walter) 還建造了一個宏偉的穹頂，不過不是石頭而是鑄鐵製成的，這就是美國國會大廈的穹頂。

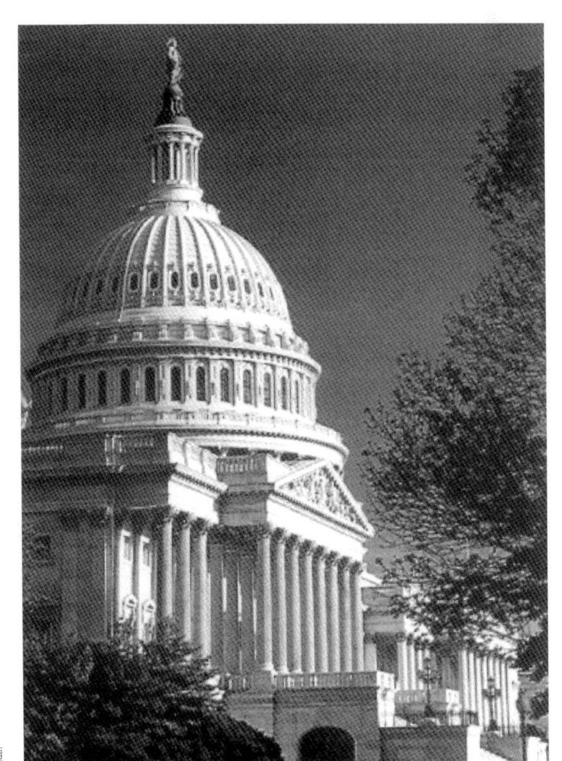

美國國會大廈的穹頂

5 樑架結構

現存於世的最古老的建築物都是磚石砌築而成的，但這並不意味着磚石建築的產生早於木構建築。情況恰恰相反，木構建築必然早於磚石建築的出現。我們從古埃及的柱式和古希臘多立克柱式的起源，可以看到磚石建築來自木構建築的迹象。而考古發現則完全向我們證實了這一點。

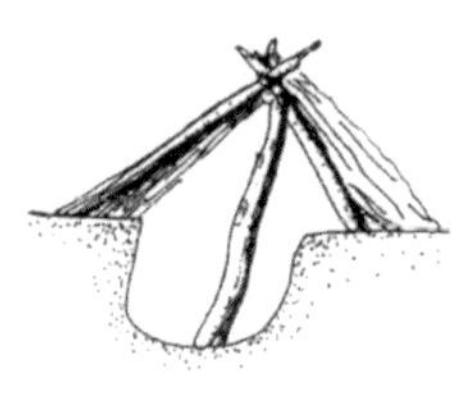

袋穴式房屋剖面

當人類走出山洞來營造自己的居所時，他們建造了半地穴式的房屋，上面覆蓋着相互支撐的樹木枝幹作為遮風擋雨屋頂。這就是框架式建築的雛形。房屋一半在地下固然堅固安全，然而挖掘地穴費時費工。在下雨的時候，地穴裡難免會灌進雨水。這就不如在地面建造堅固的房屋，也免去了上

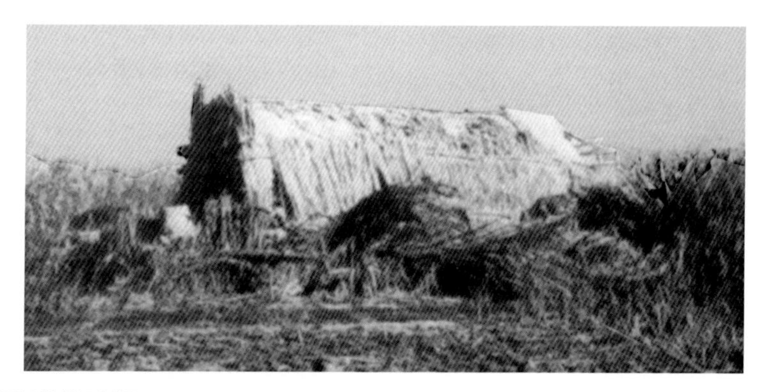

底格里斯河流域的框架式草屋

上下下的不便。原先在房屋中間的柱子就這樣被用到了屋頂四週並加多加密，以便像穴壁一樣支撐屋頂從地面上升起。房屋週圍密集的立柱被抹上了厚的草泥以加固屋頂的支撐。因此，木構建築可以說是從屋頂開始產生的。

在石器時代人類的生產能力還不發達，因此建造木構建築比建造磚石建築方便得多。樹木作為建造房屋的原材料到處都有，比磚石容易加工得多。之所以人類最早的木構建築沒能留下來，是由於木材易燃易腐，所以沒有磚石建築保留的時間長。今天我們看到很多古代磚石建築的屋頂都沒能保存下來，就是因為這些屋頂大多是木質材料做成的。石質屋頂直至希臘化時代才出現。

中國古典建築採用了大量的木構建築。在秦

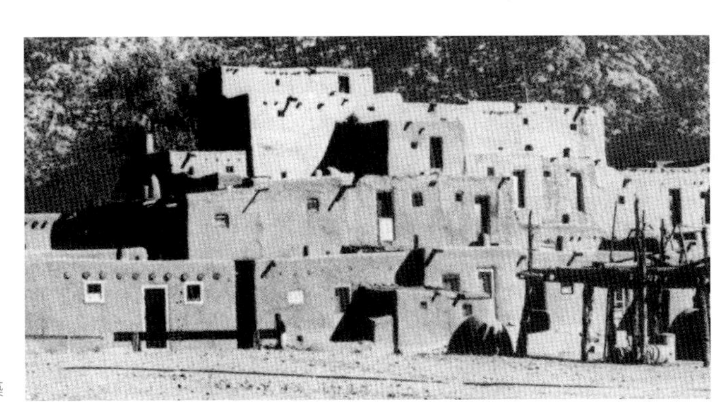

框架式土坯建築

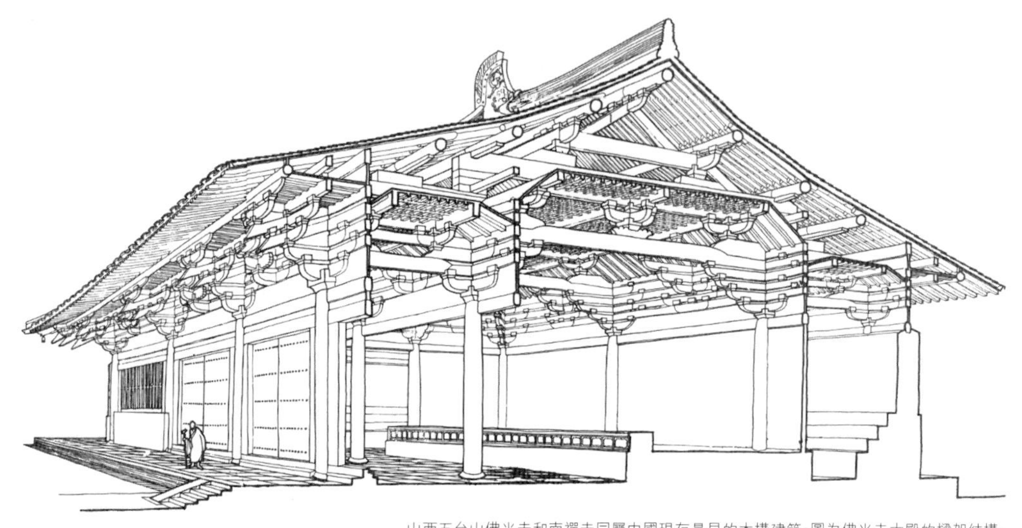

山西五台山佛光寺和南禪寺同屬中國現存最早的木構建築。圖為佛光寺大殿的樑架結構。

漢時期，中國曾經流行過磚石結構的建築。之所以後來大力發展混合構造的木構建築是因為木構建築在人力、物力和時間上比磚石建築節省得多，比較實用。還有一個原因就是中國人在技術上掌握了木構建造大型建築物的方法，從而彌補了木構建築的不足。這就是樑架結構建築技術的成熟。

中國是最早使用框架式建築的國家，使用的時間之長、範圍之廣是沒有任何國家和民族可與之相比的。樑架結構作為框架式建築的一種成熟的結構形式，同中國文化一起廣泛地影響了其它東亞國家。東亞現存最古老的木構建築物就是日本奈良法隆寺的金堂。中國現存最早的木構建築是山西五台山的南禪寺大殿，建於公元782年的唐代。

李允鉌在其著作《華夏意匠——中國古典建築設計原理分析》一書中是這樣論述中國樑架形式的形成的："……簡單的辦法就是把不承重的連樑

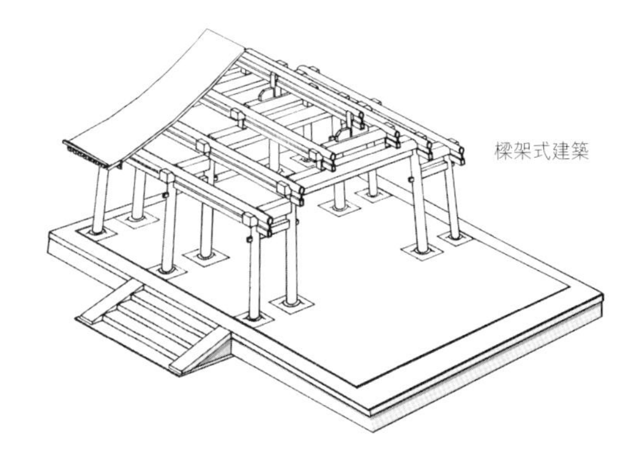
樑架式建築

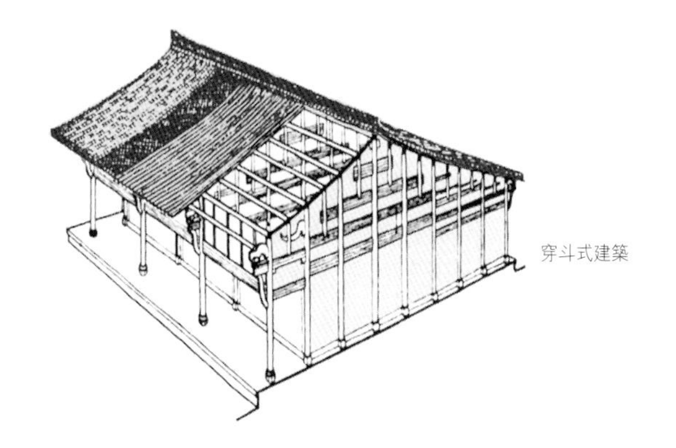
穿斗式建築

改成支承重量的大樑，只是省去了立柱，立柱以上的原來形式不變，相信這就是中國式樑架形式的由來。"❶

中國框架式房屋還採用了另一種形式——穿斗式。穿斗式建築的柱子間不用樑，而是用穿枋把立柱連接起來。穿斗式建築多出現在中國南方。穿斗式柱子比較密，沒有樑架式形成的內部空間開闊。但把這種結構用在房屋兩側的山牆上，則具有良好的抗風性。穿斗式建築可以採用比樑架式小的用料，材料更容易獲得而且節省木材。

注釋：

1 見李允鉌著《華夏意匠——中國古典建築設計原理分析》（廣角鏡出版社1984年版，中國建築工業出版社1985年4月重印）。

6 結點

框架結構的建築需要有固定的搭接點，才能架起一個可資利用的建築空間。最早在地穴上面用樹枝加蓋的錐形屋頂，交叉搭接的枝幹可能是用草束捆紮固定的。如同孔洞對於砌築式建築的重要性一樣，組成框架結構的桿件的結合點是框架式建築的一個重要問題。榫卯結構在框架式建築比較成熟的結構形式——中國樑架結構的建築中，成為一組形狀複雜的建築構件來解決橫向和豎向桿件的結點問題，這就是斗拱。

斗拱

斗拱的前身被認為是櫨斗，也有人認為斗拱是來自擎檐柱。斗拱是以斗形木塊和曲表橫木以斗—拱—頭的形式層層依托形成的。斗拱使圓形的立柱和方形的橫樑相結合的面積大大增加，使柱與樑配合得十分穩定和牢固。同時斗拱還在樑身淨跨不變的情況下，增大了樑的荷載力。由於樑架結構房屋所使用的木材遇水容易朽壞，屋檐下的斗拱還可以增加檐部出挑的距離，更好地使屋檐起到防雨的功能。

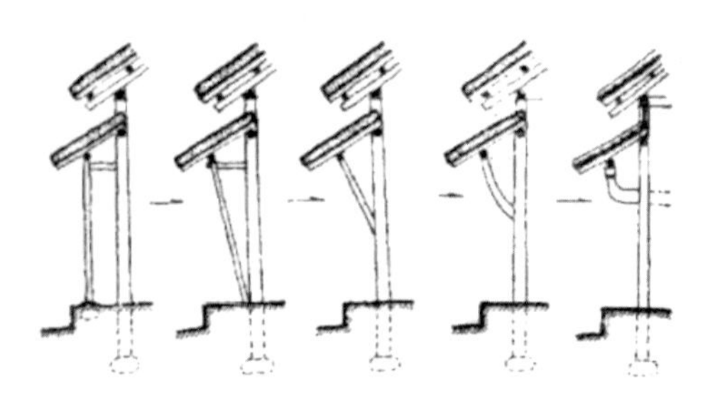
擎檐柱變斗拱

從斗拱構件的繁多複雜，我們就能夠看到斗拱結構發展到了一種極為精巧的程度。斗拱的名稱有宋式和清式兩種，分別記載於宋代李誡所著的《營造法式》和清代的《欽定工部工程做法》。斗和拱在不同的部位都有不同的名字，可見斗拱結構在中國古典建築中佔有怎樣的重要性。位於一組斗拱最下面的斗宋式稱櫨斗，清式叫坐斗、大斗。坐斗正面的槽口稱為斗口，在清代建築中作為建築尺度的衡量單位。在橫拱兩端上的斗宋稱散斗，清式叫三才升。位於跳出的拱頭上的斗宋稱交互斗，清為十八斗。橫拱與跳出的拱交叉點上的斗宋稱齊心斗，清為槽升子。

宋式稱坐斗上第一層橫拱為泥道拱，清式叫正心瓜拱。第二層宋稱慢拱，清式叫正心萬拱。向外出跳的拱宋稱華拱或卷頭，清叫翹。翹頭上第一層橫拱宋稱瓜子拱，清叫瓜拱。第二層宋式仍稱為慢拱，而清式叫萬拱。

斗拱結構中還有一種起槓桿作用的斜置構件，稱為昂。翹或昂從坐斗出跳的跳數宋代稱作鋪作，清代叫踩。出一跳叫三踩（四鋪作），出兩跳叫五踩（五鋪作）。以此類推出三跳為七踩（六鋪作），出四跳為九踩（七鋪作）。除牌樓外，一般建築不超過九踩。如此繁多的建築構件和名稱真是煞費了古人的苦心，苦煞了中國古建築的學子。如果中國近現代沒有引進新的建築形式，不知這曲曲結點還會玩出多少花樣來折磨大家。

在中國樑架式建築中，除斗拱外，雀替也成為結點上一種重要的結構。雀替成熟的時間較晚，約在明代以後才被廣泛使用在中國古典建築上。起先雀替只是柱上承托額枋的曲形橫木，到清代就演變成了極富特色的建築構件。雀替在起到穩定樑柱保持垂直的作用外，還增強了木樑的荷載力。

在現代框架式建築中，雖然由於材料和技術的變化使許多過去的建築形式已經不再被人們採用，但對結點的重視仍然存在。

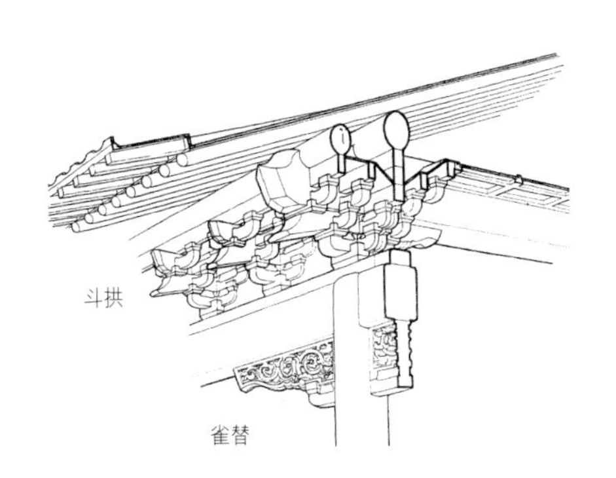

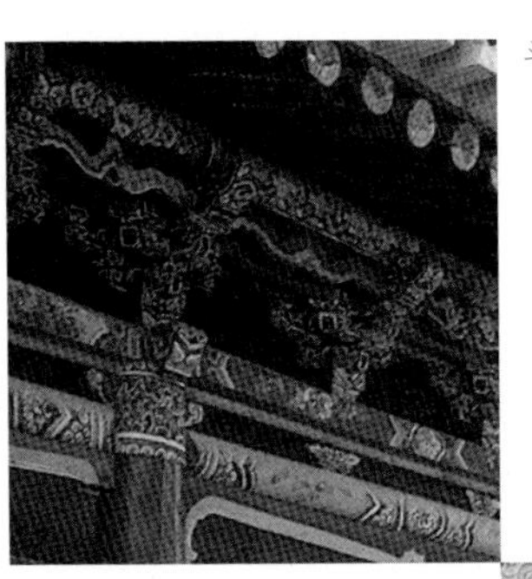
斗拱實例

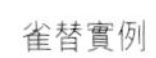
雀替實例

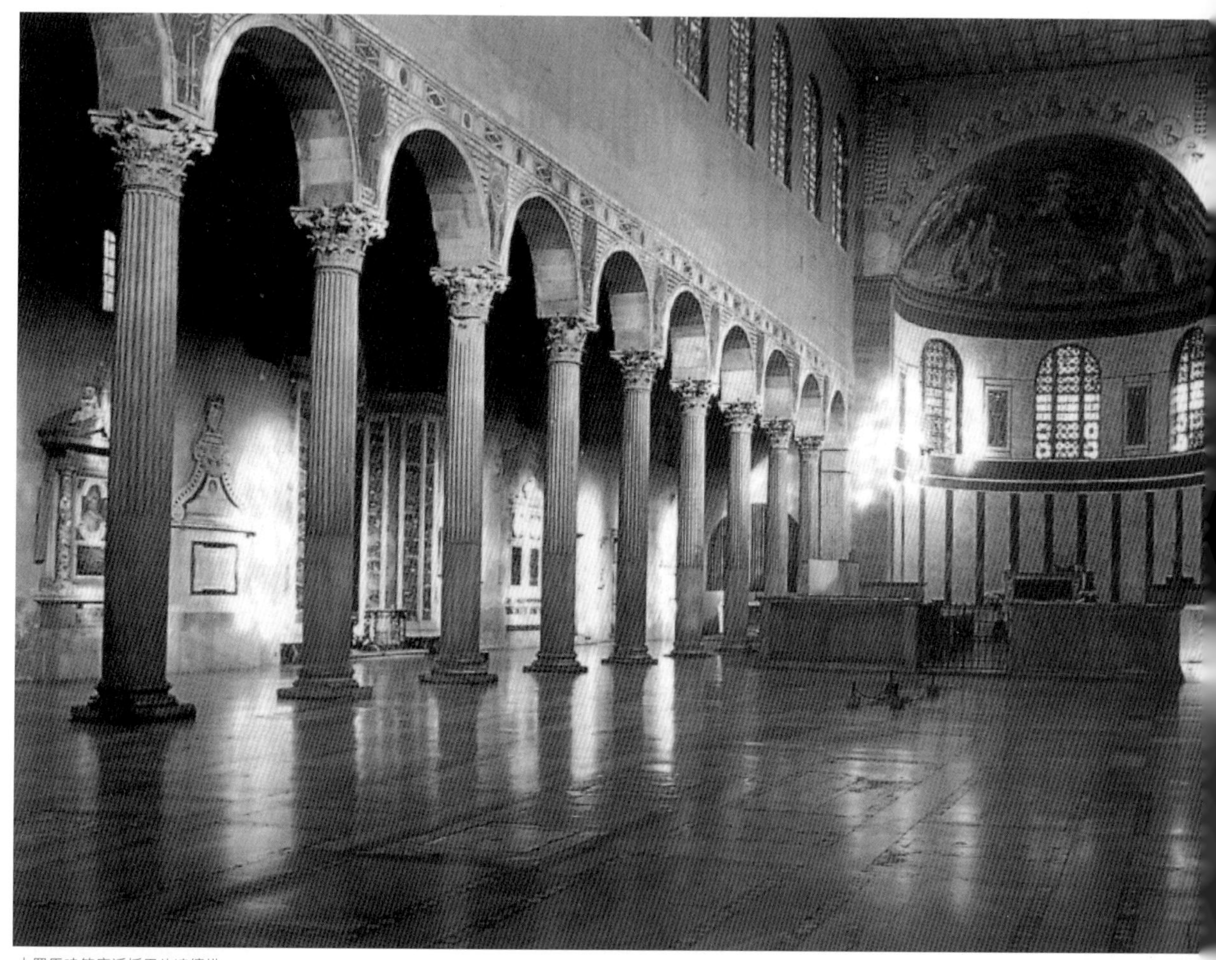

古羅馬建築廣泛採用的連續拱

7 樣式與母題

建築的樣式指把建築構件以一種確定的方式組合起來，形成一定的面貌。形成建築物可以說是一個組合建築構件的過程。

對古羅馬人來說，如何把從古希臘承繼下來的柱式與自己發展起來的拱券結合起來是個大問題。一種方法是把拱腳直接落在柱式上，使兩種結構從功能上連接在了一起，這種方法稱為連續拱。連續拱只適用於輕型結構，而古羅馬又多建造高大建築，因此沒有得到廣泛採用。

真正流行的方法是取消柱式作為支撐的結構作用，把柱式作為裝飾性的建築構件嵌在拱券兩側的承重牆上。有時柱身被製成方形突出在牆面上，稱之為壁柱。這種柱式與拱券結合的建築樣式被稱作拱柱式。

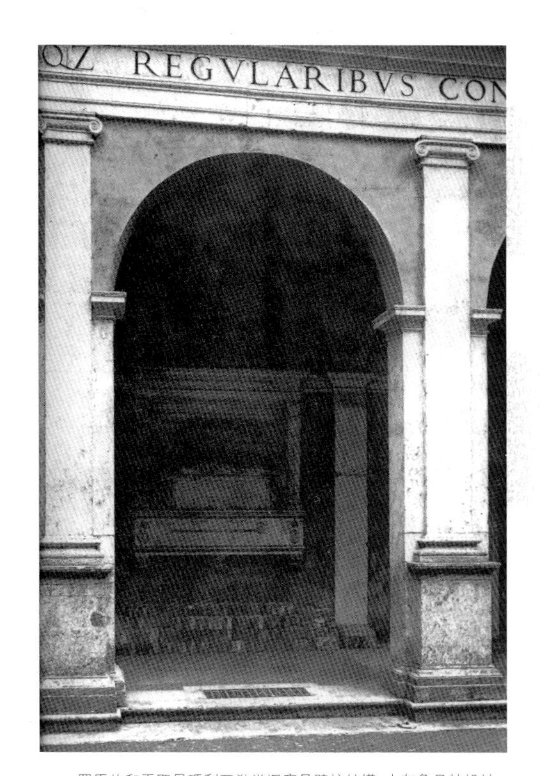

羅馬的和平聖母瑪利亞教堂迴廊是壁柱結構，由布魯曼特設計。

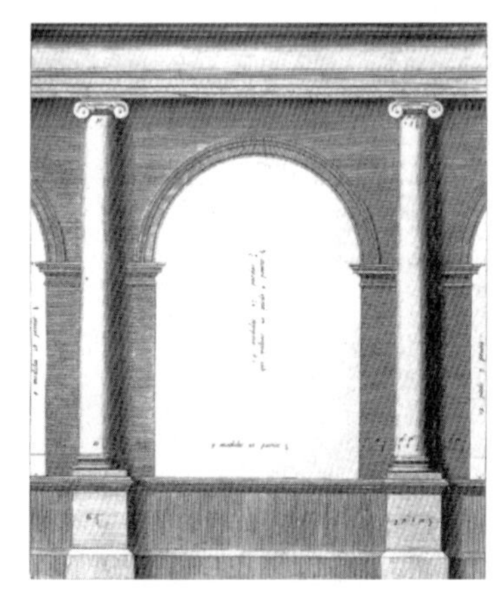

維尼奧拉設計的拱柱式（1563）

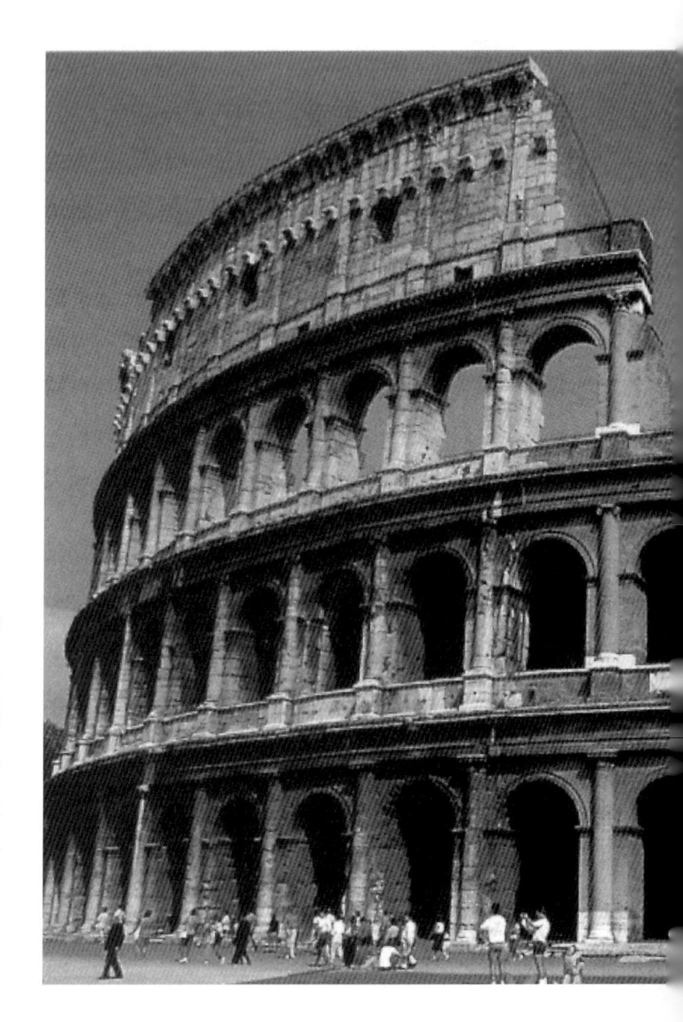

由於古羅馬的建築非常高大，常常有好幾層，有些裝飾性的柱式就貫穿上下，顯得也很巨大，成為巨柱式。也有的建築在每一層使用一種柱式：底層用塔斯幹或多立克柱式，第二層用愛奧尼柱式，第三層用科林斯柱式，第四層採用科林斯式壁柱。這樣的建築樣式叫疊柱式。疊柱式一般都與

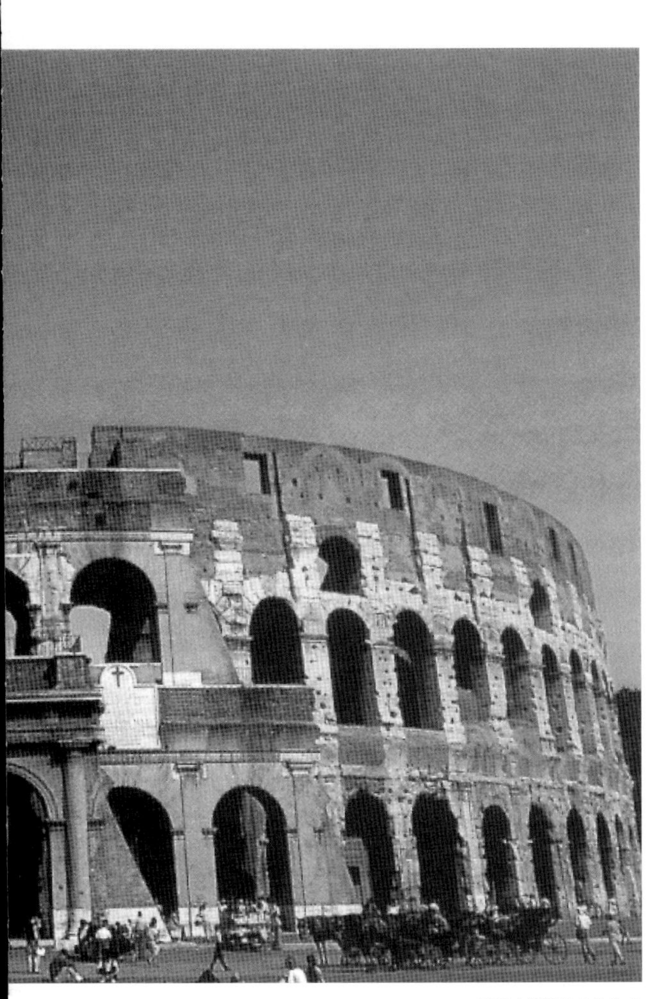
羅馬大鬥獸場的疊柱式

帕拉蒂奧母題
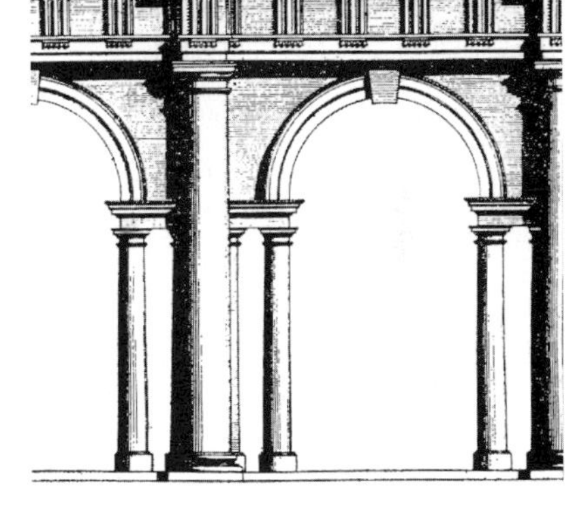

拱柱式結合起來使用，就像羅馬大鬥獸場那樣。這種樣式在意大利文藝復興開始重新被採用，甚至五種柱式全部疊了起來。

所有這些古羅馬建築樣式在後世都很受歡迎。連續拱被大量地運用在廊式建築中，拱柱式也得到了發揚光大。文藝復興時期的建築師帕拉蒂奧

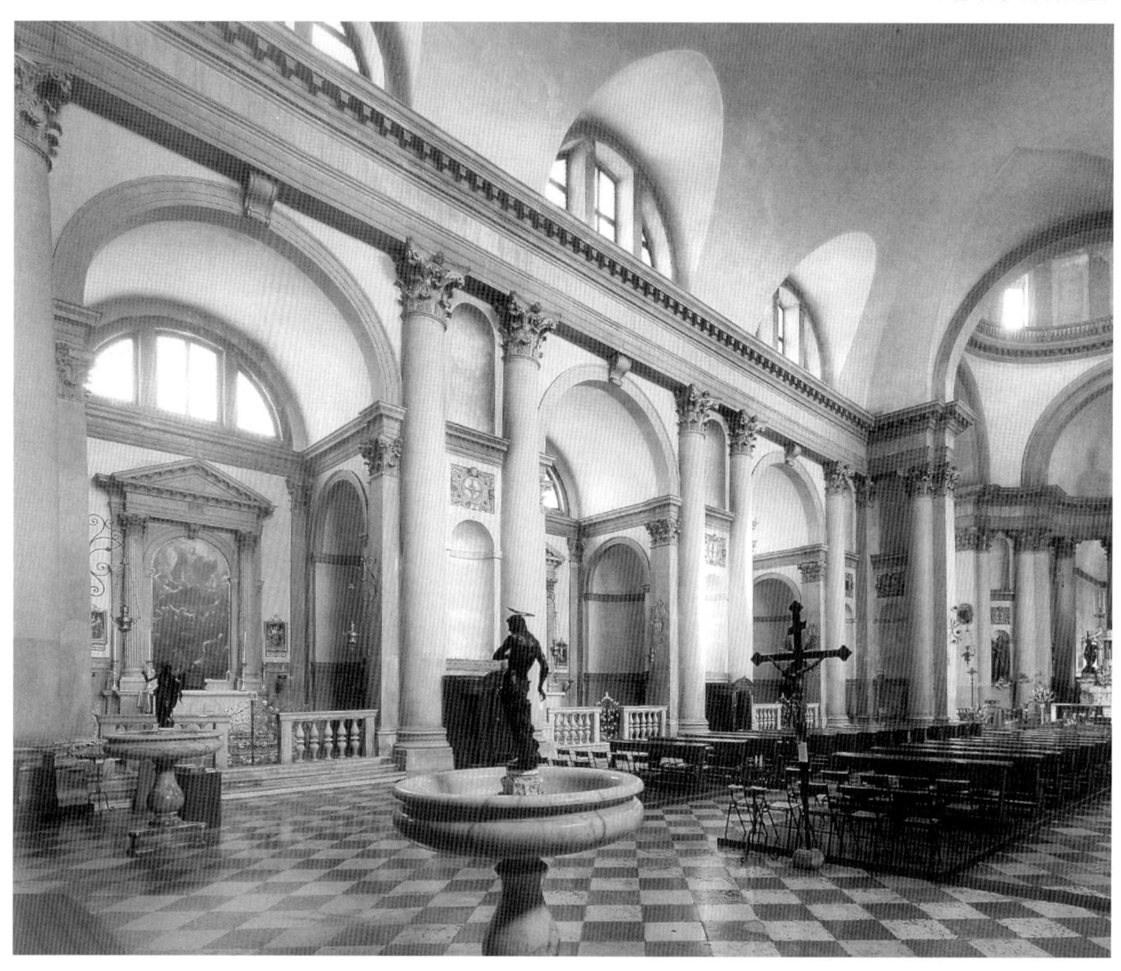

還大膽創新，採用了一種新的柱式與拱結合的形式，被稱作帕拉蒂奧母題。在這裡中央拱券坐落在兩個獨立的柱式上，形成了富於變化的三個開間，主次分明。文藝復興時期的另一位傑出的藝術大師米開朗基羅也對古羅馬的巨柱式進行了自己獨特的發揮。他在貫穿多層的巨柱之間，用另一種柱式來裝飾每一層，使建築不至於顯得過於高大而喪失精

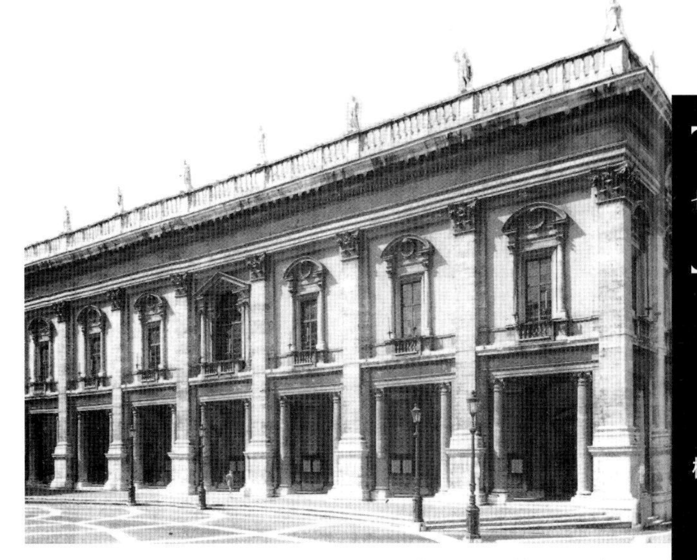
米開朗基羅在建築設計中運用了巨柱

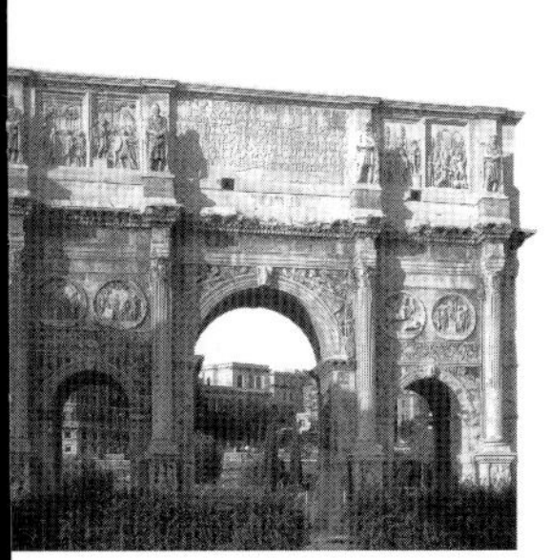
馬凱旋門

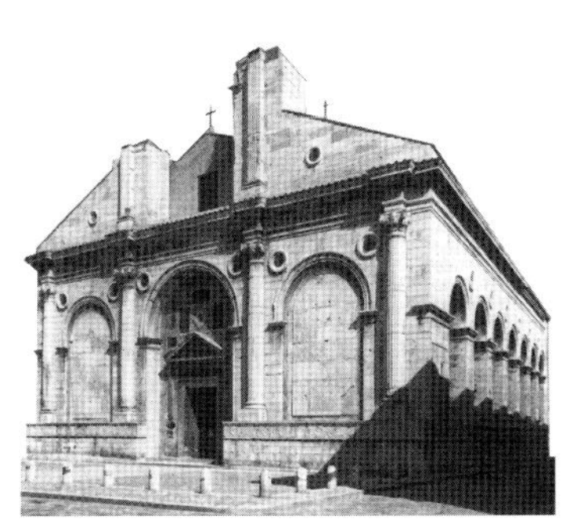
源於凱旋門樣式的馬拉帕提亞諾神殿（1450）

緻。這樣也讓人覺得與建築更加容易接近，使建築顯得更有人情味。

古羅馬建築樣式受歡迎的程度還不止於此，許多古羅馬建築原作被整個改編進了後來的建築中。羅馬凱旋門作為一種建築樣式，是由四個相同的柱式分隔出一大二小三個拱形開間加一個頂層組

皮蘭內西：《萬神廟銅版畫》（1760）

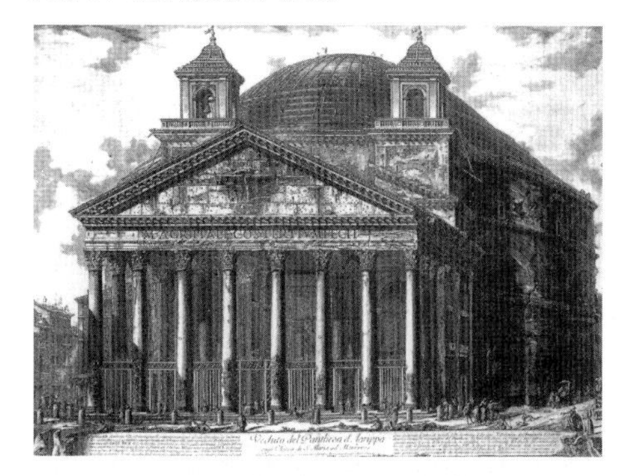

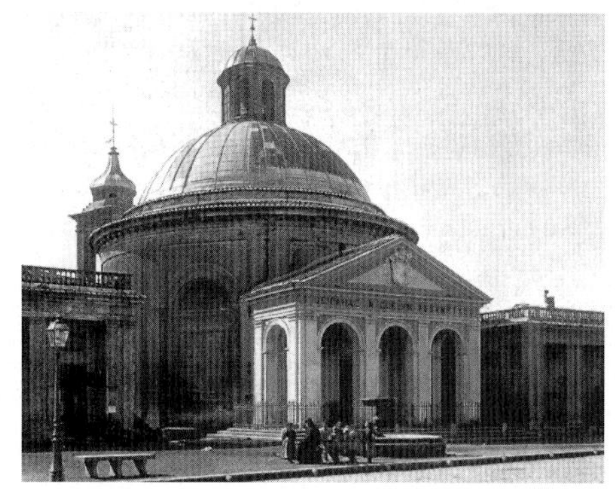

意大利的聖母瑪利亞教堂，由貝尼尼設計。

成的。這種樣式在後來的建築中經常被採用。而由一個山形前廓和帶穹頂的圓頂組成的羅馬萬神殿作為一種建築樣式，直到19世紀現代建築誕生之前還不斷被熱情搬演。

後世的建築師們不但承傳古羅馬已有的建築樣式，還利用這些樣式作為參照創造了頗具影響力的新建築。布拉曼特在蒙多里亞的聖彼德修道院迴廊院中建造的坦比哀多小禮拜堂，據說就是自古羅馬維斯塔神廟，獲得靈感而創造的圓寺樣式的建築。在這個小禮拜堂圓形的台階上，矗立着由一圈多立克柱圍繞的、上面裝有矮欄桿的筒座和穹頂。由這

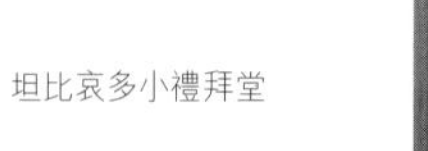

坦比哀多小禮拜堂

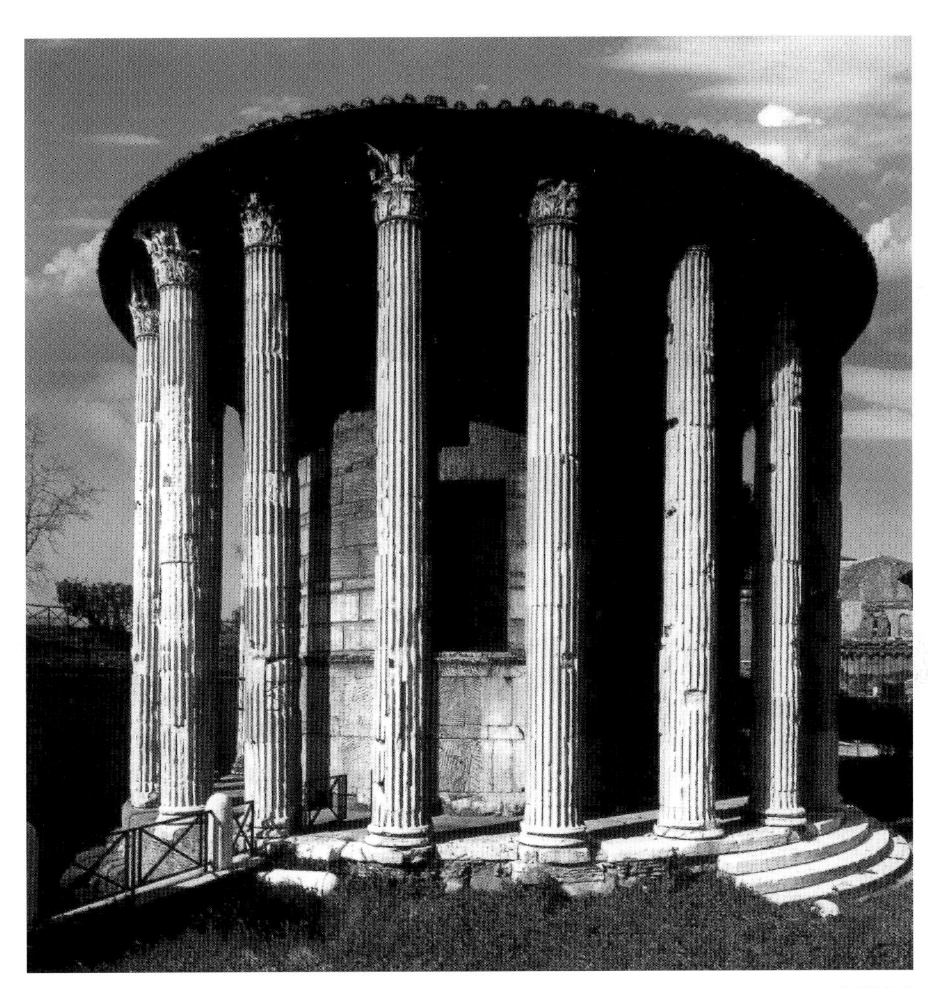

維斯塔神廟

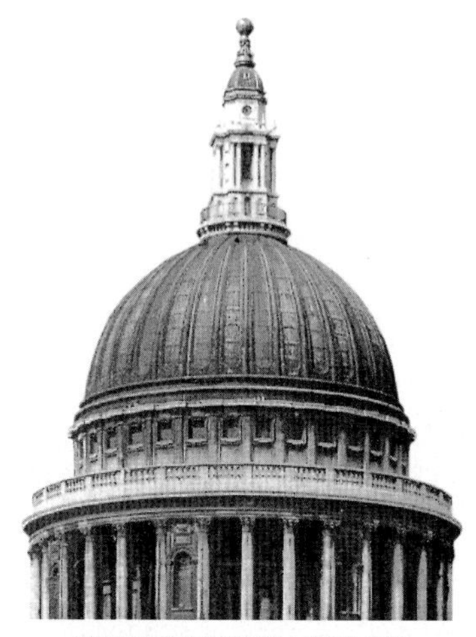

雷恩設計的倫敦聖保羅大教堂的穹頂

種圓寺樣式派生出來的建築有：羅馬聖彼德大教堂的穹頂，雷恩設計的倫敦聖保羅大教堂穹頂，霍克斯莫爾設計的霍華德堡的陵墓，吉布斯(James Gibbs)設計的圖書館，蘇弗洛設計的聖熱納維埃夫教堂穹頂(建於1757~1792)以及華盛頓的美國國會大廈的穹頂(建於1851~1867)等等。

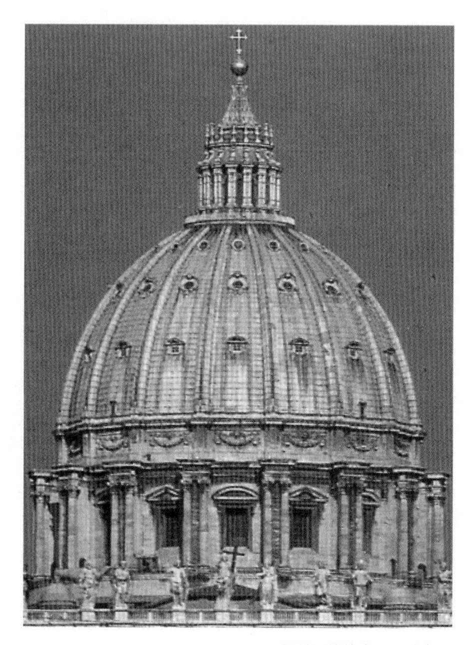

羅馬聖彼德大教堂的穹頂

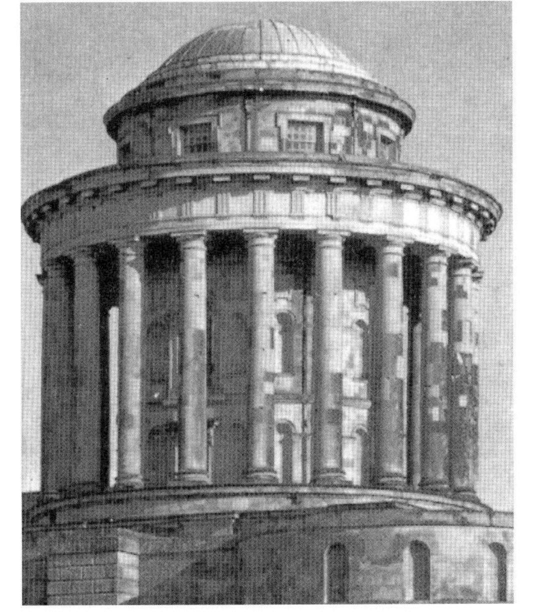

霍克斯莫爾設計的霍華德堡陵墓(1729)

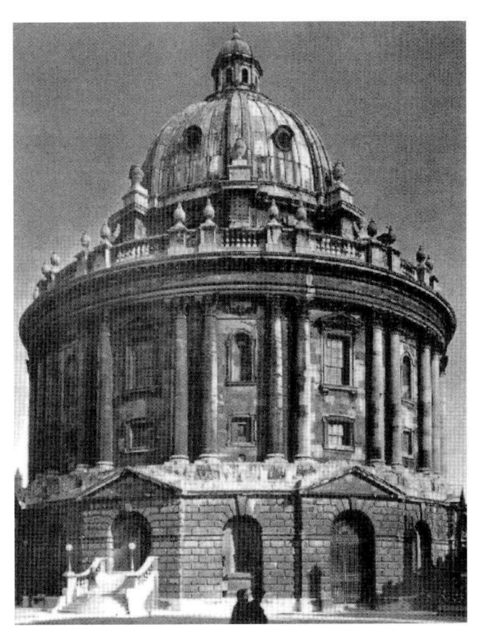

拉德克里夫圖書館，由吉布斯(James Gibbs) 設計(1739~1740)。

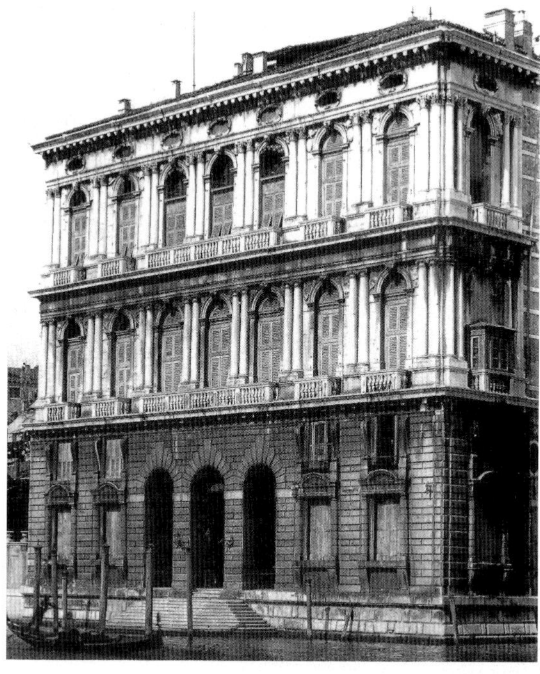

墩座式建築考乃爾府，由意大利建桑索維諾設（1532）。

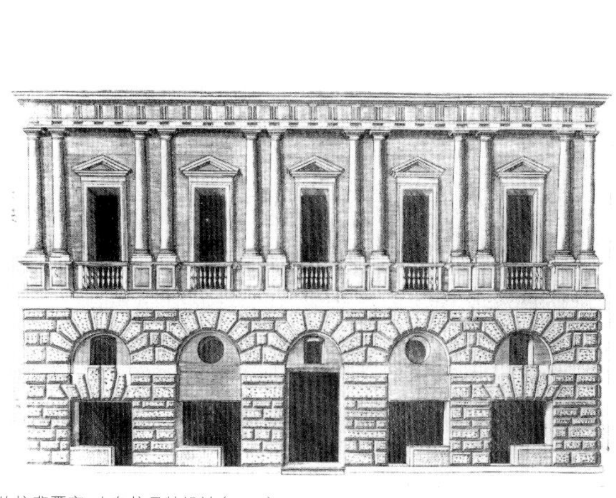

墩座式建築的拉斐爾宮，由布拉曼特設計（1512）。

16世紀富於革新的建築樣式還有墩座式和圓廳別墅式。墩座式就是把柱式立在帶拱門的底層上。底層一般裝飾着粗石，與上層柱式對比起來就像牢固的建築底座。圓廳別墅式的名稱來自帕拉蒂奧設計的維琴察的圓廳別墅。圓廳別墅式的建築四週有帶山牆的有柱門廊，圍繞着中間有穹頂的大廳。

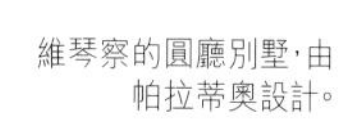

維琴察的圓廳別墅，由帕拉蒂奧設計。

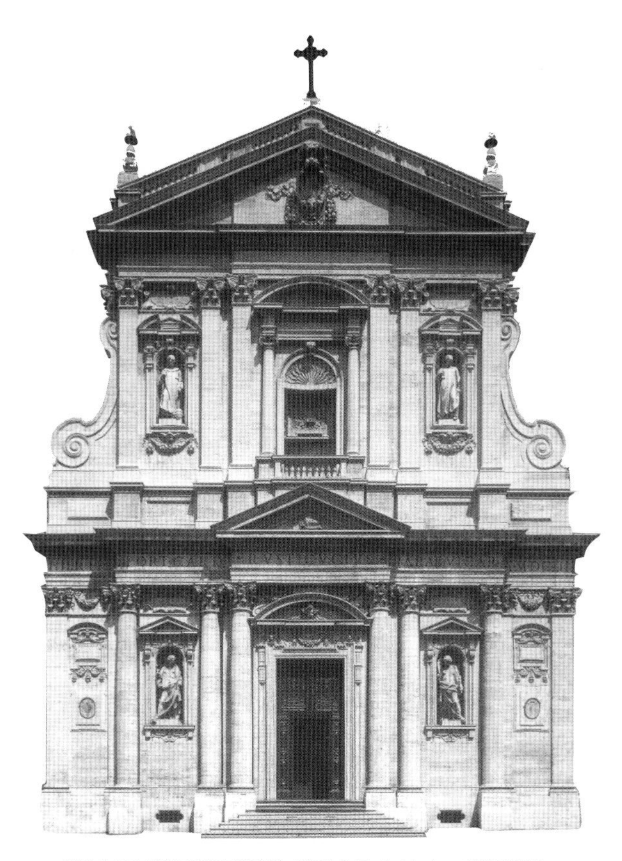

渦卷式建築的羅馬聖蘇珊娜教堂，由瑪丹納(Carlo Maderna)設計(1597)。

一種兩側帶有渦卷的兩層樓立面的樣式來源於耶穌會教堂，可稱為渦卷式。這種樣式成為巴洛克建築很重要的參照樣式。

建築的樣式主要是從外觀的需要來組織構件的，而不是從建築本身結構的需要。對建築樣式的重視，無疑使建築傾向於只對外觀作一些裝飾性的變化，即使原有的結構特性已不復存在了。

對建築樣式的注重起源於重新發現美好的古代的文藝復興運動是可以理解的，但這種考古熱情最終使建築樣式變成了一副標準零件組成的建築假面具，使建築不能從它基本的功能出發來滿足人們的需要，建築設計因此變成了程式化的裝飾設計。

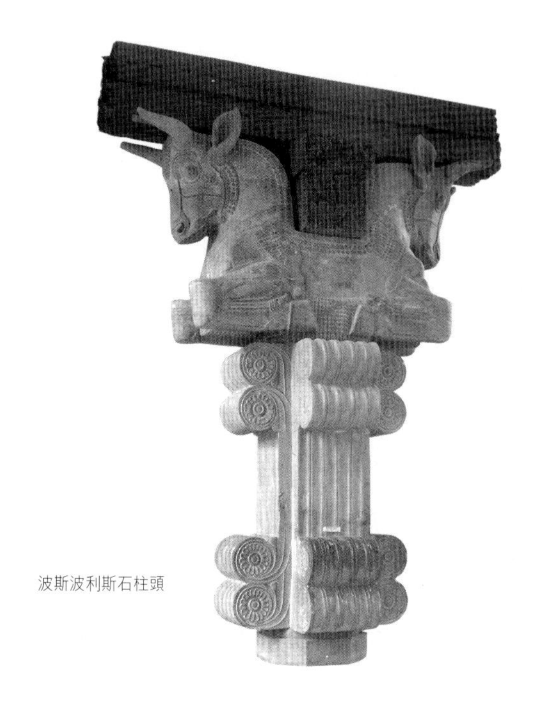

波斯波利斯石柱頭

8 裝飾

當建築構件組合成的建築樣式主要不是出於結構而是出於外觀需要時，建築的樣式實際上就成為了一種裝飾。古羅馬在發明拱柱式時，柱式本身起到的就只是裝飾效果。即使在古希臘建築中柱式本身是承重的結構，區別柱式的標誌——柱頭與柱上楣構的變化無疑主要不是為了結構需要，而是為外觀裝飾服務的。從建築樣式的發展，我們就能清楚地看到古典建築對裝飾的認識已經上升到建築原則的程度上了。這就是拉斯把裝飾當作建築的主要組成部分的真正含義。

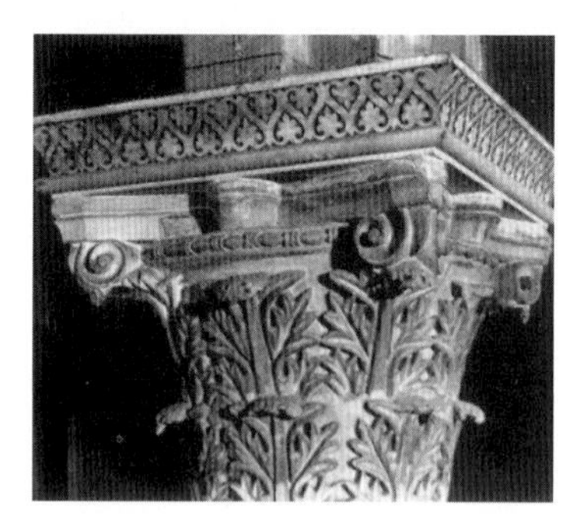

柱頭裝飾

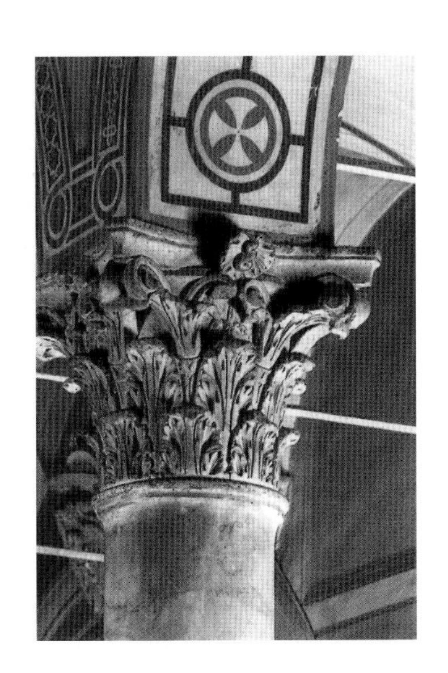

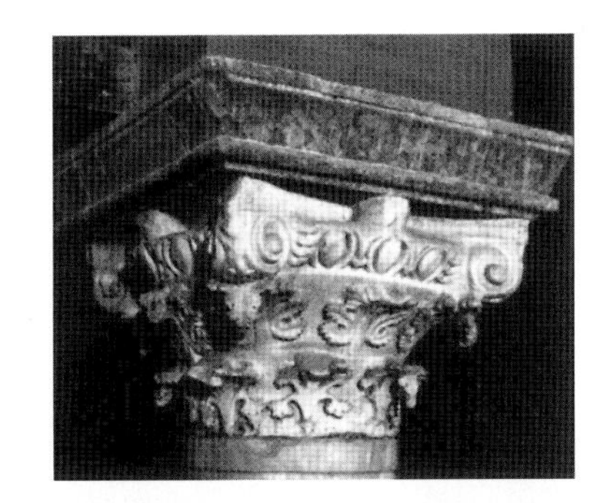

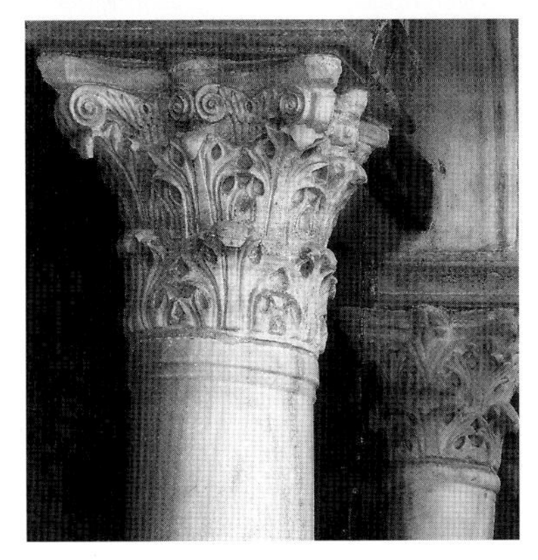

確實，在我們這顆星球上極少有毫無裝飾的建築。裝飾物的出現早於建築物。裝飾的材料和手段不拘一格，有很強的靈活性和寬泛性。裝飾活動可以無需合作，單靠個人就可以進行。因此裝飾很早就被人類掌握並得到充分發展，體現在人類造物的各個領域和時期，包括建築在內。裝飾起初的作用是使物體顯得更加突出，因此它總是起到強調的作用。當這種強調超出了物體本身應有的受重視程度時，裝飾就顯得誇張了。因此一個社會對不同事物不同的重視程度，使人們產生所謂適度的態度。特別是在等級社會中，違背適度的原則有時甚至是危險的。因此，裝飾的標示性使我們可以把裝飾視為一種象徵性符號。

裝飾作為一種標示物體的方式，意味着裝飾手段影響着具體物體的外觀。這種對物體外觀的影響有時採用改變物體形狀的方式，有時在物體表面採用附加物。附加物可以是外加的，也可以用顏料塗繪或作不改變形狀的線刻。從原始社會的建築遺物上，我們可以發現最早建築的裝飾是附加在建築

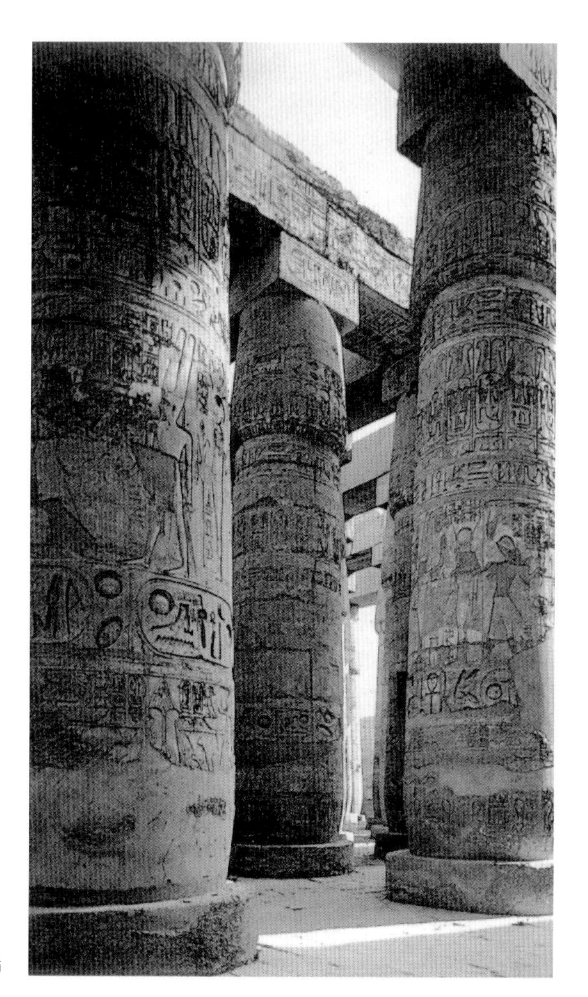

古埃及建築上以象形文字浮雕作為裝飾

半坡彩陶中的裝飾圖案是一隻青蛙

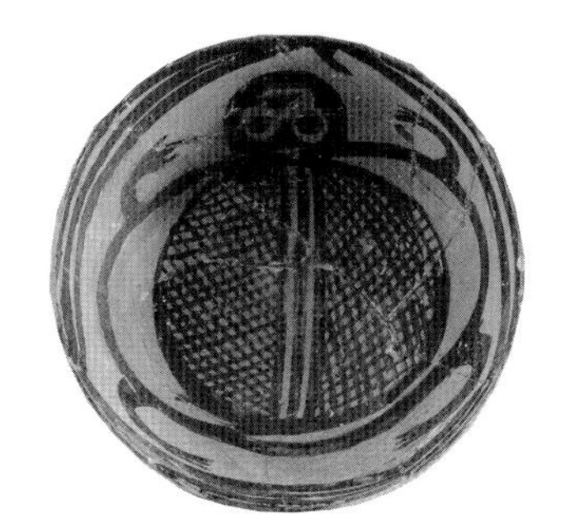

漢瓦中的文字裝飾圖案

漢瓦中的文字裝飾圖案

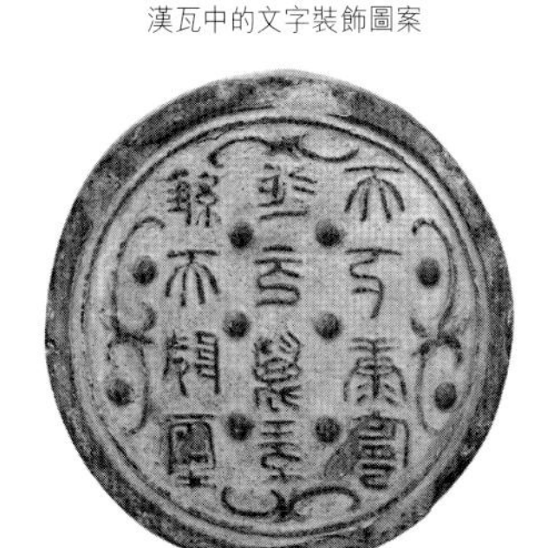

表面上的，而且裝飾手法和圖案與其它物體的裝飾是一致的。原始建築之所以採用附加的建築形式，可能是因為裝飾表面比改變造型要容易。而且實際建造經驗會使人們保持耐用的房屋所採用的結構和造型不變，那麼最好就是以附加的方式裝飾建築物了。裝飾圖案和文字符號都來自於起標示作用的記號。在原始岩畫中，圖和文是不可分的，中國的文明作為唯一從遠古延續至今的文明所採用的文字，就是這種圖文一體的象形文字。在陝西半坡的彩陶中，裝飾圖案和符號是混在一起的。古埃及建築上的象形文字也是主要的建築裝飾。記號中的一部分被固定表示一些確定的意思就成為了文字符號。另一部分依然是只起標識作用的簡單圖形，就演變為抽象幾何圖案了。也許原始建築上的幾何圖案正是繼承了史前洞窟岩刻記號的傳統。

建築是規模最龐大的人造物，因此建築為裝飾藝術提供了最寬廣的表現領域。由於最早的建築主要材料是磚石和樹木這樣的自然材料，因此這些材料的不同特性使建築裝飾往往採取不同的手法，體現出不同的裝飾風貌。磚石材料具有良好的硬度，表面不必有太多的保護，所以磚石建築多採用雕刻作為裝飾手段而不會有損於其牢固性。木製材料在初始的框架建築中多起支撐作用，採取雕刻手段容易影響到材料的強度，所以木構建築大多發展彩繪裝飾。木構建築表面的彩繪往往還能隔絕空氣中的水分和蟲害對木材的侵蝕，使建築得到保護而更耐久。

裝飾技術的逐步發展與完善，也會使裝飾富於變化和表現力。古埃及的建築建造者在使用石質工具的時期，就在堅硬的花崗石上雕刻了大量的浮雕和圓雕來裝飾紀念性的建築物。這些雕刻還塗着鮮艷的色彩，使之更加醒目和逼真。在古埃及的一些建築內部還彩繪有大量佔滿整個牆面的壁畫。大多數浮雕和壁

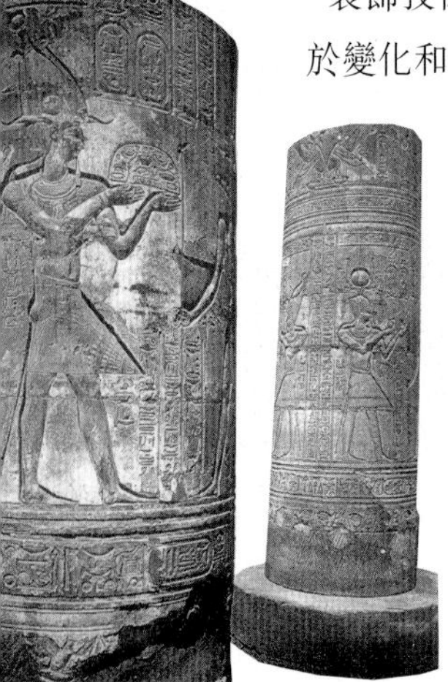

堅硬的花崗石是雕刻浮雕的好素材

古埃及壁畫

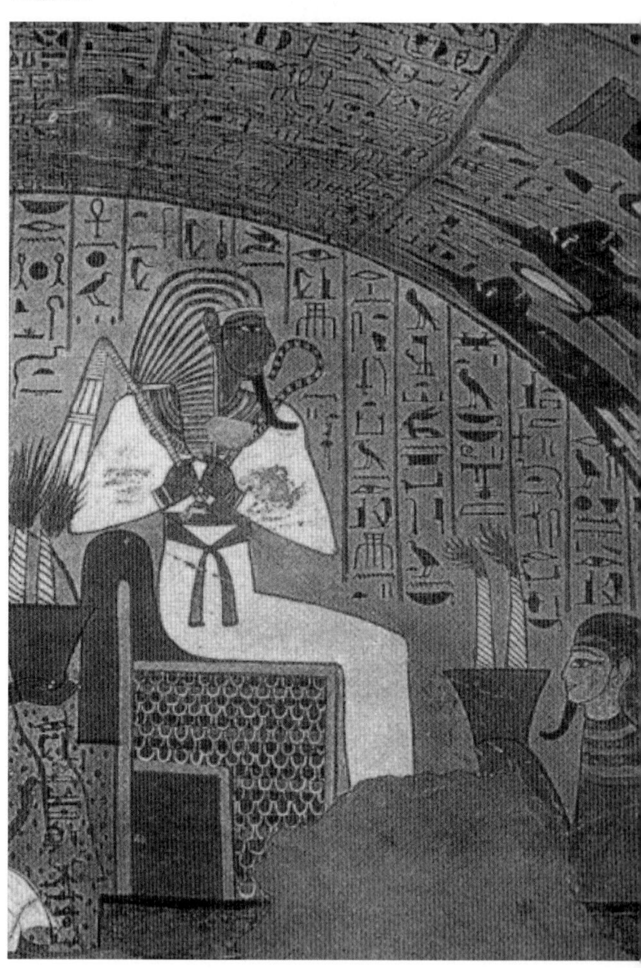

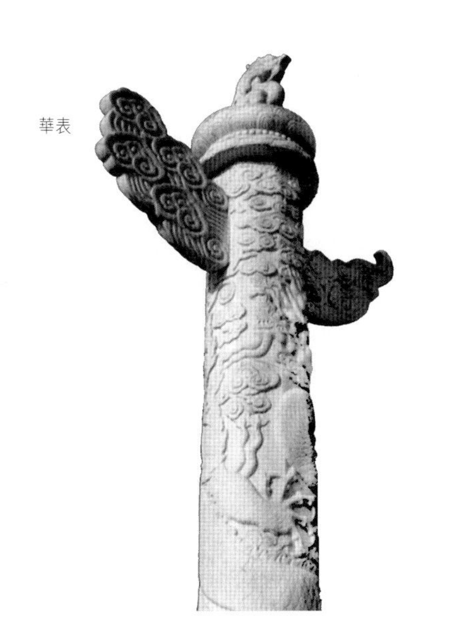
華表

希臘羅馬的柱式傳統。而在不同時期不同地域的建築中，對柱頭以及柱身的裝飾都很普遍。中國人還發明了專門雕刻一根柱子作為一種建築裝飾物——華表。

畫不但是裝飾，同時還是圖文並茂的象形文字，載有大量的文獻。

古埃及雕鑿石柱，以符合其建築的原初形象，進而產生富有裝飾性的柱式。這種柱式裝飾的設計理念隨着雕刻技術傳到了古希臘，形成了古

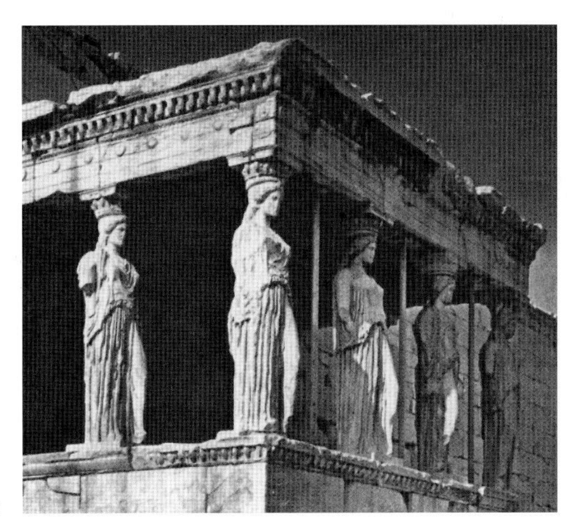
雅典衛城的女像柱

帕特農神殿西面中楣的騎士雕像

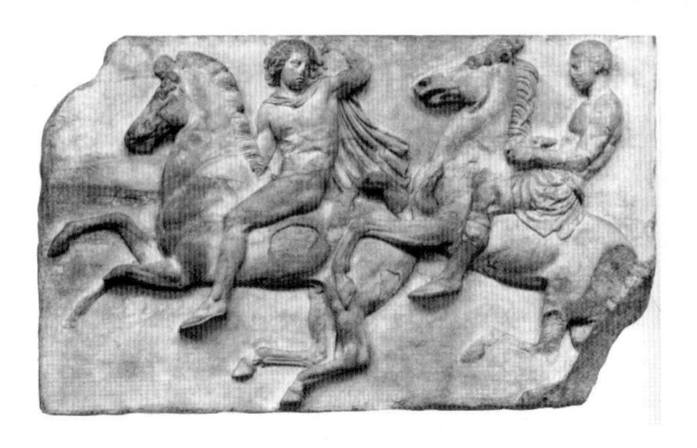

柱式不但本身富於裝飾變化，作為一座建築物的整體裝飾對建築外觀的裝飾效果影響都很大。古希臘羅馬的石砌建築中，裝飾性雕刻和壁畫比比皆是。古代神廟山牆上的雕刻裝飾可追溯到邁錫尼文明對古希臘的影響。神廟的中楣也常常刻有精美的浮雕並着有鮮艷的色彩。許多建築上的雕塑今天完全可以作為獨立的藝術品來欣賞，可以説開了以後雕刻裝飾超然於建築之外的先河。

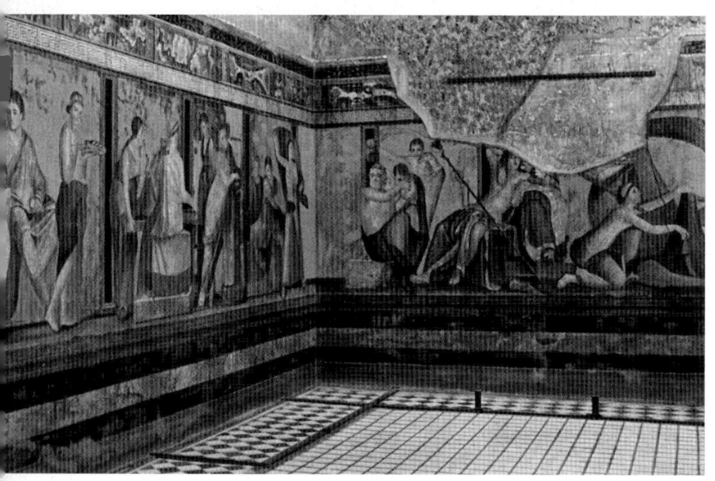

龐貝古城中的壁畫

古希臘晚期在地中海東部還開始廣泛流行用瑪賽克裝飾建築。古羅馬的建築也繼承了以瑪賽克裝飾建築物的傳統。瑪賽克是半透明的玻璃質有色材料，大多用小塊鑲嵌形成大面積的畫幅。這種建築裝飾藝術在公元6世紀後得到更充分的發揚，成為拜占庭建築裝飾的主要特色。在一些重要的建築

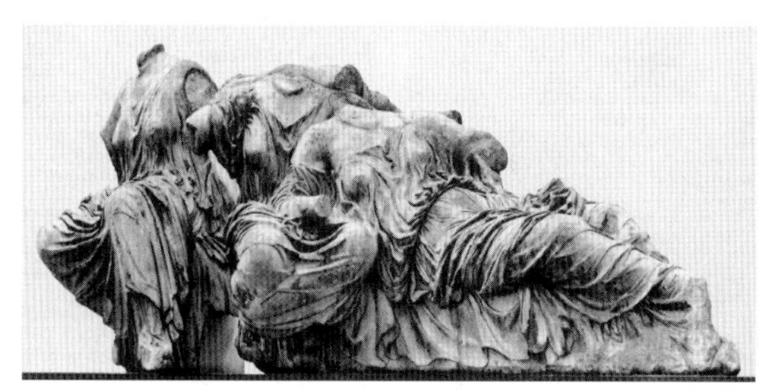

帕特農神殿東面山牆的三女神雕像

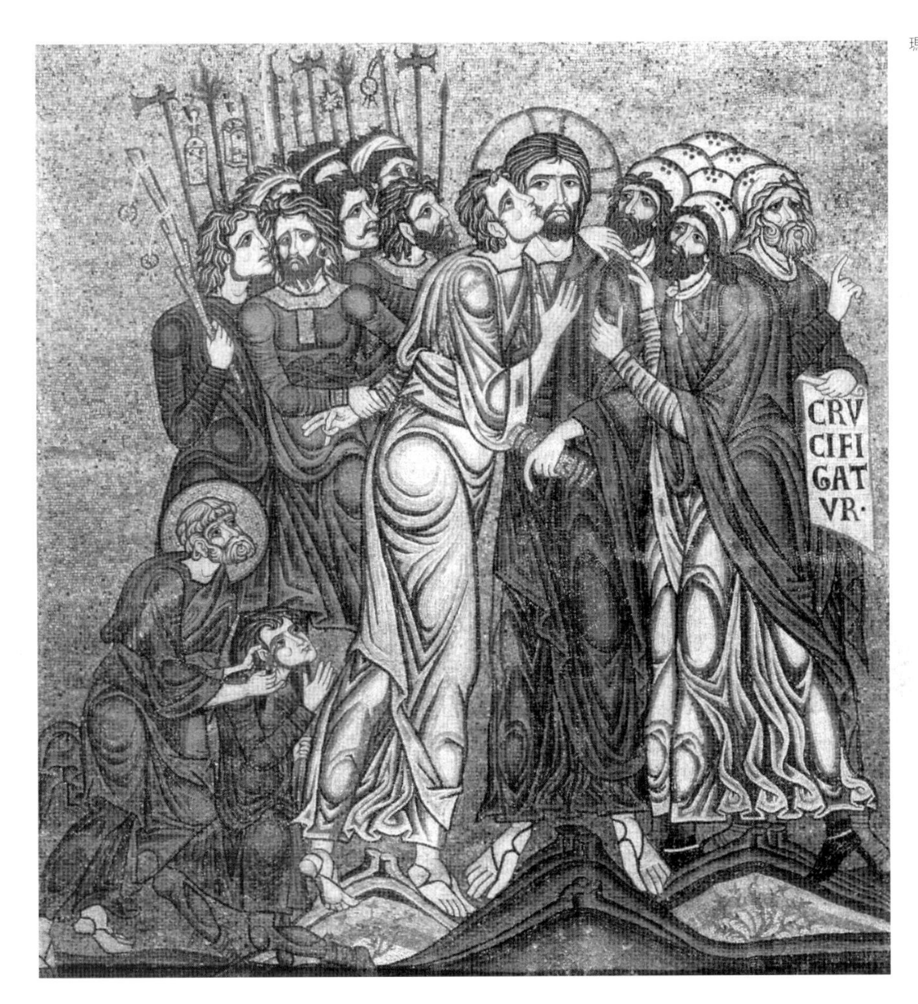
CRV
CIFI
GAT
VR·

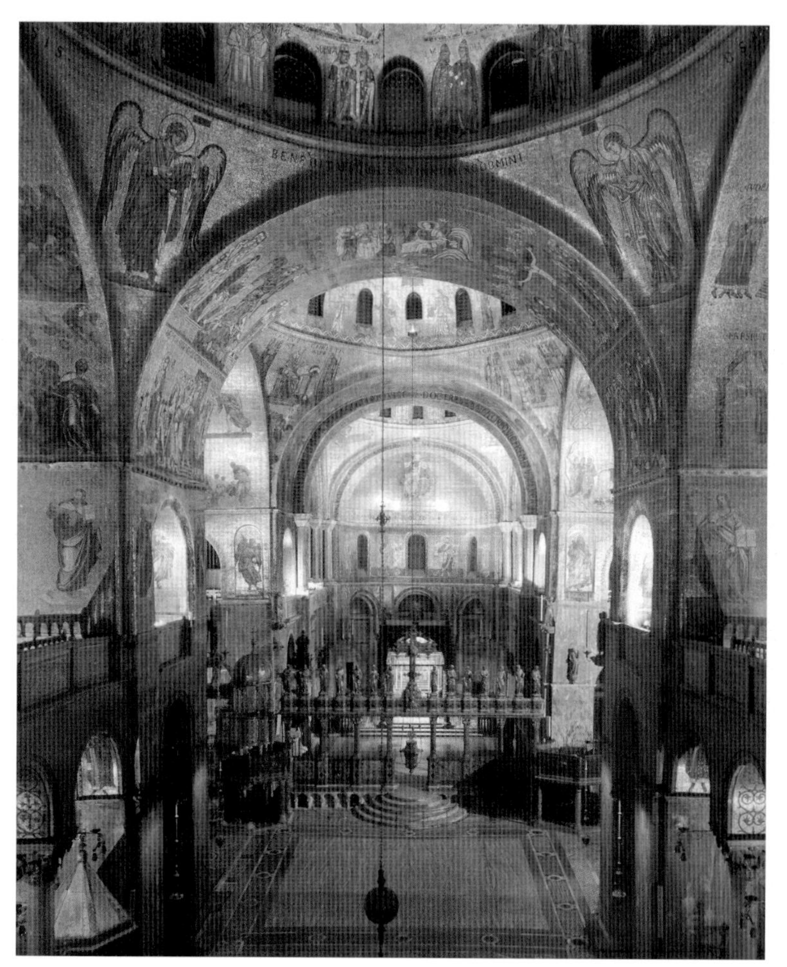

教堂內部金光燦爛的瑪賽克裝飾

中還以金箔作為瑪賽克鑲嵌畫的底色，使色彩斑斕的瑪賽克籠罩在一片金光燦爛的絢麗色調之中。

建築裝飾手段有些雖然開始與建築結構結合在一起，但隨着結構功能作用的退化，結構的形式演化成為一種裝飾形式。如多立克柱式中楣的三櫳板就是保留了橫樑端部的形式。還有的建築裝飾同時起着結構的作用，既是結構又是裝飾。公元前4000年前後，兩河流域一些重要的土坯建築為避免暴雨的沖刷，在土坯潮濕之際釘入十餘公分長的陶釘以使土坯形成一個堅固防水的表面。這些陶釘形成的表面如同鑲嵌而成的美麗圖案。一千年後，這一地區的人們改進了牆面保護技術，採用了比陶釘更容易施工的瀝青。由於瀝青經受不住日光的曝曬，人們在瀝青表面又貼上了彩色石片和貝殼，並形成彩色的圖案。後來這種土坯牆表面的彩色裝飾就以琉璃磚

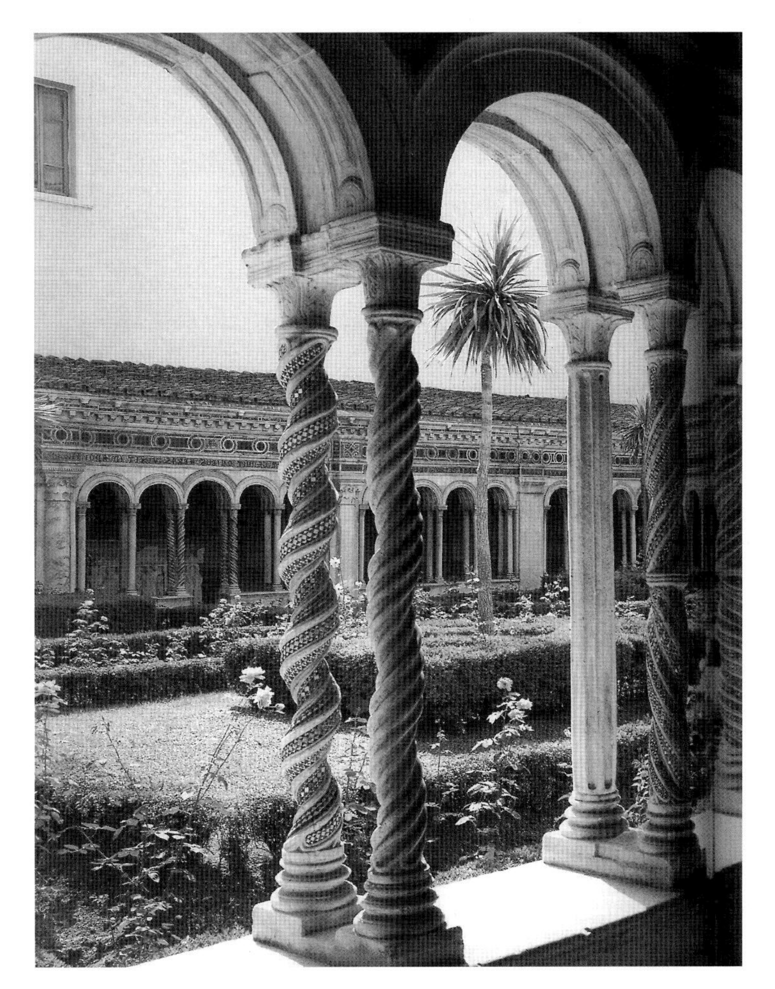

建築物表面貼上了彩色石片和貝殼所形成的圖案

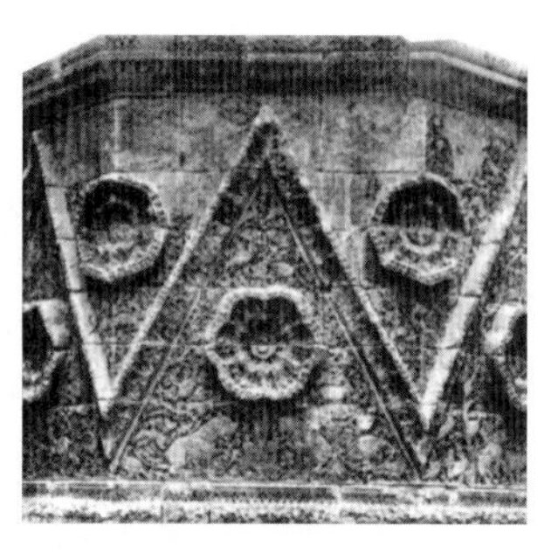
伊斯蘭建築裝飾

貼面固定下來，形成了這一地區特有的建築風貌。這種建築裝飾風格深刻影響了伊斯蘭建築的裝飾。

由於伊斯蘭教義禁止偶像崇拜，伊斯蘭宗教建築採用了大量圖案作為裝飾。這些圖案有的來自植物形象的變形，有的來自經文書法。這些圖案裝飾非常繁複華麗，甚至有些使人感到過於精細。

在印度神廟建築中，表面所裝飾的雕刻有時使人幾乎無法注意到建築而完全被裝飾吸引，這時建築的裝飾似乎比建築本身更為重要。

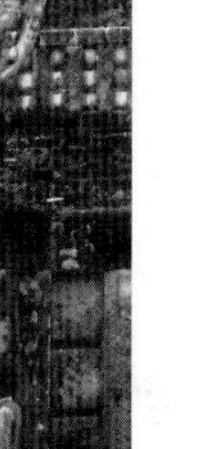
印度桑吉窣堵坡的東門

這裡遍佈偶像，建築不過是這些偶像展現於世俗人間的舞台背景。宗教建築往往利用大量的具體形象和故事情節在裝飾建築的同時，宣揚教義。

中世紀羅馬式基督教堂半圓拱入口上方的門楣上總是以聖經題材的浮雕來裝飾。這些浮雕繪有

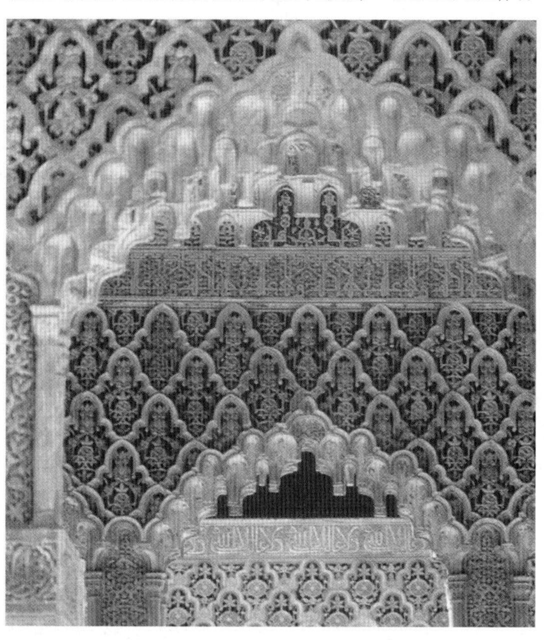
伊斯蘭建築裝飾

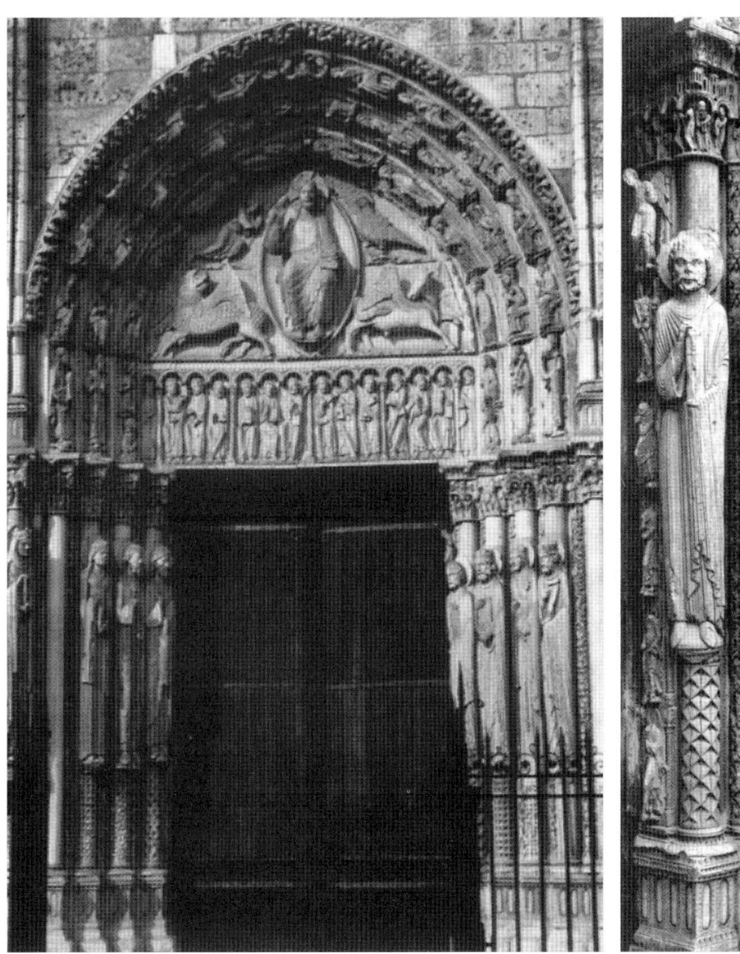

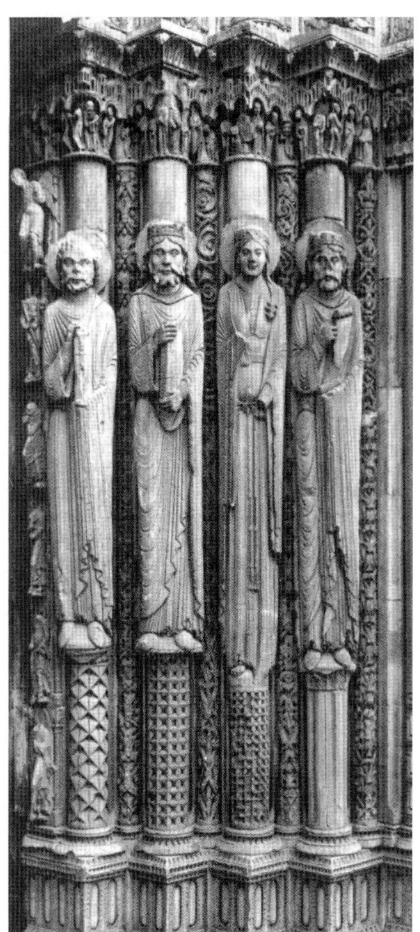

教堂正門門楣和門側柱上刻滿了成排的聖經人物浮雕

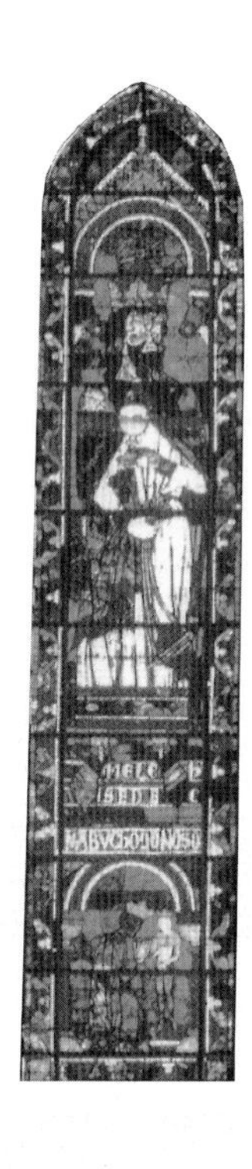
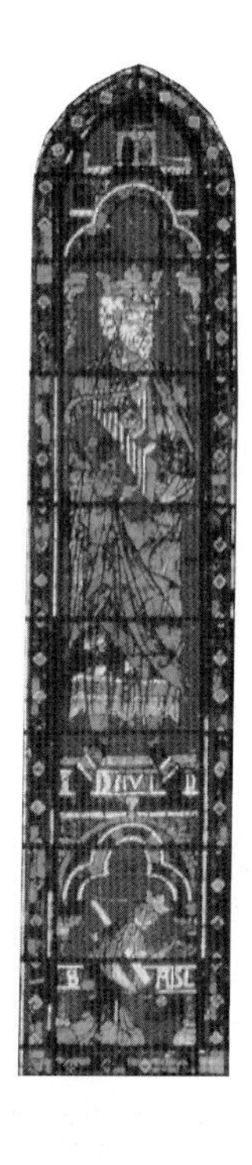
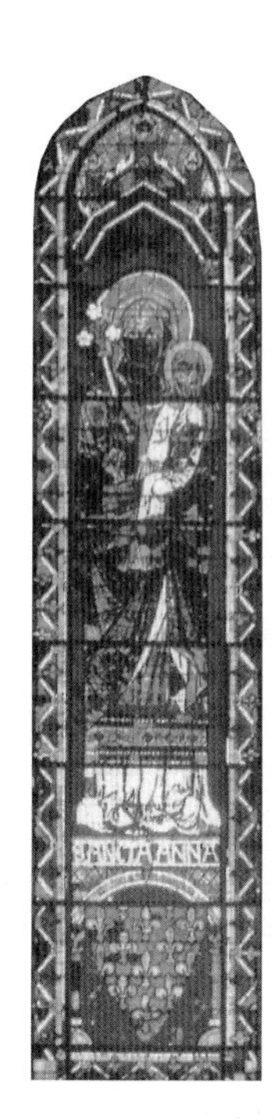

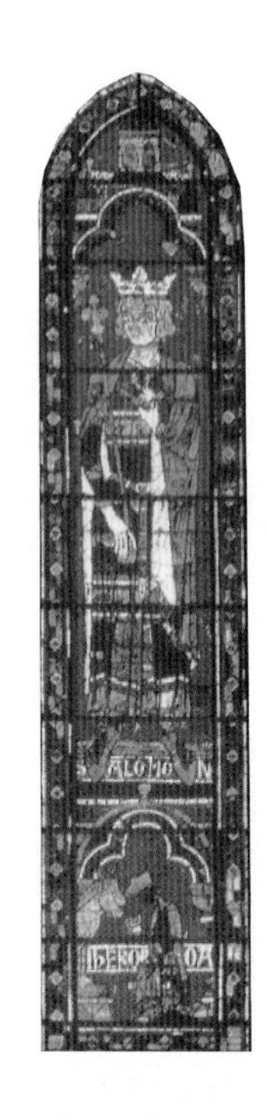
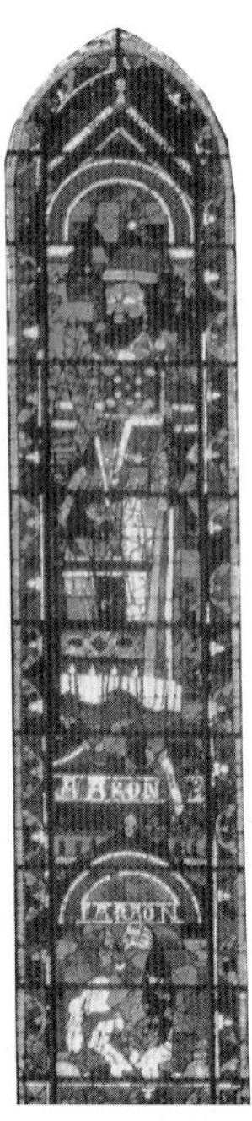

哥特式教堂的彩色玻璃窗

鮮艷的色彩，使大教堂的入口顯得更加突出。人們在進入教堂時，就彷彿行進在上帝的訓誡與榮光之下。不僅僅入口裝飾着雕像，在教堂內部的厚厚的承重牆上和穹頂上也頻繁地用繪畫裝飾着。雕刻家們在柱頭和窗間壁上也製作了許多小規模的雕塑品。

羅馬式教堂的這種裝飾直接影響了哥特式教堂的建築裝飾。不但教堂門楣上佈滿了雕刻，入口兩邊的門側柱上也刻滿了成排的聖經人物。人們在這個神聖殿堂中，沒有忘記把卑微的世俗生活順便摻和進去，當然也沒忘記把自己列入仙班。

哥特式教堂由於以肋拱、束柱和扶壁等結構傳遞來自建築上面的力，因此使得承重牆大大地減少了。取代承重牆的是高大的窗戶，這樣彩色玻璃就成為哥特式教堂裝飾的一大特色。彩色玻璃通過在熔煉的玻璃中加入含錳或鈷之類化學成分的物質形

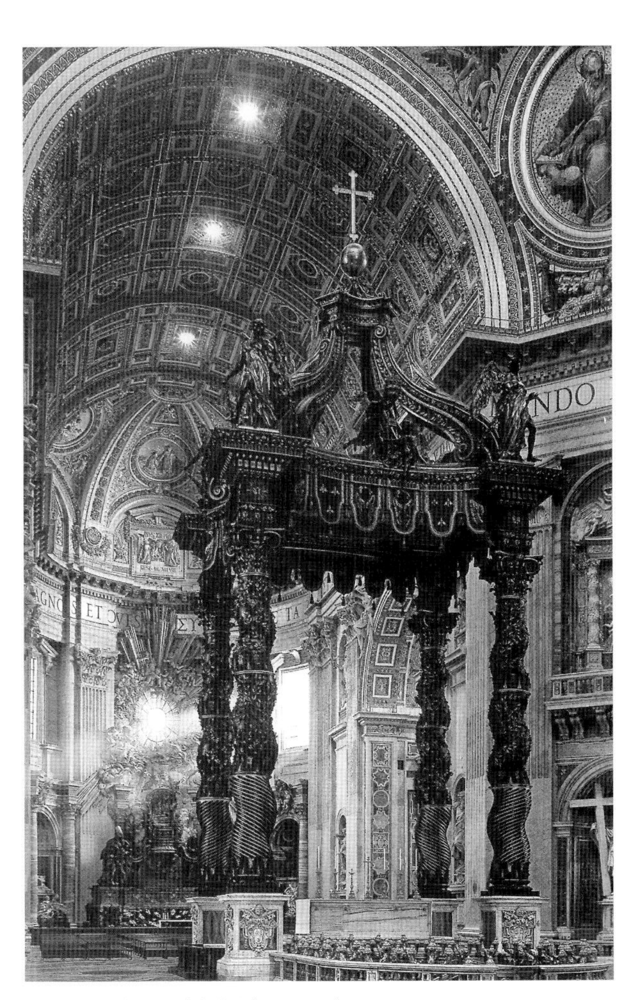

聖彼德大教堂穹頂下的青銅華蓋（1624~1633）

成各種顏色。在製作時先用鐵欞把窗子分成不太大的格子，這些鐵窗格被稱為銜鐵。然後用工字形的鉛條在格子中組成圖案，鉛條之間鑲有彩色玻璃。鉛條可以編成各種圖案，成為圍繞物體形象的黑色輪廓。玻璃和鉛十分沉重，容易在大風中損壞，所以鐵窗格就成為必需的加固裝置。彩色玻璃給哥特式教堂罩上了一層寶石般的晶瑩而神秘的光彩，如夢如幻，彷彿引領人們步入天國一般的境界。

建築裝飾除了附着在建築結構上，也可以成為建築單獨的構造物，對建築的空間起到引導和標識的作用。為了給聖彼德大教堂穹頂下的巨大空間提供一個視覺焦點，姜洛倫佐·貝尼尼（Gianlovenzo Bernini）設計了一個青銅華蓋來裝飾聖壇和下面聖彼德的聖墓。這個青銅華蓋由四根扭曲的柱子支撐，上面四根彎曲的支臂托起金色的圓球和十字架，與教堂中心大扶臂和穹頂相呼應。柱頂盤之間的青銅掛簾鍍有黃金，整個華蓋精雕細刻，富麗堂

聖彼德大教堂唱詩壇頂端的聖彼德座椅（1657~1666）

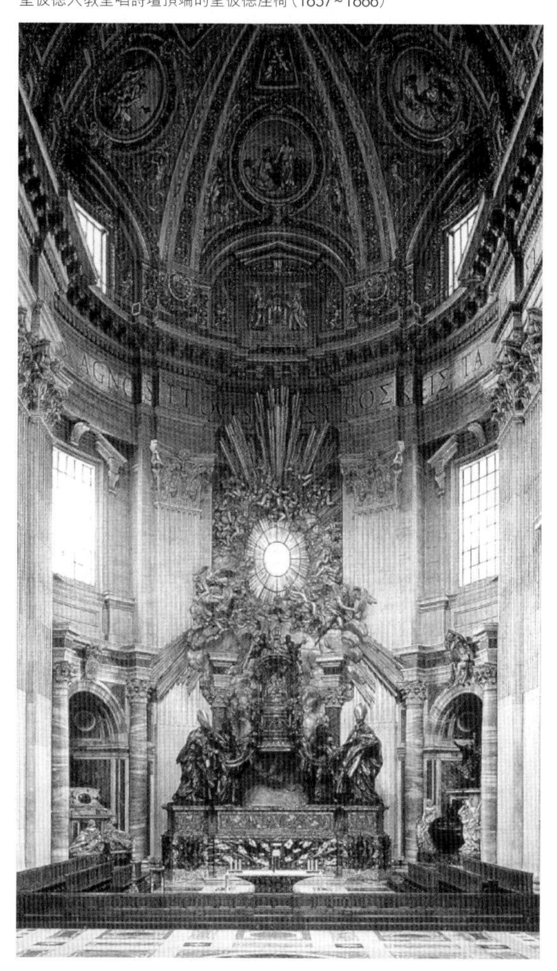

皇。在教堂唱詩壇頂端，貝尼尼還裝飾了一把據說聖彼德曾坐過的椅子。由於在這樣大的空間中，椅子會顯得過小，因此貝尼尼把這把椅子嵌入一個更大的青銅鍍金座椅中，並把銅椅架高。椅子週圍環繞着基督教長老和金色雲彩中的天使，代表聖靈的鴿子在上面發出道道金光。這類突出於建築物而獨立展現在空間中的建築裝飾不但用雕塑表現出來，在同時期的巴洛克建築和其後的羅可可建築中還以展示三維幻覺空間的壁畫表現了出來。

羅可可式室內裝飾

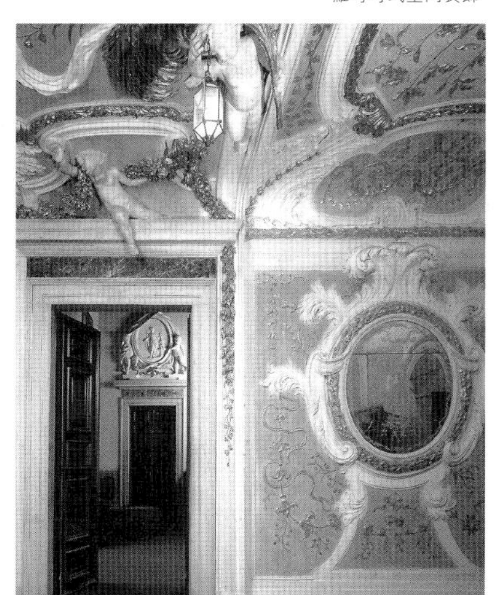

華麗的巴洛克劇院

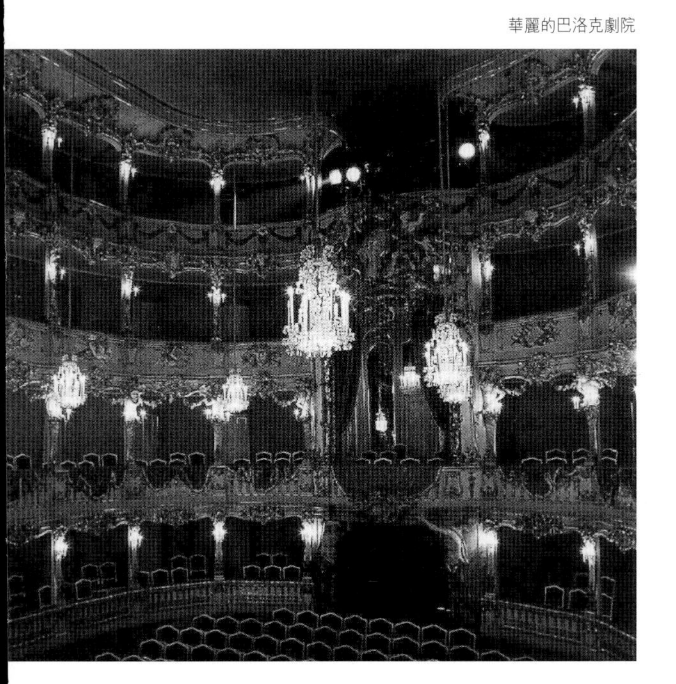

羅可可建築的主要特徵就表現在室內的裝飾上。在羅可可建築中到處都雕刻着草葉、薔薇、棕櫚樹和貝殼。傢具上鑲嵌着螺鈿組成的圖案，漆着金漆。房間裡張掛着閃亮的絲綢帷幔，牆上鑲着大鏡子。色彩大多用粉綠、玫瑰色或大紅等鮮艷色彩，配以金色線腳，竭力顯示主人的華貴氣派，充滿感官愉悅的巧思。

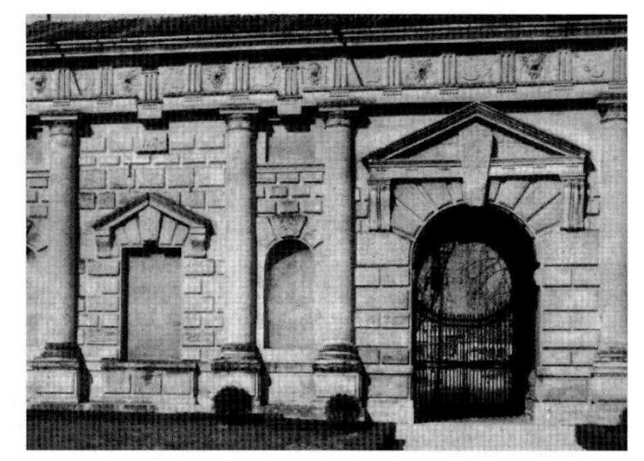
粗面石工

石砌建築的石頭表面可以保留石塊的一些自然砍鑿痕迹，好像沒有經過進一步處理的自然石頭原貌。這種方式經常用來裝飾建築的外部，稱為粗面石工。粗面石工裝飾的牆面給人感覺非常堅實、沉重，為建築的外觀增加了變化。

19世紀古希臘建築上的色彩被重新注意到。1829年，C. J. 希托夫發表的學說認為，古希臘建築外部不但廣泛使用色彩裝飾建築，而且還將紅、黃、藍、綠等非常鮮艷的色彩同時用在建築上。為此，希托夫在考察了塞里奴斯的神廟後，還製作了彩色的復原圖。以彩色裝飾建築外部在文藝復興時期也曾經有過，如布魯涅列斯基曾在拱券上使用過彩釉飾盤。在其它文化的建築中，如中國建築和東南亞佛教建築，建築外部大量彩飾成為建築不可缺少的形象因素。但對色彩存有的一些成見使哥特主義和古典主義者認為，建築色彩只有用單一顏色才能保持建築形象的完整性而不致混亂。像巴特菲爾德在倫敦瑪格麗特街的諸聖教堂所裝飾的外部磚牆，就被戲稱為"五花熏肉風格"。建築外部彩飾問題不在於色彩本身如何，而主要在於對建築的理解。建築裝飾本身的象徵性會賦予建築一種人為的意義，這是強調建築技術的人不願意看到的。建築裝飾無疑帶有強烈的主觀認識，使建築看起來不那麼客觀純粹。但建築的目的不是為了自身技術的發

佛羅倫薩帕齊小教堂，由布魯涅列斯基設計（1440）。

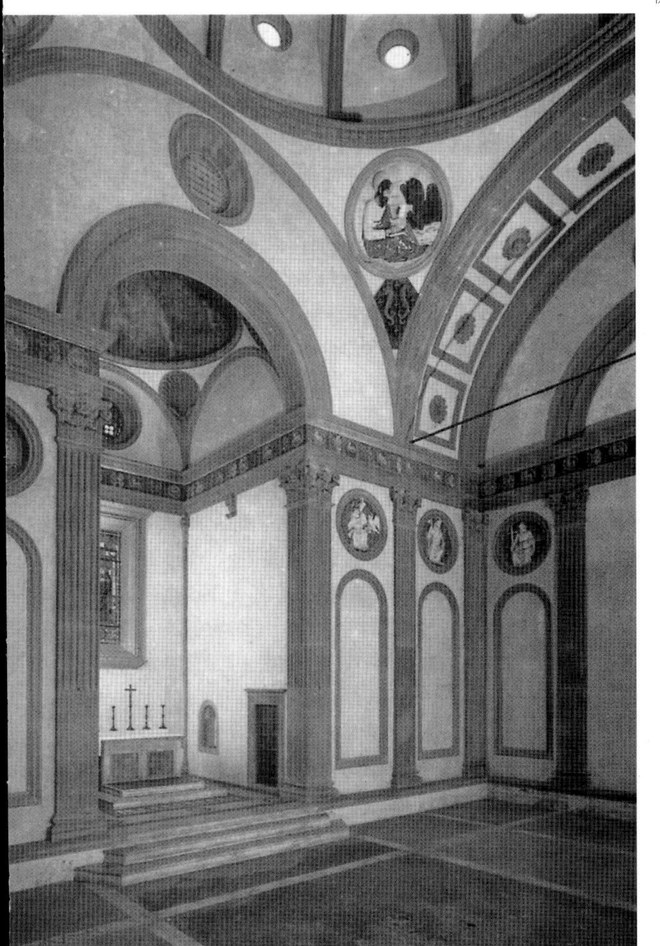

展，不僅僅是自足的。建築不可能不附加人的趣味，對建築進行裝飾從人的需要角度來説是不會被放棄的。關鍵在於不同的建築對裝飾有着不同的要求，人們在不同的時刻對建築裝飾的期望不同。西方繪畫和雕刻從文藝復興時期重新脱離建築裝飾而發展成為獨立的藝術形式，可以説使建築裝飾尤其是室內裝飾變得更加靈活。

不論我們喜不喜歡建築裝飾，裝飾的象徵意義決定了裝飾存在的根本意義。只要裝飾的象徵性存在，裝飾就免不了附着在所有人造物上，自然也包括建築。新材料、新技術出現的同時，新的裝飾風格就湧現了，不論裝飾是附加在建築表面還是融合於結構之中。

9 風格

無論什麼樣的建築，都帶有鮮明的時代特色。對於過去的傳統或多或少會採取一些取捨，對新生事物有所吸納。因此，歷史建築在一定的時期中都具有特定的風貌，可以從樣式、結構甚至裝飾上識別出來，這些方面就形成了建築的風格。

風格與樣式有所不同。樣式主要提供給建築一定的外觀形象，而一種風格意味着建築有着從裡到外比較統一的對應關係。樣式可以看作風格的某種構件。事實上，對風格一詞，在歷史上一直沒有非常確切的限定，或者說它的內涵始終處於變化之中。風格一詞原來是指文學作品中形式和表現方面的特色。休奇·布萊爾把風格定義為："一位作家的思想方法與氣質特色的獨特表現。"(1783年)某種風格還被認為是一種時尚，在建築中還借用風格概念來表明建築自身的一種發展變遷。

風格是指認建築特徵的一種標誌。這種特徵具有一定的時代特色，往往被認為是歷史性的或是區別於此前的特徵。風格有其自身的完整性，屬於一種風格的諸因素不能隨意拆解，否則風格將不完整。從風格的角度看建築，被認為表現出了建築本質的現代主義建築師視為一種僵化的觀點。沃爾特·格羅皮烏斯只承認時間意義上的風格即歷史的風格，而不承認判斷建築優劣標準的風格。某種風格，在他看來是一種退回到停滯的表現。勒·柯布西埃更曾斷言："風格是個騙局，風格是鼓勵一個時代的所有作品在原則上的統一。"可是這並不能阻止人們在談論建築時以某種風格來描述建築。我認為風格這一概念的有效性正在於具體地描述某種具體的建築是何物時的一種指稱，而不在於它是否涉及決定建築的因素是什麼。當我們談到某種風格時，實際上會很迅速地把握某種建築。所以在描述某種建築時，風格這一概念是有效的。

法國圖盧茲的聖塞南教堂（1080）

在此，我們將通過歷史中幾種被認為代表了某種風格的建築來看看建築風格在建築中有什麼具體的意義。

首先，一種風格可以歸結為一系列富於明顯特徵的因素結合在一起而成。如以下對羅馬風格的描述：

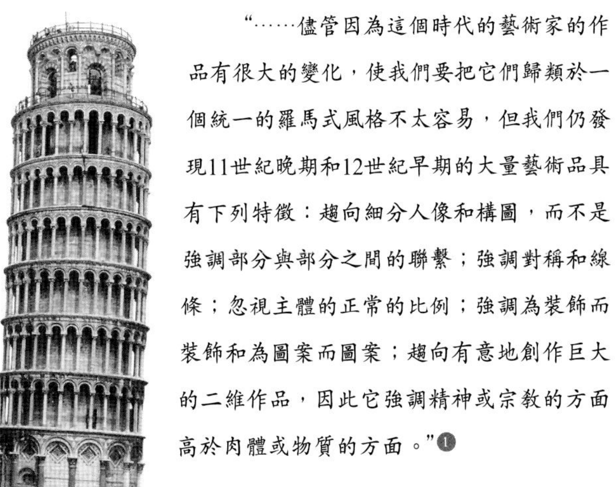

"……儘管因為這個時代的藝術家的作品有很大的變化，使我們要把它們歸類於一個統一的羅馬式風格不太容易，但我們仍發現11世紀晚期和12世紀早期的大量藝術品具有下列特徵：趨向細分人像和構圖，而不是強調部分與部分之間的聯繫；強調對稱和線條；忽視主體的正常的比例；強調為裝飾而裝飾和為圖案而圖案；趨向有意地創作巨大的二維作品，因此它強調精神或宗教的方面高於肉體或物質的方面。"❶

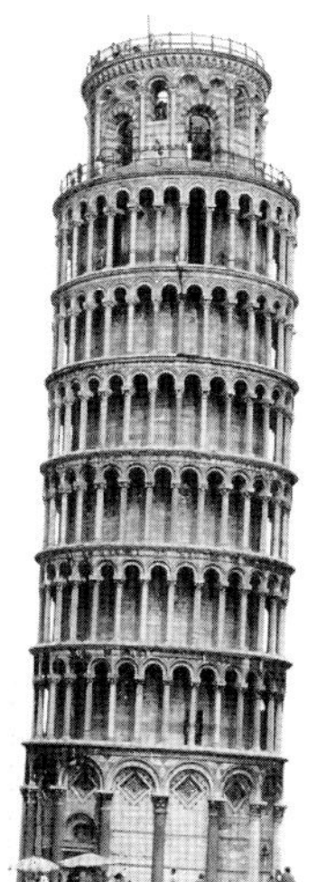

意大利的比薩斜塔

羅馬式風格

羅馬式風格的建築來自於古羅馬建築的結構——厚實的承重牆和帶有圓拱、穹頂的石造建築。這種風格的教堂入口裝飾着聖經題材的雕像，入口上方半圓拱上有基督的雕像。

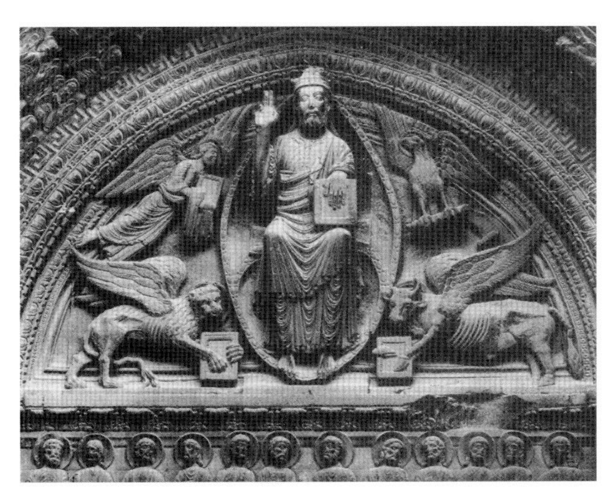

聖特羅菲姆教堂入口門楣上的基督雕像，12世紀。

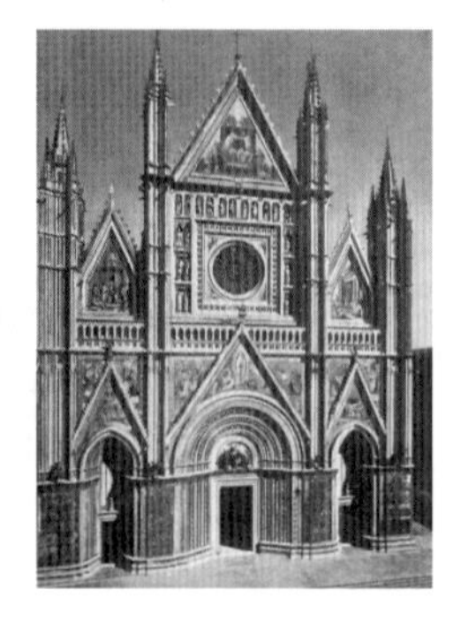
意大利Orvieto教堂立面（1310）

哥特式風格

12世紀在羅馬式風格建築盛行的同時，在法國巴黎附近開始發展出一種新風格，這種新風格被稱為"法國式"。後來這種風格被輕蔑地以摧毀古羅馬文明的哥特人的名字命名為哥特式風格。早期的哥特式建築採用尖拱和菱形穹頂，以飛拱加強支撐使建築得以向高空生長。哥特式建築的結構，使得牆壁的承重作用大為降低，多以豐富的花窗裝飾。大門入口的雕像採用圓柱雕像的方式。

到13世紀時，哥特式風格的建築進入繁榮期。這個時期哥特式建築確定了三層樓的建築立面，建築隨着工程技術的完善高聳入雲，同時被賦予了與教義解釋相聯繫的比例。圓花窗採取了輻射式桿狀花格，彩色玻璃變得高大、絢麗。

14世紀由於戰爭和遍及歐洲的黑死病，人口迅速下降和轉移，對建築計劃和實施影響很大。直到15世紀，其間的哥特式風格稱為後期哥特式。由於哥特式教堂向空中發展超限而引起坍塌，後期哥特式風格

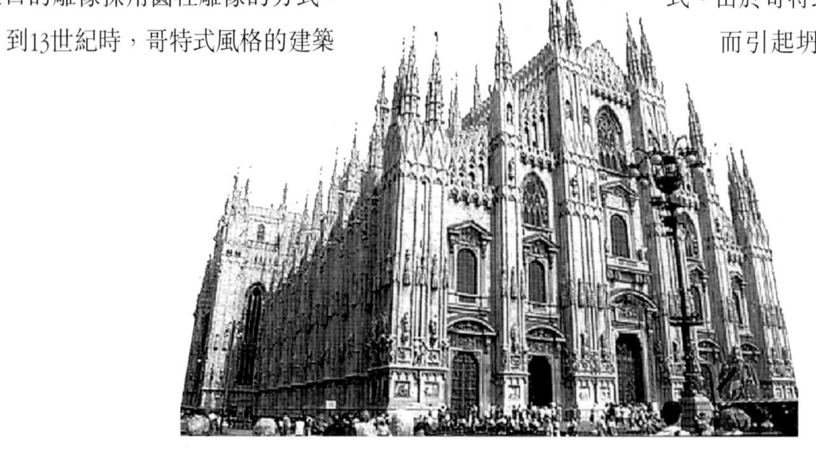
意大利的米蘭大教堂（1386）

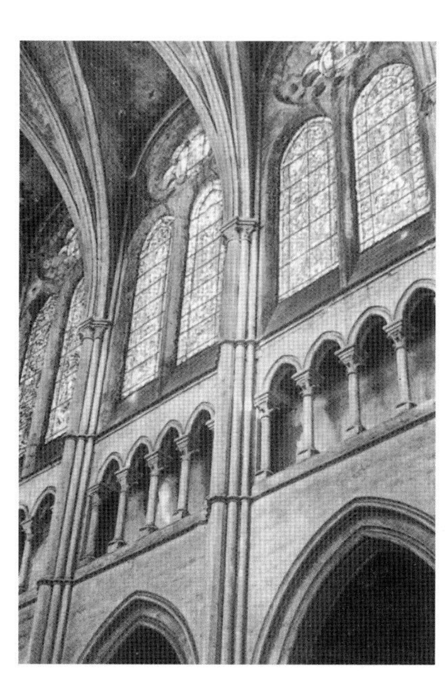

夏特爾教堂內部

英國的Salisbury教堂（1220），哥特式風格的建築。

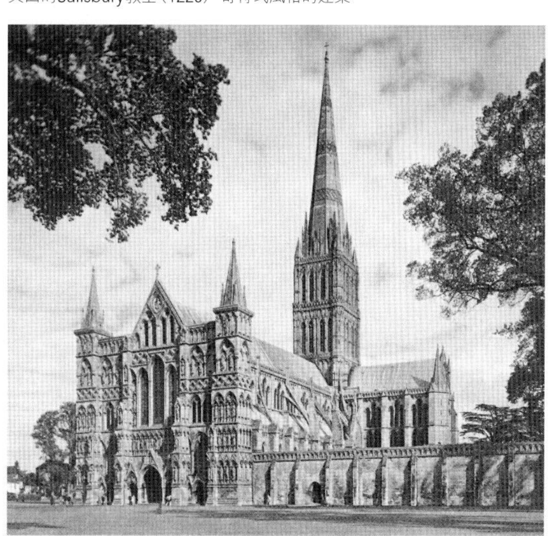

的建築逐漸趨於寬闊的內部而停止向上的高度競賽。哥特式建築越來越多地與地方或民族特色相結合起來。出現了更多的裝飾性設計，如火焰式穹頂，扇形穹頂和網狀穹頂等裝飾。

哥特式風格的建築由於其暴露的結構，被認為體現出了建築的真實性。這種認識影響了18世紀下半葉被稱作哥特復興風格的建築物。

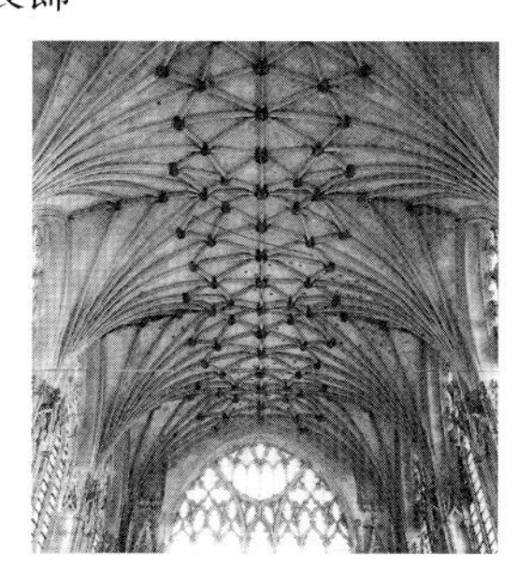

扇形穹頂

文藝復興風格

旗幟鮮明的復古運動最早來自意大利文藝復興運動。隨着中世紀基督教文化的衰微，15世紀的意大利人在他們的腳下重新發現了一個不同的世界。這不但是舊日羅馬帝國輝煌的重現，也是新的創造力藉以突破教權社會對個體束縛的契機。這種以考古學的興起而開始的對往昔世界的探索精神使人們把目光從神轉向了人。文藝復興運動逐漸在歐洲各地蔓延，並結合地方特色而成長起來。這樣在建築領域開始形成文藝復興建築強烈的個人風格。文藝復興建築師利用古代建築樣式作為建築構件加以自由運用，甚至有時去發明適合的構成和裝飾形式。在19世紀建築復古的浪潮中，這種精神同樣發展成為一種稱為文藝復興復古風格的流行觀念。

米開朗基羅設計的勞倫斯圖書館內的階梯

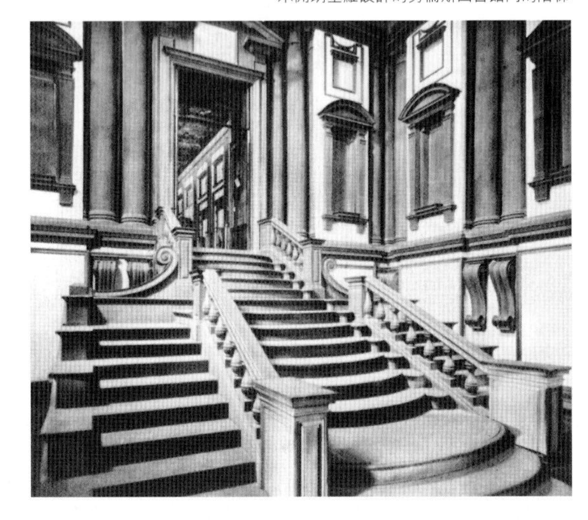

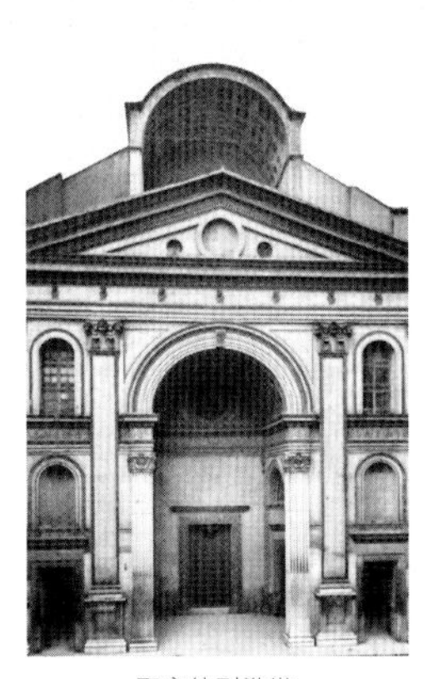

聖安德列教堂

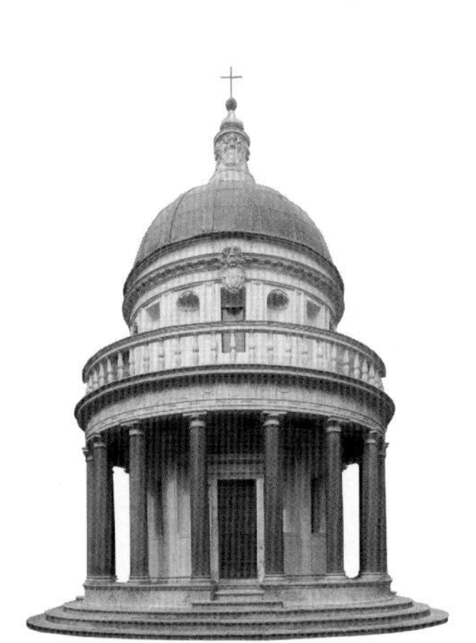

坦比哀多小禮拜堂

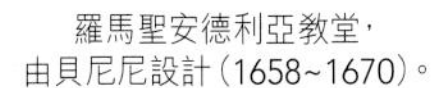
羅馬聖安德利亞教堂，
由貝尼尼設計（1658~1670）。

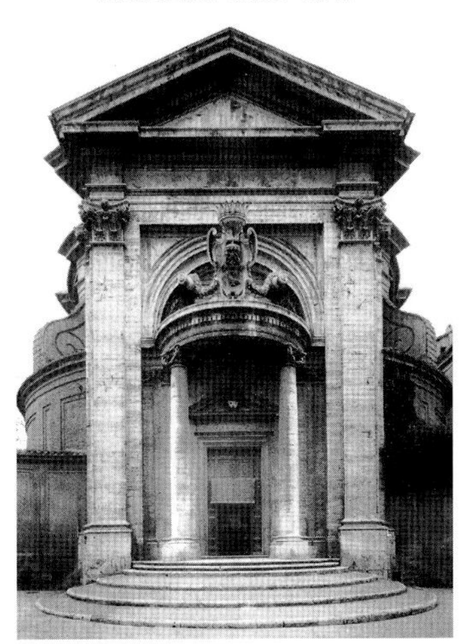

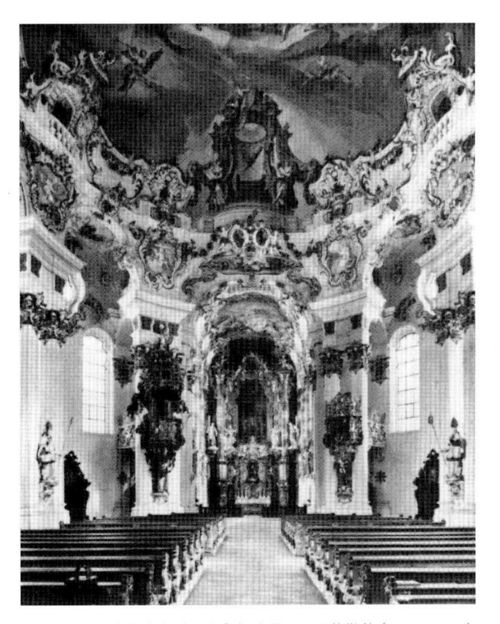
德國的指引教堂內部的羅可可風格裝飾（1745~1754）

巴洛克與羅可可風格

意大利文藝復興運動所倡導的個人自由創造的精神，演變出在形式上追求更大自由的巴洛克風格。巴洛克原意是畸形的珍珠。巴洛克建築風格拋棄了文藝復興建築對均衡對稱和理性的追求，而強調某種戲劇化的效果。巴洛克風格的建築體量的運用比較自由，拋棄了靜態的方形和圓形，代之以富於動態的曲線形、旋渦形和橢圓等形狀。內部的裝飾趨於華麗和幻覺，加強了戲劇感。這種風格在法國得到了強化，發展出羅可可風格藝術。羅可可一詞源於一種用貝殼或鵝卵石做成的裝飾，這種風格的建築也主要體現在室內裝飾上。這種風格被認為代表了衰退的貴族階層豐富想像力的浪漫情調，表達出精巧與奢華的環境氛圍。巴洛克和羅可可風格的建築都採用多色彩、多種材料質感，並多利用繪畫和雕塑裝飾建築物。

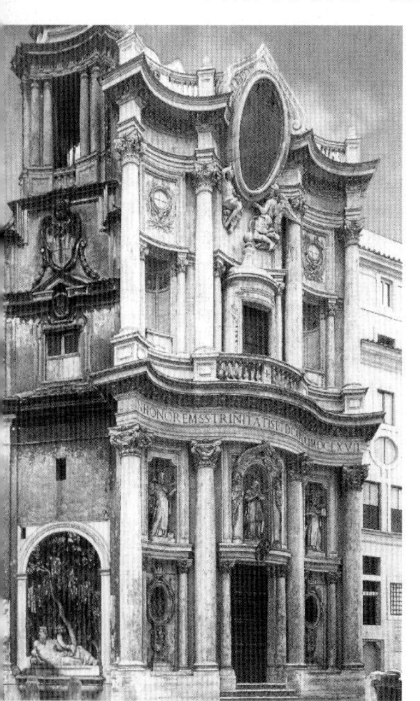

羅馬的聖卡羅教堂（1665~1667），巴洛克風格的建築。

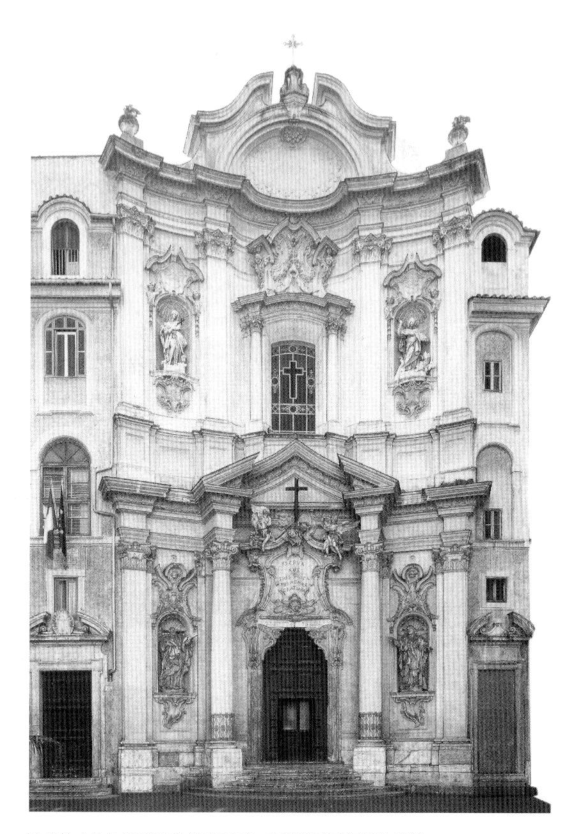

羅馬抹大拉的馬利亞教堂（1735），典型羅可可風格的建築。

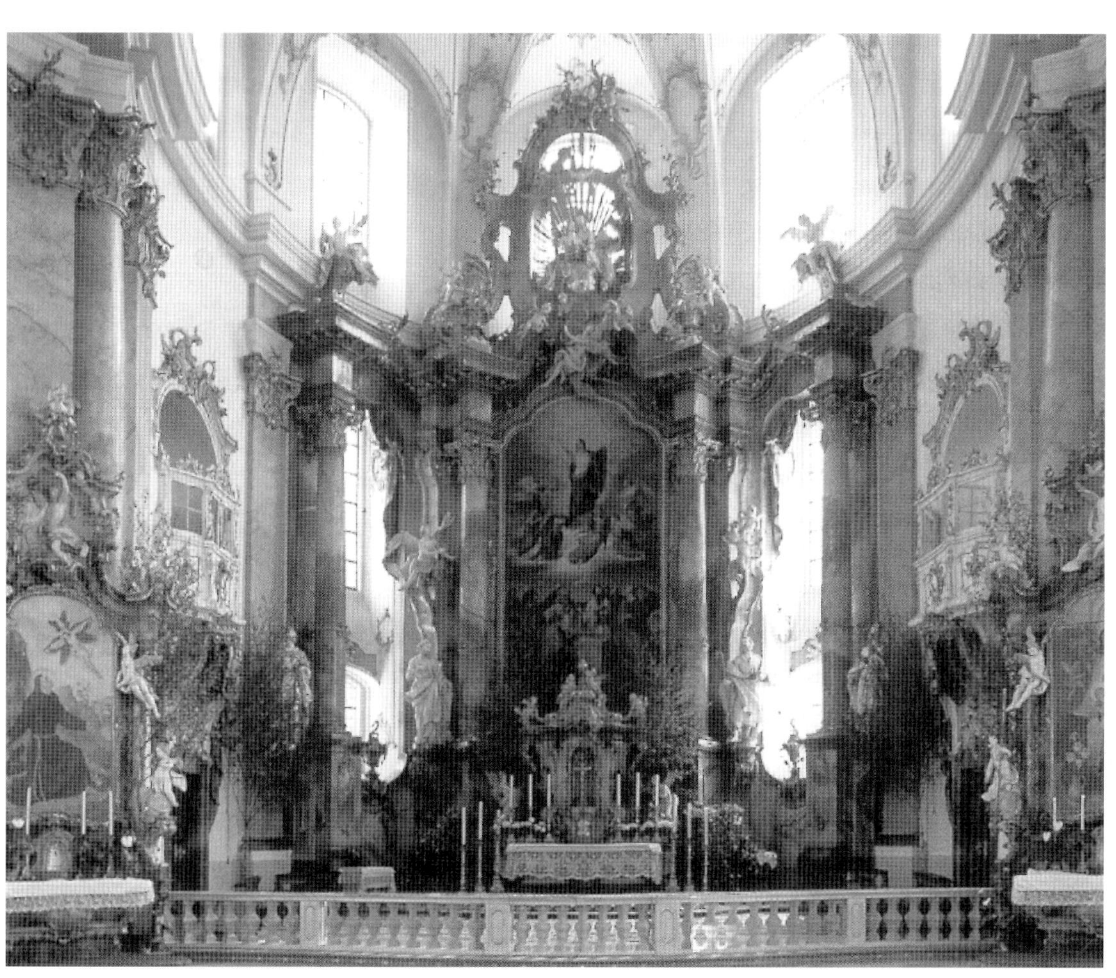

德國Vierzehnheiligen教堂（1743~1772）

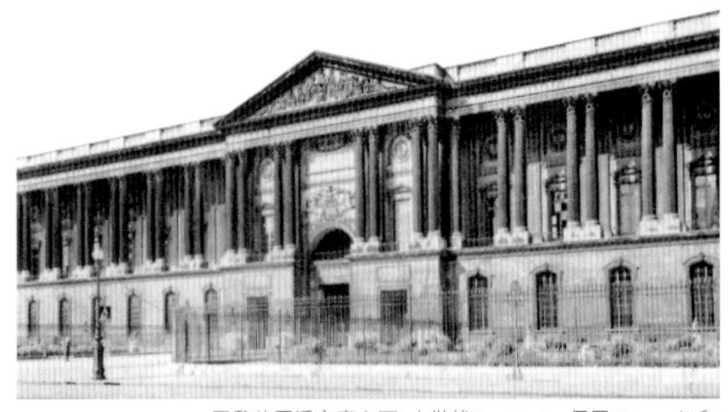
巴黎的羅浮宮東立面，由勒伏(Le Vau)、佩羅(Perrault)和勒布朗(Le Brun)設計（1667~1670）。

經典風格

與17世紀興起的巴洛克風格建築同時期，在法國興起了與強調巴洛克風格那種自由變化相對立的另一種建築風格，被大多數建築史家稱為古典主義風格。其實將 Classical Architecture 譯為經典風格建築能較好地與古希臘的古典時期相區別，更能體現這種風格的追求。這種經典風格的建築觀念來自於古希臘羅馬建築，特別是維特魯威的著作。經典風格特別重視對古代柱式的運用，認為柱式賦予建築以度量和規則。樑柱結構中的柱式更能表現柱式的重要性，因此取代了古羅馬拱柱式中使用柱式的方法。經典風格的建築利用純粹的幾何和數學關係以及把古代傳統上升為建築規則來強調自己這種風格達到了一種適合的、可以被視為衡量建築優

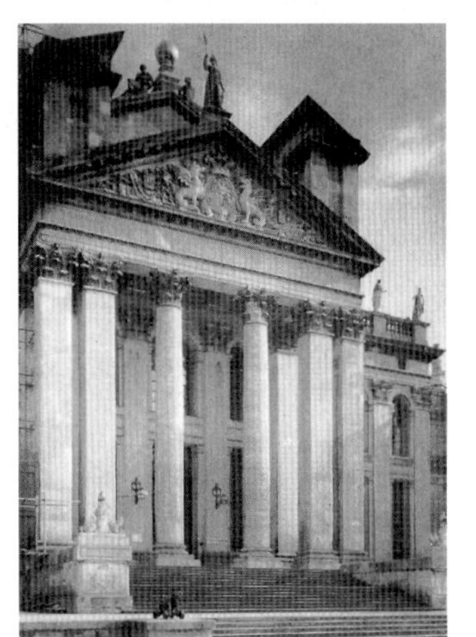
布蘭希姆府，由范布勒和勒布朗設計（1705~1724）。

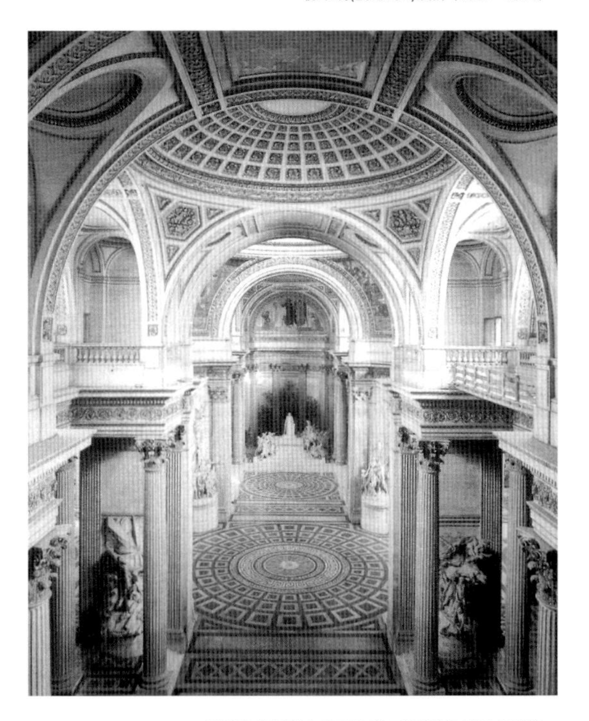
巴黎的萬神殿內部（1576），重要的經典風格建築。

劣的建築準則。這種準則似乎一勞永逸地解決了建築設計問題。只要依照此法設計似乎自然而然地就會產生一座堪稱經典的建築。這種建築風格確實產生了許多今天視為經典的建築，但不意味着唯有此法方是真理。建築的發展已經向我們清晰地展示了任何所謂終極真理都不會真正地成為永恆事物，只有不斷有效地解決新問題才能使人類發展下去。一種固定不變的方法和觀念不能保證我們解決問題，這種方法和觀念只有針對原有問題才可能保持其有效性。經典風格雖意圖創造經典建築，但只能創造出往昔歷史中的經典。

這種借古還魂的方式是追求一種經典風格的一貫手段。這就使我們能夠理解為什麼復古思潮總以各種方式在世界不同地方的不同時期被不斷地提出來。古希臘羅馬的文明對於西方文明來說，成為不斷被重新認識的源泉，這也是文藝復興運動所開啟的傳統。古希臘和古羅馬的建築分別引發了18世紀中葉開始的羅馬復古風格和晚期出現的希臘復古風格的建築。

羅馬復古風格

英格蘭銀行的羅馬復古風格大廳（1818）

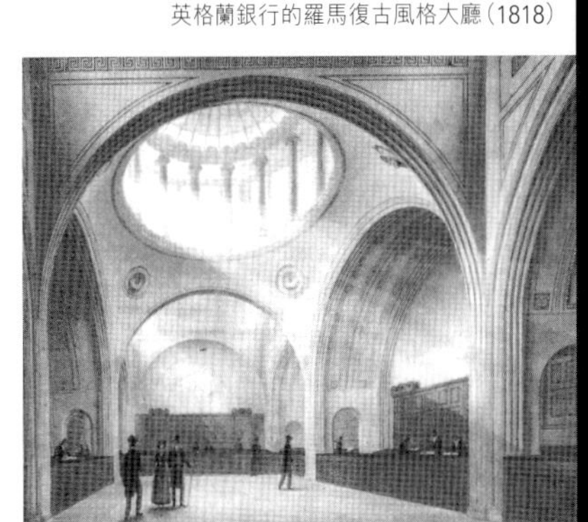

古羅馬高大建築物屹立在廢墟上給人以崇高的感受。羅馬復古風格的建築希圖把這種崇高感通過模仿古羅馬高大的浴場或神廟體現出來，而不考慮這座建築物的真實用途。這種風格一度曾流行於各種類型的建築物上。而在亞當兄弟 (Robert Adam 1728~1792, James Adam, 1730~1774) 設計的凱德斯頓府邸的阿拉拜斯特大廳，竟把羅馬凱旋門的正面貼進了戴克里先浴場的室內。

希臘復古風格

希臘復古風格對比羅馬復古風格的建築而言，似乎重點在於建築的外部。這種風格最流行的原形來源於古希臘的帕特農神廟。古希臘建築採用樑柱式而不是古羅馬的拱券結構，古希臘建築又比古羅馬建築更早，因而古希臘建築被看作更純粹，也更能代表古代建築的完美。帕特農神廟就被認為是樸素而完美的典型而被爭相效法，甚至模擬神廟高踞衛城山丘的位置而為建築修建一個陡高的台階。帕特農神廟的山花也成了希臘復古風格的重要標誌。

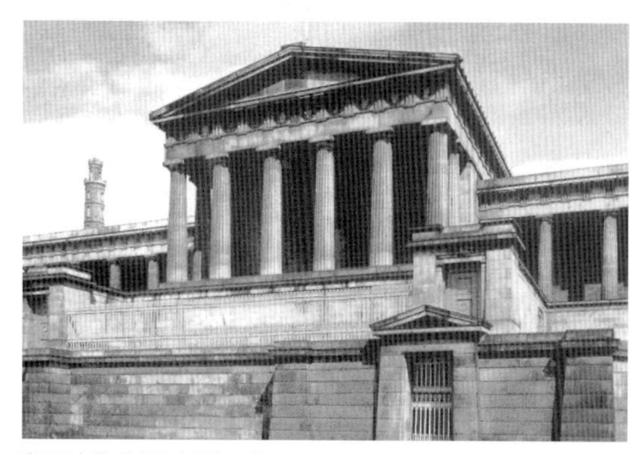

愛丁堡中學·希臘復古風格建築。

毫無疑問，一種建築風格必然通過一定的外部特徵才能真正地予以辨認，並且這些特徵要足夠明確並以固定的方式結合在一起。建築風格實質上是以建築外部特徵而非空間、結構等內部特徵來定義建築的。所以，建築風格是一種描述建築的方式，而不是對建築真正的理解，也就不可能成為判斷建築的標準。不但對於歷史建築如此，對於現代建築也同樣適用。如所謂"國際風格"的建築具有的全部外部特徵被認為是：體積、不對稱、平屋頂和白牆面。這只能被看作是一種識別式的建築描述。建築風格由於其外在性，容易被復古主義者輕易地拿來作為仿效的對象。

1920、1930年代興起的被稱作中國文藝復興運動的建築，也採用中國傳統建築構件來製作仿古的現代建築。最早利用中國傳統建築構造設計中西結合建築的是在澳門的葡萄牙建築師。其後在中國開

日本東京的 Imperial Hotel，由賴特設計的中國風格建築（1923）。

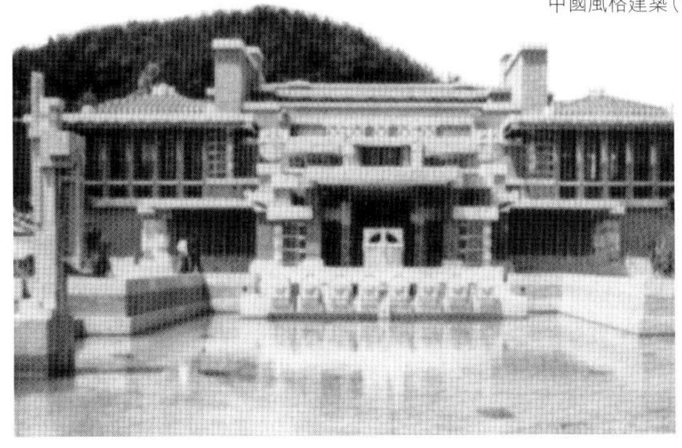

業的外國建築師也利用鋼筋混凝土和其它現代建築材料建造傳統中國風格的建築。這類建築基本上採用中國式大屋頂加在一座西式建築上，像給建築扣上了一頂中國式的大帽子，把中西建築作了一種風格上的簡單嫁接。這樣的屋頂自然只是一種裝飾象徵物，而毫無實際用途。以這種方式設計的建築還包括近年來北京修建的許多公共建築，在外觀上很像古代的城門樓。雖然這些建築物使用的是現代建築技術建造的，但很難稱其為具有現代觀念的建築。

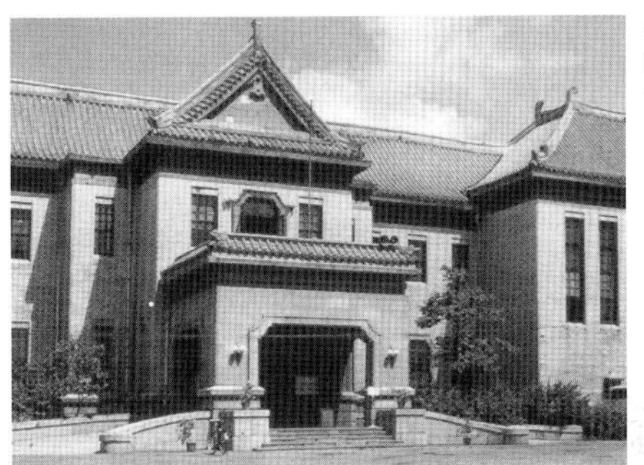

中國的偽滿皇宮，也是採用中國式大屋頂加在一座西式建築上。

注釋：

1 引自《劍橋藝術史I》中“世紀”一章（安尼·謝弗—克蘭德爾著，羅通秀譯，中國青年出版社1994年版）。

10 類別

建築物是為人們的使用而建造的，因此根據不同的用途，建築物可以按照功能進行分類，可分為居住建築、宗教建築、公共建築、工業建築等。這種分類隨建築功能的變化而變化。中國傳統建築由於採用通用式的設計，一種建築可有多種用途，所以分類標準以建築的樣式和功能結合在一起為依據。李誡在《營造法式．總釋》中把建築物歸為宮、闕、殿、樓、亭、台榭、城等七個類型。而劉致平在《中國建築類型及結構》一書中將建築物分為樓閣、宮室殿堂、亭廊軒齋館舫、門闕、橋等五種類型。中國的這種建築分類法由於其建築樣式的廢棄，在今天看來已經沒有比從功能上區分建築類型更能説明建築的性質了。在李允鉌的《華夏意匠》中按功能分中國傳統建築物為住宅、宮殿和宮城、禮制建築、佛寺浮圖及其它、商業建築、為科技及工業服務的建築物等六類。由此我們可以看到由於不同文化對建築物功能要求的不同，建築物的類型就不同。從單一文化的標準無法給建築物一個確切的歸類，因此建築物的類型只是建築滿足人們需要的一個大致歸類。單純以建築功能為標準，在跨文化建築類型的確認上是困難的。

我們可以從滿足人類不同層次的需要的角度上來大致確定基本建築類型。居住建築即住宅，無疑是滿足人類需要的具有基本功能的建築、類型。比較純粹的住宅就是普通的民居。而帝王諸侯的宮殿城堡一方面有住宅的功能，同時還具有一定的公共建築的特性，因此從規模樣式上都不同於民居，帶有更多的象徵性色彩。這種象徵性表現出主人地位的特殊性。建築的裝飾最早就體現出建築的重要象徵性。整個人類歷史住宅的這種差異，最能體現人的分化狀況。同是住宅，宮殿竭盡裝飾之能事，而民居如同建築歷史景象中的背景，更多地考慮有效利用有限的空間和資源。宮殿往往顯示出技術的卓越，民居則體現功能設計的巧思。

一、宮殿

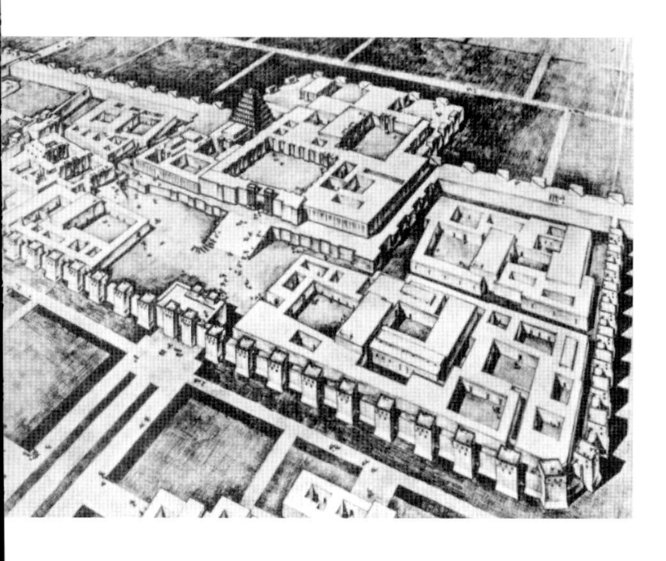

薩艮王宮 *(公元前722~705)*

公元前8世紀，亞述先後征服巴比倫、敘利亞、巴勒斯坦、腓尼基和小亞細亞以及阿拉伯和埃及，建立了龐大的帝國。薩艮王宮由亞述國王興建。王宮的基礎是一個高達18米、幾乎全由人工堆砌的大土台，建有一條很長的馬道，佔地約17公頃。大門位於南端，直通一個長寬約92米的巨大庭院。東邊是行政用房屋，西邊是建有通天塔的廟宇。北邊是王宮，有一個大門與其它部分隔開。整個王宮有210個房間圍繞成30個庭院。主要建築材料是土坯，裝飾有大量雕刻作品。

波斯波利斯 *(公元前6~5世紀)*

波斯波利斯建於波斯王朝約公元前6世紀至5世紀，經歷了大流士、薛克西斯一世和阿塔賽克西斯三代王朝，前後持續達60年。這座宮殿整個建在一個高約12米的大平台上，長約450米，寬約300米。入口處巨大的台階兩側刻有23個城邦向波斯王納貢的場面。北面是兩個舉行禮儀的大殿，西側是會客殿，東側是百柱殿。由於宮殿的木質樑枋早已不存，百柱殿只留下了一百多根斷柱，但仍能想見當日的輝煌。東南部是財庫，西南部為後宮。後宮是埃及式的，它的建造者是從埃及掠來的奴隸。

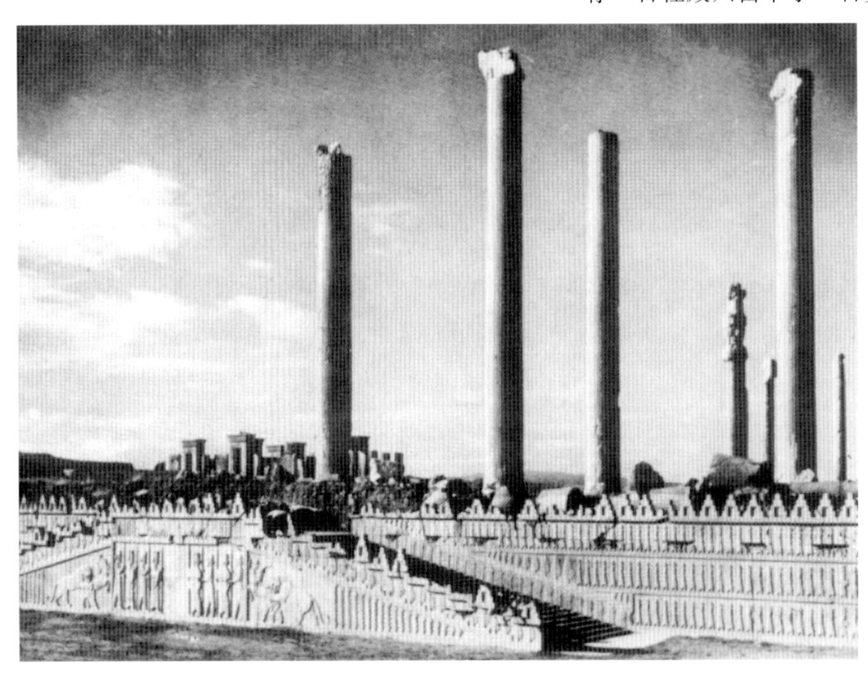

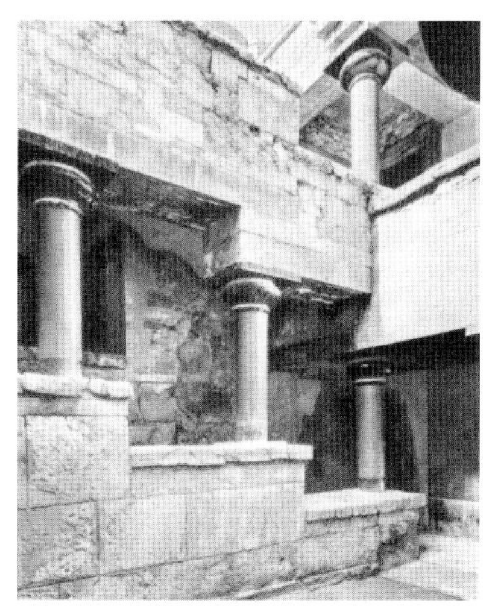

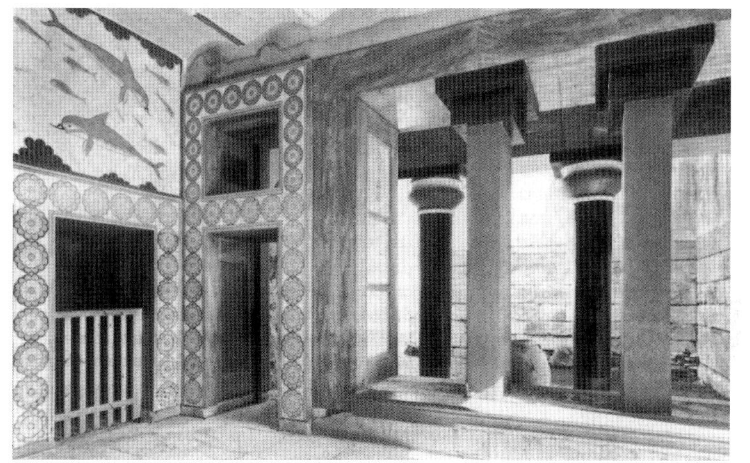

克諾索斯 *(約公元前1600~1400)*

克諾索斯位於克里特島，這裡的宮殿被認為是克里特島的統治者、宙斯的兒子米諾斯的王宮。由於宮殿建在丘陵上，因此平面布局非常雜亂。傳說米諾斯王修建過迷宮，成為後來宮殿的樣板。這座宮殿的柱子非常特別，上粗下細，在古代建築中是很罕見的。宮殿的牆壁裝飾着鮮艷的壁畫。

二里頭商代宮殿

在河南偃師二里頭發現的宮殿遺址，被認為是中國商代約公元前1523年~公元前1028年初期成湯都城——西亳的宮殿。這座宮殿建在一座高度近1米、長寬約百米的夯土台上，四週建有迴廊，大門南向，具有中國傳統庭院建築的特點。大殿為八開間，不同於以後開有當心間的中國傳統建築。另一座宮殿遺址較為規整。在湖北武漢黃陂縣盤龍城也發現商城遺址，從它的宮室復原圖上可以看到商代宮殿建築的風貌。

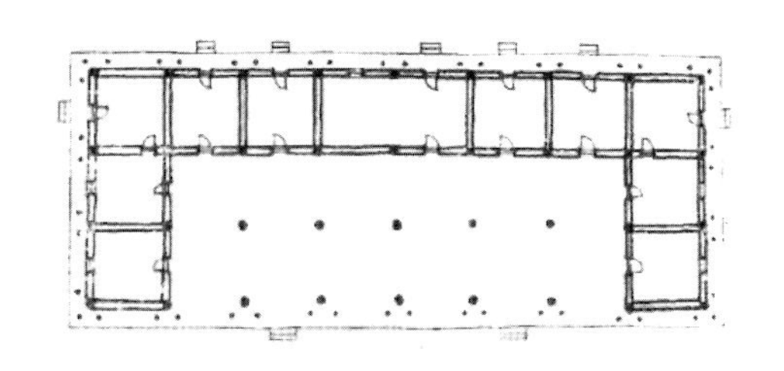

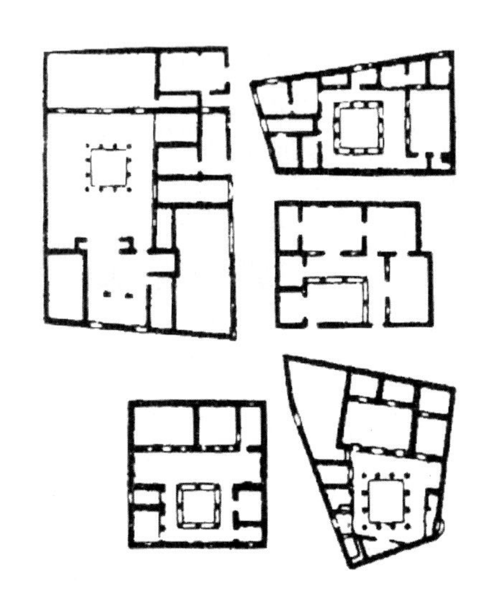

咸陽宮 *（公元前221~207）*

咸陽是中國歷史上秦王朝的都城。從陝西咸陽發掘的秦咸陽宮一號宮殿遺址可以看到，這座宮殿以中央入口為中軸左右分為兩宮。這種兩宮分制的宮殿布局是中國秦漢兩代宮殿建築的特點。據歷史記載秦滅六國時，每每寫仿諸侯的宮室，可以推想秦朝的宮殿從規模到樣式上都堪稱集大成者。

大明宮

大明宮建於634年唐太宗李世民在位時，與龍首山地形相結合而設計的，現僅存遺址。含元殿既是大明宮主殿，又是整個宮殿群的大門。殿前是長達75米的階梯——龍尾道，使大殿顯得雄偉高大。麟德殿前、中、後三座殿組成，面積竟達5千平方米。

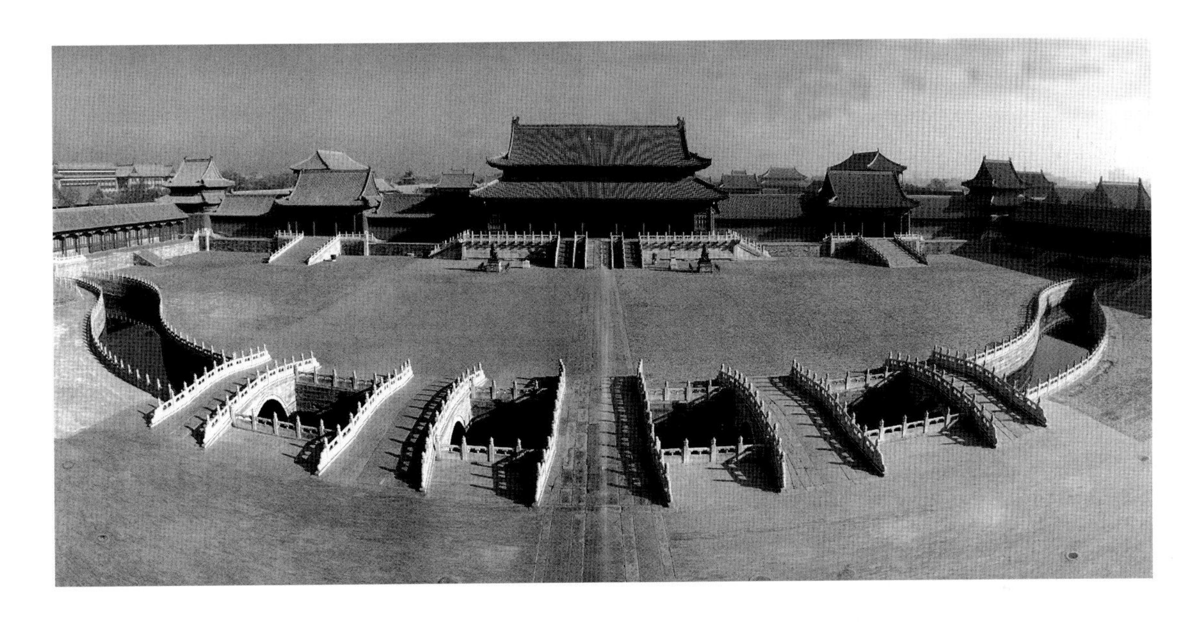

故宮

北京故宮始建於1416年（明永樂十四年），東西長2,500米，南北長2,750米。整個北京城以故宮的軸向為中軸線，因此可以說故宮是城市的核心。

故宮紫禁城南北約960米，東西約760米，用高大的磚砌城垣圍繞成方形，東西南北開有四門。禁城前有千步廊，按左祖右社的布局，廊東為太廟，廊西為社稷壇。禁城中分為外朝和內庭兩部分。外朝以中軸線上的太和殿、中和殿和保和殿三大殿為主，是舉行儀式和議政的場所。內庭以乾清門為界，是帝王生活區域。最北面是御花園。紫禁城中有完整的排水系統，所以沒有積水的擔憂。冬季燒炭通過地下火道採暖。故宮建築外朝的宏大氣勢令人難忘，而為保持內庭的私密性採取的宮牆隔絕，使人深感壓抑。

哈德良離宮(114~138)

羅馬皇帝哈德良在蒂沃利的離宮建在一個地形複雜的河流交匯處，因此體現出不拘一格的特色。長達幾英里的範圍內散佈着花園、亭子、宮殿、浴場、劇院和廟宇。建築的形式也富於新奇，有的額枋和檐部竟採用了凹入的弧形，向我們顯示了嚴格的羅馬人異乎尋常的一面。

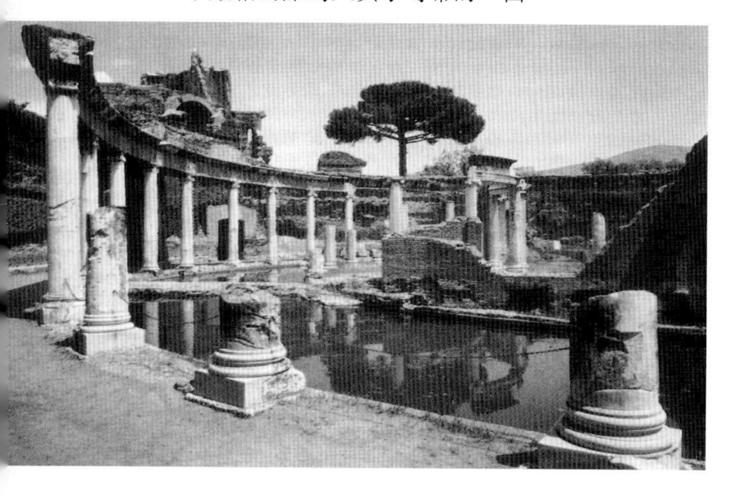

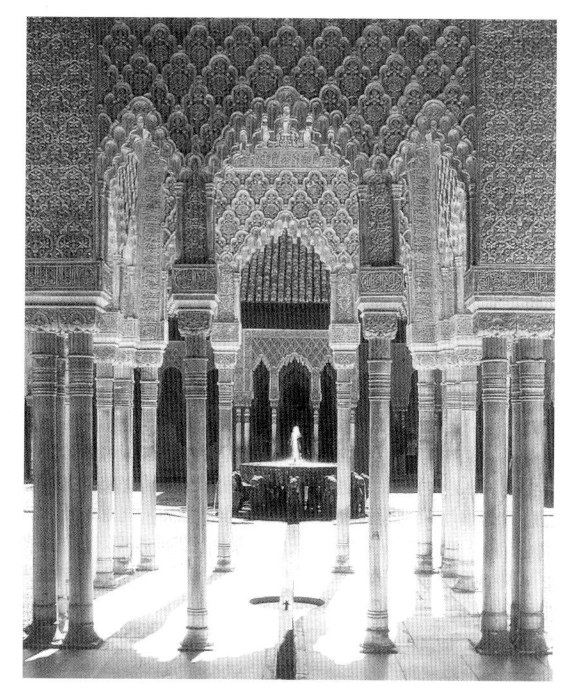

阿爾罕布拉宮(13~14世紀)

阿爾罕布拉宮位於西班牙格蘭納達一個地勢險峻的小山上，是一所伊斯蘭宮殿。這所宮殿有兩個主要院落：南北向是柘榴院，是舉行朝覲儀式的地方；東西向是獅子院，以院中水池週圍欄板雕刻的12頭雄獅得名，是后妃居住的地方。這裡建築內角拱的裝飾繁複，這種伊斯蘭模式源自中世紀西西里、切法盧等地的皇宮。

科倫尼宮

科倫尼宮是風格主義建築師伯魯茲(Baldassare Perruzzi)於1532年在羅馬開始建造的。它的正立面非比尋常，採用了罕見的曲面，最上面兩排矩形窗孔外加了畫框式的石頭窗框，第二排的窗框做成羊皮紙式曲面，顯然超出了常規作法。

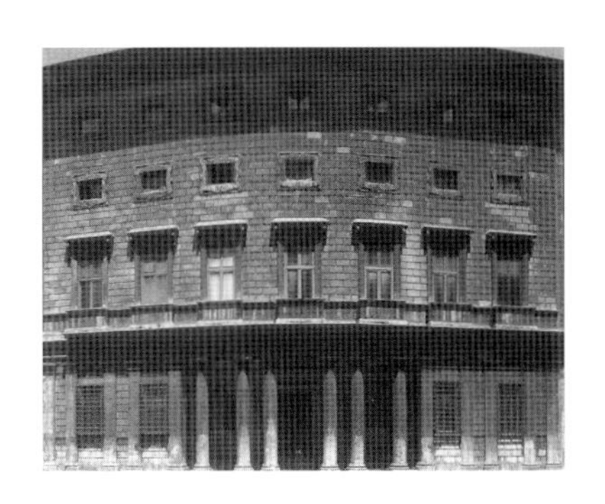

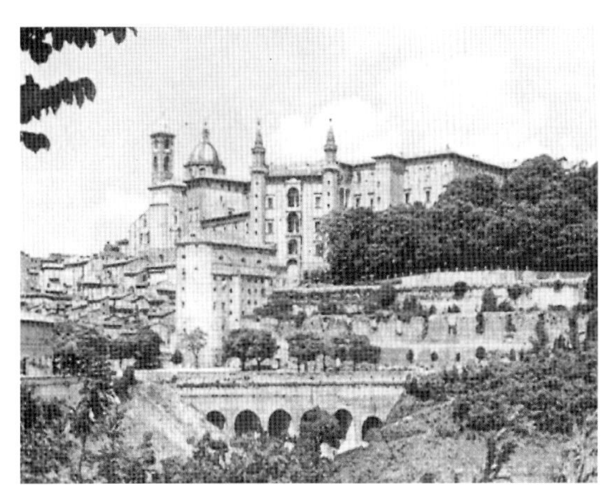

烏爾比諾宮

弗朗切斯科．勞拉納為烏爾比諾公爵蒙特菲爾多建造的這座宮殿位於意大利亞平寧陡峭的山壁上。朝向山的方向是一個易守難攻的堡壘，向城市的一面是一個為當地慶典和戶外活動提供最佳場所的小廣場。宮殿的內院四週是一連串的廳室樓道，比例舒適，簡潔明亮，裝飾着傑出的藝術品，頗能體現公爵的藝術趣味。

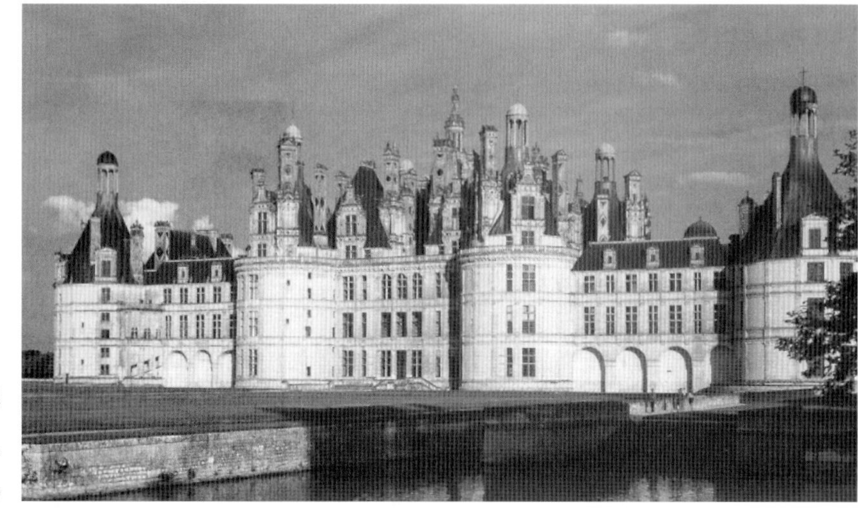

***商堡** (1526~1544)*

法國的商堡的對稱平面及建築師多米尼克・科托那 (Domenico do Cortona) 賦予它的圓拱與哥特式的四坡頂、採光亭、老虎窗和煙囱，使商堡體現出一種奇異的混雜形象。作為弗朗西斯一世的獵莊，它也體現出中世紀城堡和文藝復興宮殿的混合特點。

***圓廳別墅** (1552，意大利)*

帕拉蒂奧把穹頂覆蓋的圓形大廳放在升高的方形平面中，完全的對稱使四面一致並可以眺望週圍景色。

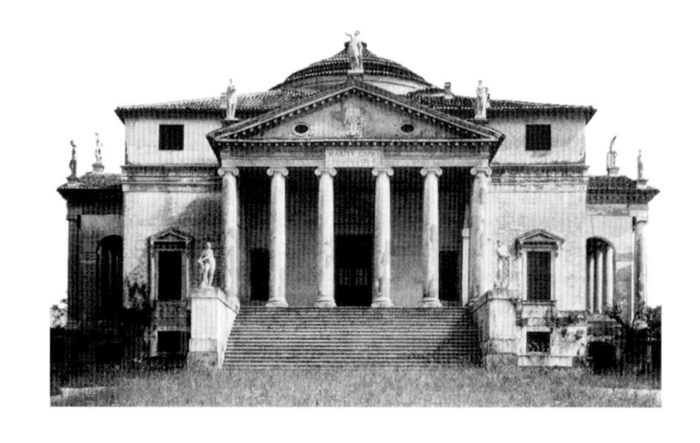

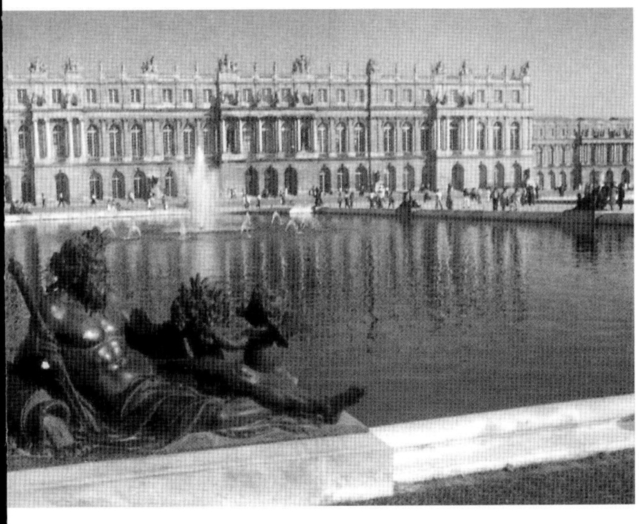

***凡爾賽宮** (17~18世紀)*

法國的凡爾賽宮堪稱古典主義建築的典範，這個宮殿是為太陽王路易十四設計的。"17世紀下半葉，在社會和藝術方面最能代表歐洲的，就是凡爾賽宮，它那傲慢而巨大的形體，是在用石頭表達一種政治制度。"[1] 凡爾賽宮開始由建築師勒伏、室內裝飾家勒勃亨和園藝家勒諾特爾設計。其中大花園中軸東西長3公里，按對稱的幾何形安排花池、草地和水池等。樹木也修剪成幾何形，具有西方園林的典型風格。

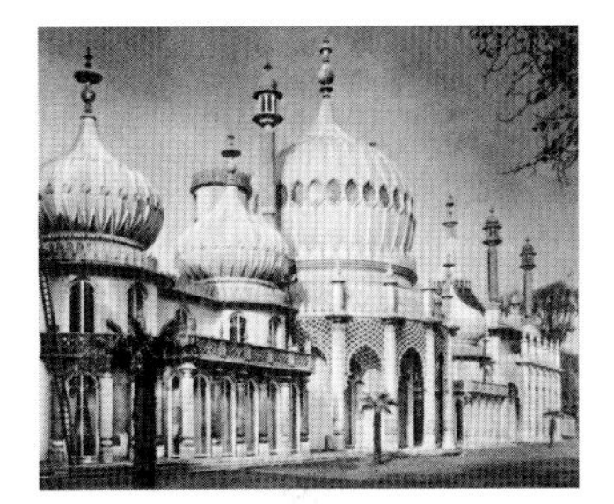

***皇家別墅** (1815~1821)*

英格蘭的皇家別墅由納什(John Nash)把在布賴頓的一幢帕拉蒂奧式別墅改建成印度風格。在對稱的摩爾式拱廊上面有着清真寺一般的一組可愛的尖頂。這種對東方風格的新意追求還反映在廚房呈棕櫚樹狀的柱子。這座建築全部用當時的新材料——生鐵建成。

注釋：

1 引自《劍橋藝術史II》18世紀部分(斯蒂芬·瓊斯著·錢乘旦譯·中國青年出版社1994年版)。

二、住宅

古希臘住宅

公元前5世紀雅典的住宅通常由兩層樓房組成。房屋以磚坯為主要建築材料建在矮石基上，有一個庭院為週圍房間提供必要的光線和新鮮空氣。從入口經過一個通道通向中間的庭院。臨街的牆面只開小而高的窗洞以保持住宅的私密性。

公元前4世紀普里尼的住宅平面採取規則的方形以適應方正的街道，入口仍然通向庭院。在庭院的一邊或四週還豎立一排圓柱形成列柱廊。

希臘化時期的住宅平面和入口的設計都非常自由。庭院中都建有優美的列柱廊。牆壁和地面裝飾着漂亮的鑲嵌圖案，有着一種追求豪華生活的氛圍。

古羅馬住宅

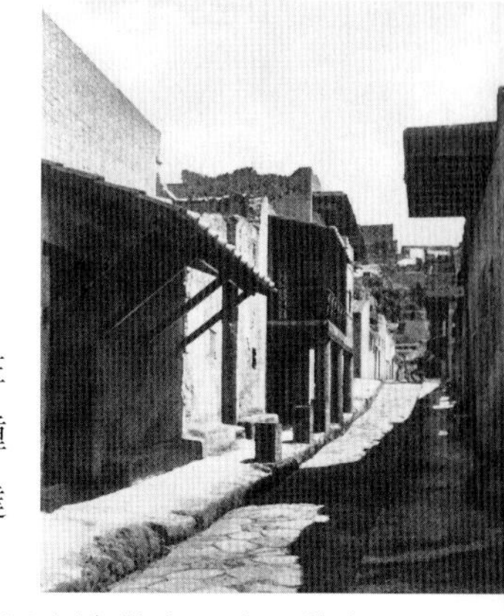

古羅馬的普通人居住在高密度的公寓裡。這種公寓高3至4層，有的高達5、6層。但由於防火問題，對層高有一定的限制。底層有連拱廊，常用作商店。門廊呈平頂以便消防人員進入。

古羅馬人有自己的建築傳統，體現在傳統古羅馬住宅平面上就是中軸線非常明確。大門位於正中央通向前庭，前庭上面是長方形的天窗，天窗下是泄水池。沿中軸直向前，前庭的另一側就是主人的房間，其它房屋的門均朝向前庭。

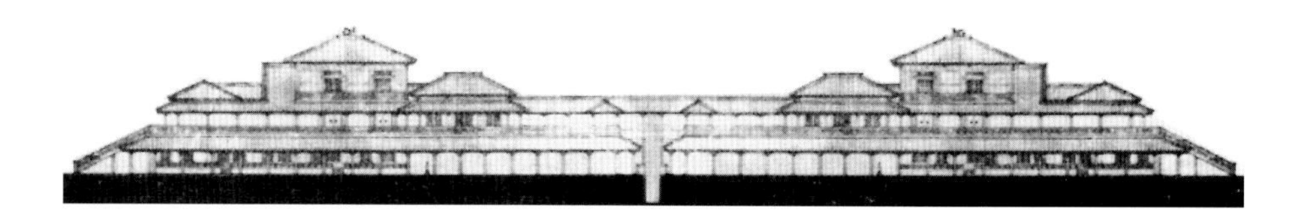

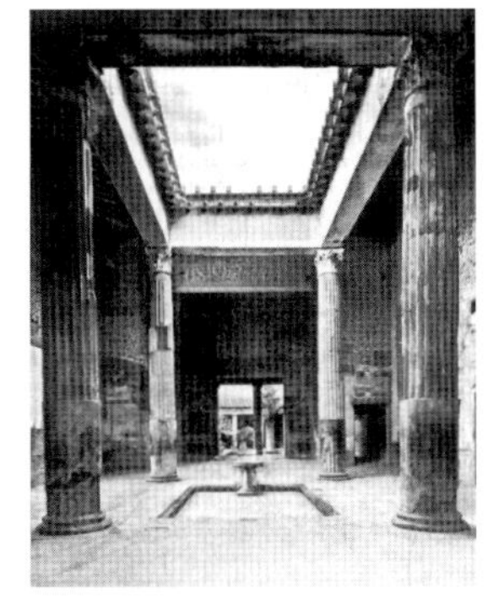

古羅馬人堅持自己的傳統的同時，完全接受了古希臘輝煌的文明，這可以體現在他們的住宅設計中。古羅馬把最具古希臘特色的列柱廊庭院，直接加在了自己的住宅後面。圍繞後部中庭的建築也仿照古希臘人呈自由排列。這樣從入口軸線望去，兩個庭院的採光形成明—暗—明的富於節奏的視覺效果，使建築擺脫了刻板的中軸的影響，產生了光線跳躍的生動感。

四合院

中國四合院式住宅最早可上溯到西漢(公元前206年~公元24年)，後來長期固定為中國傳統民居形式。它的典型布局是四面房屋圍成一個院子，這種方式是最大限度利用有限土地面積形成房屋和庭院的有效方式。房屋圍成的庭院為活動和採光通風提供了條件，因此房屋臨街的一面可以不開窗而保持住宅的私密性。大門和房屋都是南向設計的，也就是朝陽的一面。四合院式住宅最能體現傳統中國人對家庭生活的理解。

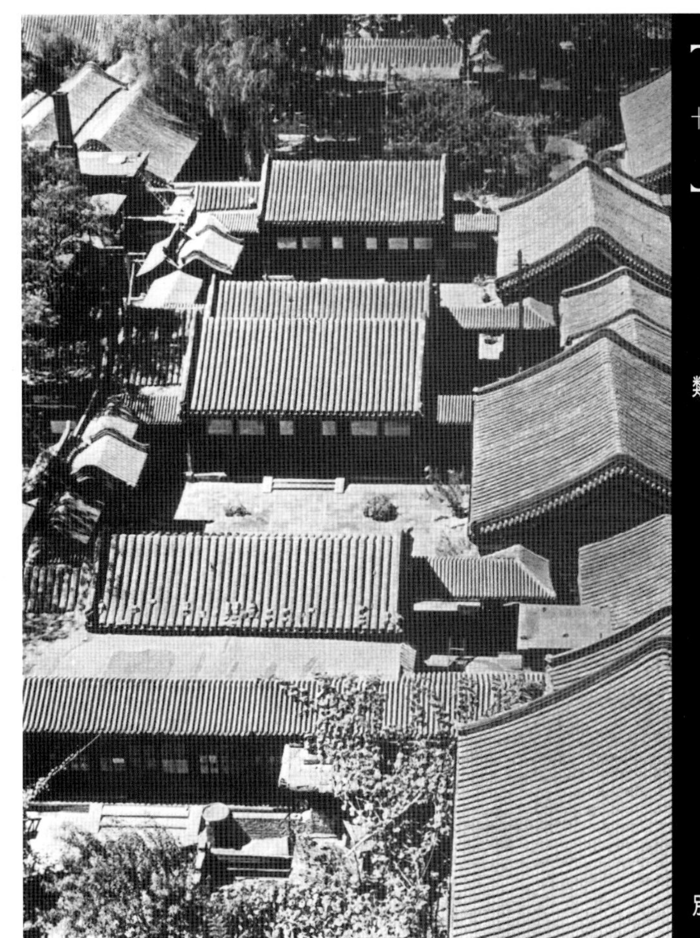

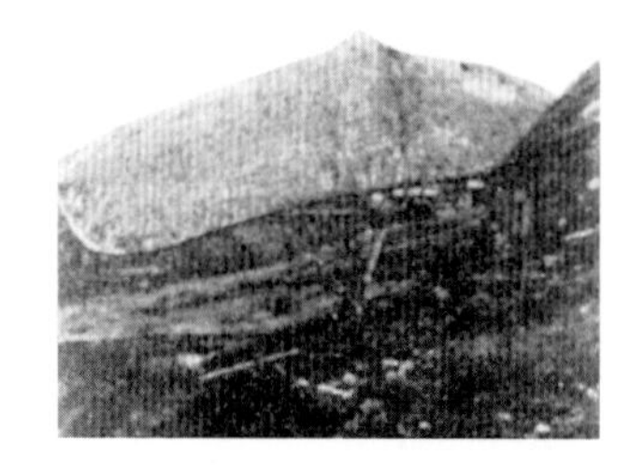

帕拉扎式住宅

在西班牙西北部加里西亞的塞布雷羅山上保留有一些帕拉扎式石房，使我們對這一地區中世紀農民的住宅有了一個明確的印象。這種石房由不用灰漿的石塊砌成，屋身呈筒形，上面是茅草鋪的錐形屋頂。整個建築為取暖和防風而緊貼地面。由於建築隨地面而展開，使建築與地形的結合給人一種融合於蘊藏大自然神力的環境之中，具有某種超然質樸的感染力。每個帕拉扎住宅用一個木製夾牆分為兩間。地勢高的一間住人，另一間飼養家畜。

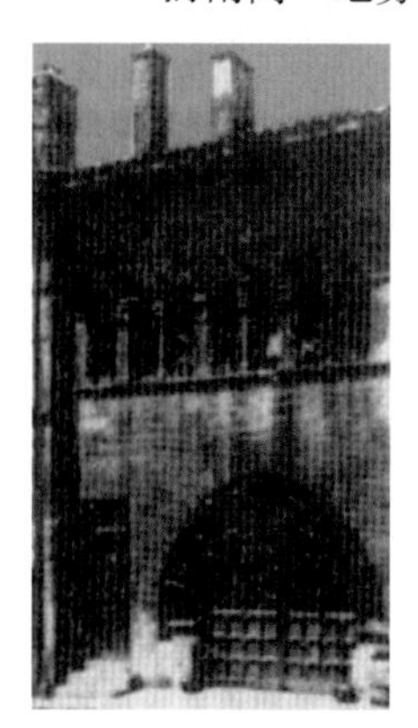

羅馬式住宅

在法國克呂尼保存有一幢建於1150年以前的住宅，底層是店舖，開着一個很大的尖拱門面。上層開着七個圓拱形窗，外牆面裝飾着精美的雕刻。

哥特式住宅

早期市民建築多採用木結構，樑柱等木構件完全暴露在建築物表面，牆面由磚石砌成，據説這是日耳曼人從歐洲北部帶來的傳統。由於城市人口的密集和擁擠，房屋多建成數層，屋頂是哥特式典型的高聳風格，裡面是屋頂閣樓。房屋的底層常用做店舖或者作坊。

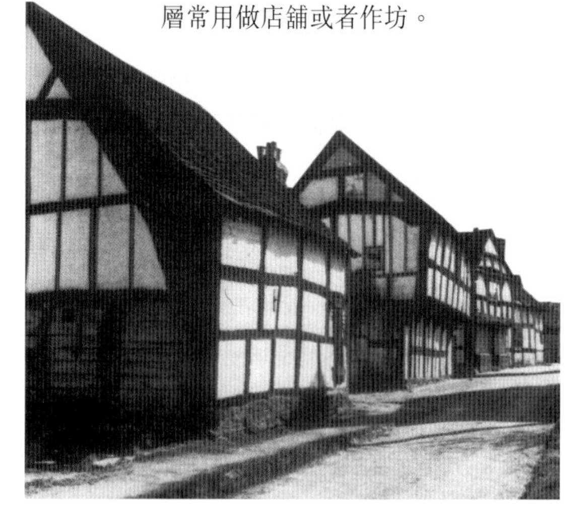

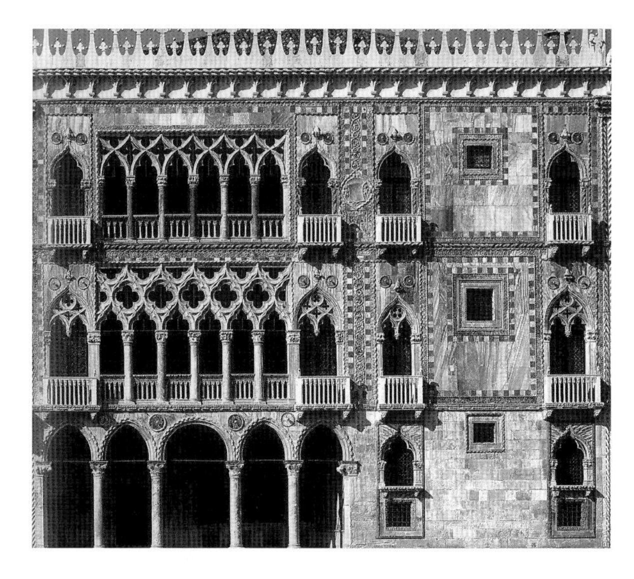

黃金府邸

後期哥特式住宅由於建築資金從教會轉向世俗方面，因此建築的質量大為改觀。威尼斯黃金府邸建於1422~1440年，設計者是馬蒂奧．拉維蒂。這座建築是為康塔里尼家族建造的，由於其正面石灰石曾以金箔裝飾而得名。現在左半部的拱廊本應是建築的中間位置，因此它只是原設計的三分之二。房屋直接面臨運河，人們需乘貢朵拉船到達底層的入口。在波光搖蕩之中，黃金府邸和它水中的倒影相映成趣。它精巧的敞廊仿自另一座美麗的威尼斯建築——總督府。

扎克．克爾府

扎克．克爾府位於法國布爾日，在1443~1451年間由法國國王查理七世的財政大臣、駐羅馬教皇宮廷大使扎克．克爾建造。這座府邸高高的富於裝飾的尖塔和尖拱門窗都強化了哥特式的建築形象。整個建築是非對稱的，加上各部分高度和寬度參差不齊使建築顯得隨意自由，在高直的建築立面的背後，似乎是一個按自己的意志安排生活的家庭。

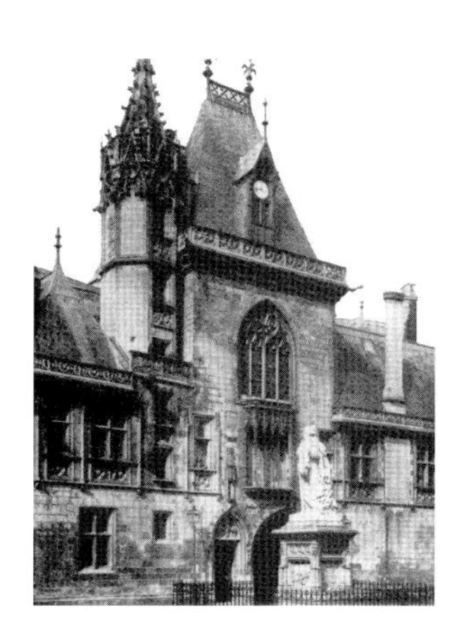

麥第奇府邸

佛羅倫薩的麥第奇府邸是15世紀出現的第一座文藝復興時期的大型私人住宅。大約1434年由麥第奇家的科西莫委托給布魯內萊斯基，最後由布氏的弟子米凱洛佐於1444年完成。這座府邸底層的五個拱門開敞，後來由米開朗基羅將轉角的門改成磚砌拱形窗。房屋外圍有一圈突出的石階，供過往行人休息，代表文藝復興時期世俗生活的風尚。底層外牆以粗面石工裝飾。

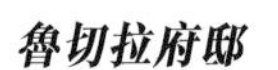

魯切拉府邸

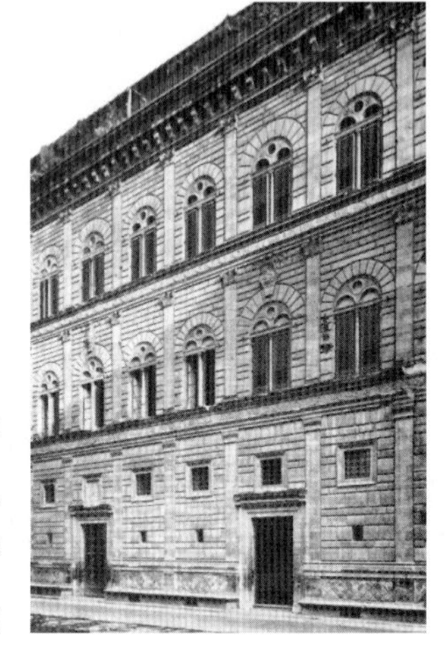

佛羅倫薩的魯切拉府邸由萊翁·巴蒂斯塔·阿爾伯蒂(Leon battista Alberti)於1446年開始修建，是古典形式第一次用於府邸外部，形成疊柱式。石柱的地基使底層升高，同時成為飾有菱形圖案的供路人休息的舒適太陽椅的椅背。

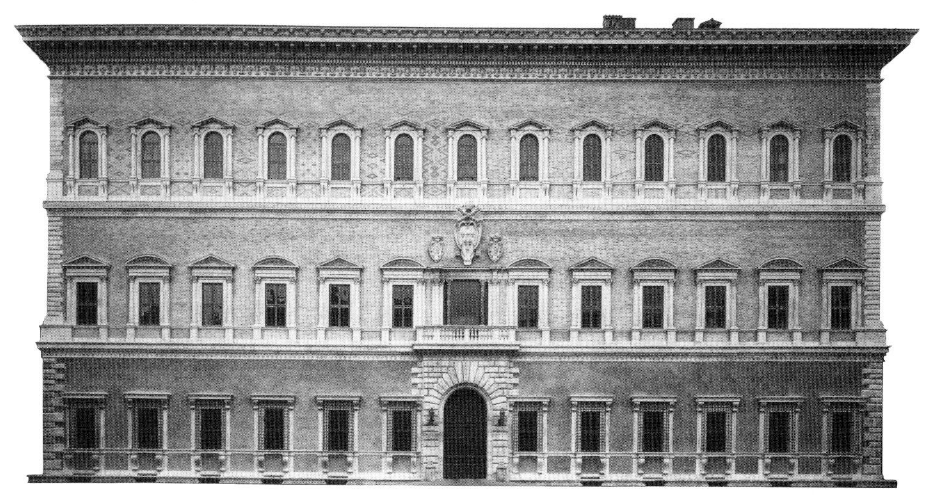

法爾尼斯府邸

羅馬的法爾尼斯府邸於1514年由小桑迦洛開始設計，由米開朗基羅最終完成。有一個筒拱形的走廊通往門道，加強了軸線。筒拱佈滿雕飾，下面有兩排多立克式柱。整個建築具有羅馬建築追求高大尺度的特點。

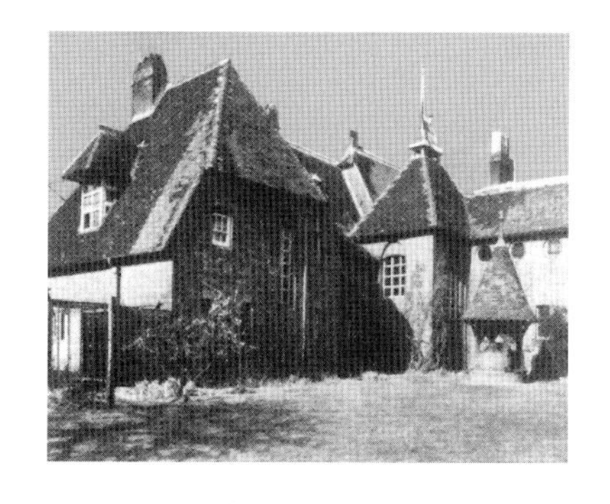

紅屋 *(1859~1860)*

莫里斯的紅屋住宅本打算建成一座哥特式的住宅，但韋布 (Philip Webb) 卻自由地發揮了自己的想法。韋布將這幢住宅安排在一個不對稱的L形平面上，建成傳統紅磚坡頂的看起來簡樸和諧的都鐸式。門廊是摩爾式尖拱，窗戶來自安妮皇后式。這些不同來源的建築因素放在一起卻很統一。

宗教祭祀及陵墓建築是歷史上最富象徵性的建築。這些建築所要求的意圖常常超然於現實生活之外，建築的目的也超出了一般的功能要求。這類建築超越現實世界的觀念，促使其期望通過永久性材料以達到永恆，因此在歷史中這類建築保存得最為久遠，給我們提供了豐富的歷史見證。整個西方傳統建築都是建立在古希臘羅馬神廟的基礎上的。這類建築也因其永恆性追求而確立了在同時期建築中的顯著而神聖的地位。

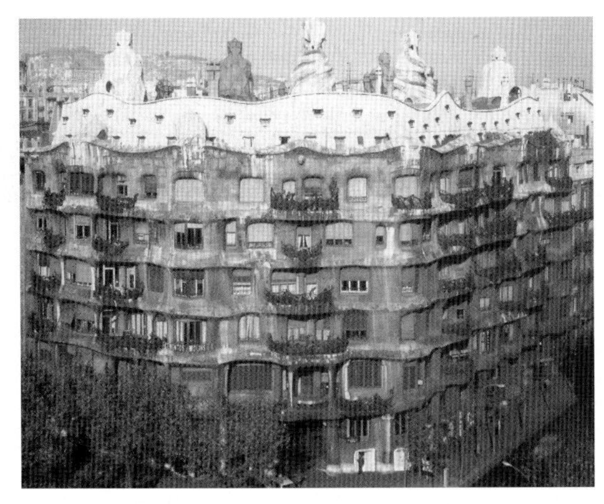

米拉公寓 *(1905~1907，西班牙)*

高迪把這個公寓設計成一座雕塑建築，在外部造型上追求富於流動感的波形線。這種流動感也體現在整個建築的體量和空間的相互滲透中。圍繞兩個中庭的平面布局也很自由。

三、陵墓

金字塔

金字塔是古埃及存放法老木乃伊的巨大陵墓。早在公元前4000年，古埃及的貴族就仿照地面住宅用土坯建起了台形的陸墓。這些台形墓四面向內傾斜成75°角。據説，它的建造技術影響了後來的金字塔。其後出現的第一座石頭金字塔是薩卡拉的昭賽爾 (Zoser) 金字塔，呈階梯狀。公元前3000年，階梯式的金字塔改進成為四面向內傾斜並匯聚於頂點的精確正方錐體。最著名的金字塔是位於開羅附近的吉薩 (Giza) 金字塔群，由胡夫、哈弗拉和門卡烏拉金字塔組成。其中胡夫金字塔高146.6米，底邊長230.35米，是世界上最大的金字塔。金字塔腳下還有祭祀廳堂等附屬建築。為了防止嚴酷的氣候和盜墓者的窺探，金字塔的入口被隱匿起來。通向墓室的通道有錯綜複雜的假入口。在施工時豎井也做有彎道，並建有滲井收集陵墓表面滲入的雨水。建造金字塔的石塊重達數噸甚至數十噸。如將胡夫金字塔的石塊折為每塊2.5噸重，那麼其建造所需二百多萬塊石頭。追求永生的法老雖已永劫不復，但金字塔卻成為人類文明的豐碑。

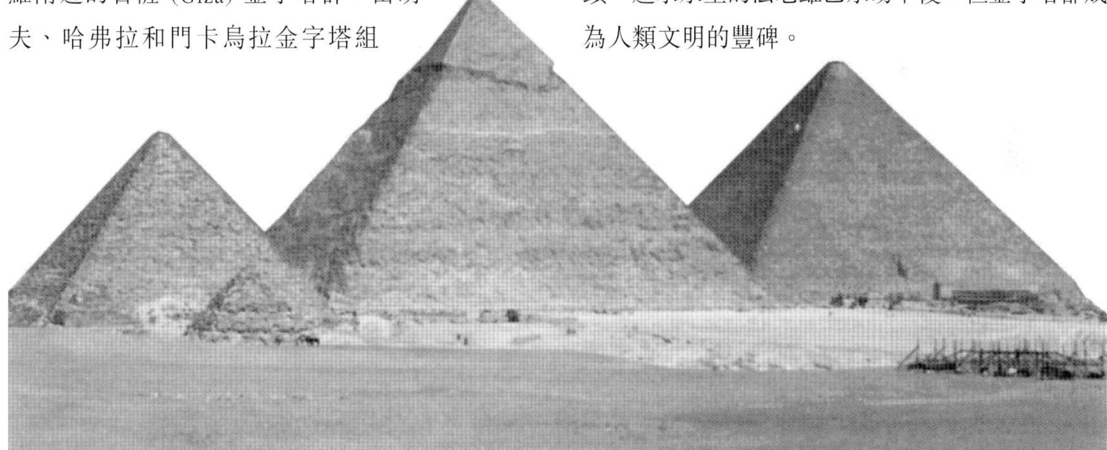

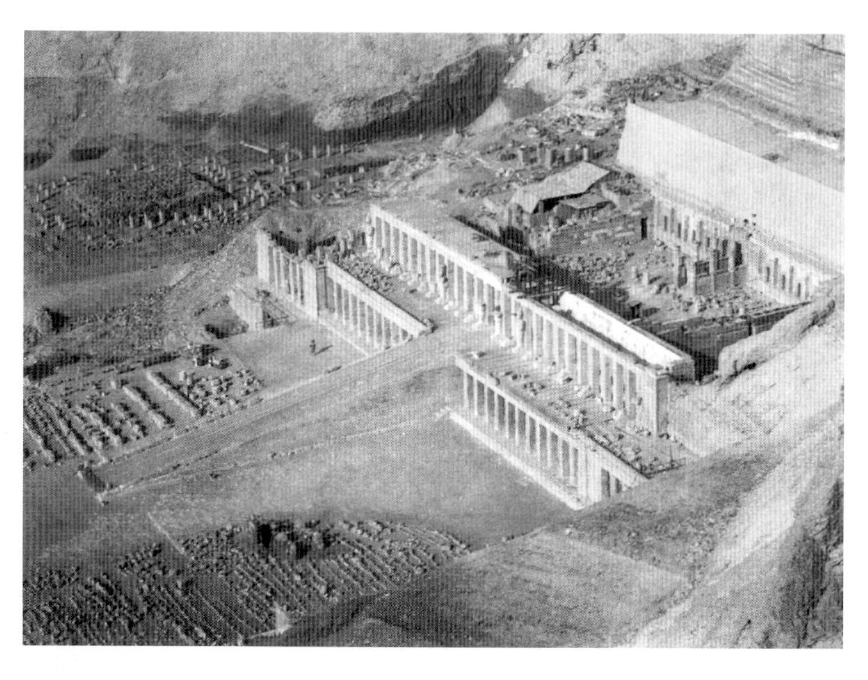

哈特什帕蘇女王陵 *(公元前1525~1503)*

由於盜墓的威脅，公元前2000年前後古埃及的帝王們開始在較隱密的山谷中開闢墓室。女法老哈特什帕蘇(Hatshepsut)陵就建在被稱為帝王谷的特班山谷中。女王陵包括廟宇、祭殿和堤道。整齊的橫向柱列順坡勢層層上升，形成一個個平台。陵墓佈滿壁畫和雕塑。有些多邊柱有16個邊，很像多立克柱式的雛形。

桑吉大窣堵坡 *(約公元前250)*

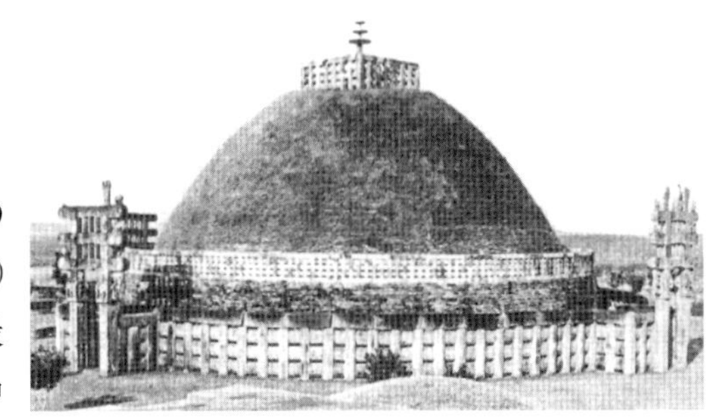

桑吉大窣堵坡 (Stupa) 是安放佛陀遺骨的墓葬。最大的這個窣堵坡位於印度中部的桑吉 (Sanchi)。它呈半球形，直徑32米、高12.8米，下面有一個高4.3米的圓形座基。頂部設祭壇，四週圍有石欄桿，向四方各開一個門。門高10米，覆滿華麗的佛陀生平故事的雕刻，中國古代牌坊的造型即起源於這種門。

秦始皇陵 *(公元前3世紀)*

秦始皇陵是中國歷史上最大的陵墓。陵墓呈方錐形，東西長345米，南北長350米，高47米，共有三層。週圍有內外兩層護牆，內牆週長3公里，外牆週長6公里。陵墓和護牆均夯土而成。秦始皇陵前後修建了約30年。現正在發掘的兵馬俑坑位於陵墓東側約1.5公里處，估計有真人大小兵馬俑約8,000件。這些兵馬俑栩栩如生，兵器都是當時的實物。出土的銅車馬約為實物的一半大小，做工精湛。據史載墓頂繪有天文星像，地面用水銀灌注象徵江河，墓內陪葬無數奇珍異寶。

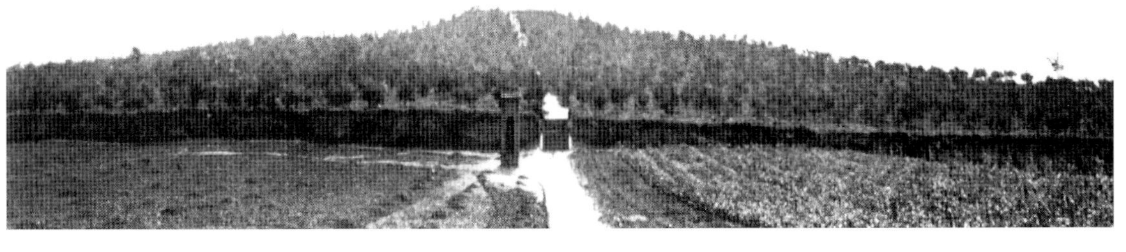

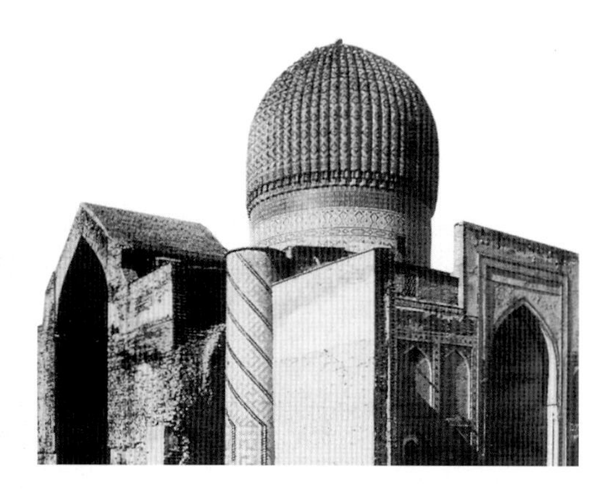

帖木耳墓 *(1404~1405)*

帖木耳墓位於烏茲別克的撒馬爾罕(Samarkand)，有一個天藍色的窟頂微突出鼓座，並列滿圓形的棱線，飽滿。通體的琉璃磚使之更加華麗動人。

泰姬陵 *(1632~1647)*

位於印度阿格拉(Agra)的泰姬陵(Taj Mahal)是臥莫兒王朝的國王沙傑罕(Shah Jehan)為紀念他的妻子而建的。陵墓在花園中臨池而建，托在一個96平方米、高5.5米的白色大理石台基上。台基四角聳立着40.6米高的圓塔。陵墓為抹去四角的邊長56.7米的方形。中央葱頭形穹頂直徑17.7米，距地面66.5米。立面有巨大的艾萬、門廊。整個建築給人一種肅穆而動人的印象。

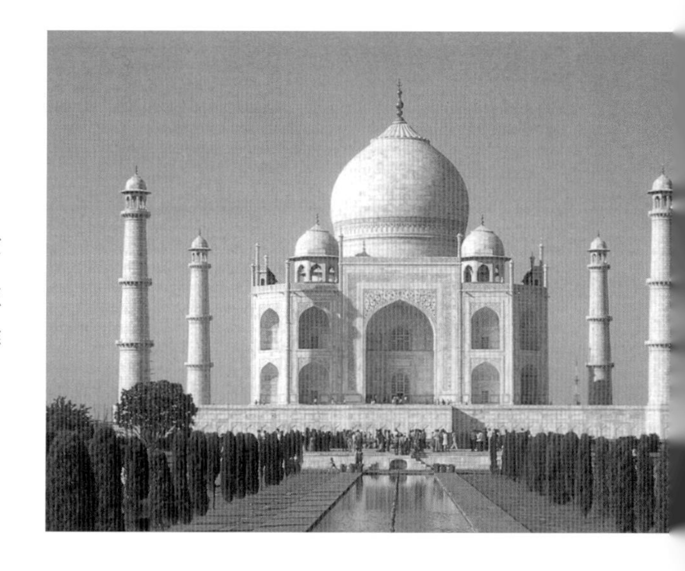

四、宗教建築

山岳台

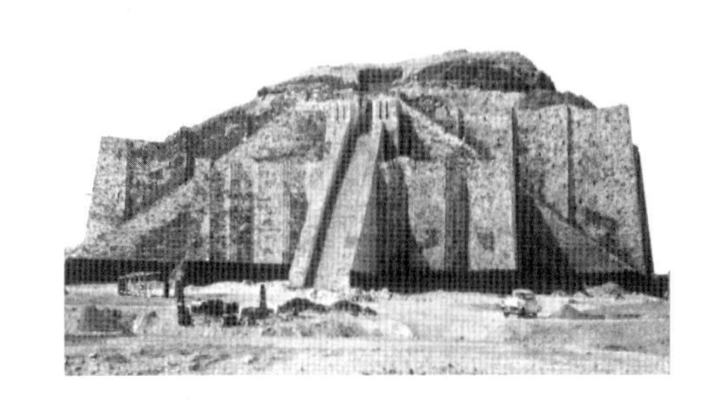

烏爾(Ur)的山岳台是兩河流域居民祭拜月神而建的多層夯土台，外層貼有一層磚。第一層平面長65米，寬45米，有三條大坡道登頂。第二層基底長37米，寬23米。以上殘損總高估計有21米，頂部有一間神殿，體現了一種對山岳的崇拜。

阿蒙神廟 (公元前1400)

阿蒙是古埃及底比斯的地方神。位於卡納克的阿蒙神廟經歷了很長時間才陸續建成。這座神廟總長366米，寬110米，前後一共六道大門。其中的大殿內被134根柱子填滿，柱頭呈傘狀紙草花苞。中央兩排12根柱高21米，直徑達3.57米。在它上面架的橫樑長達9.21米，重達65噸。整個建築尺度異常巨大，具有極其驚人的效果。

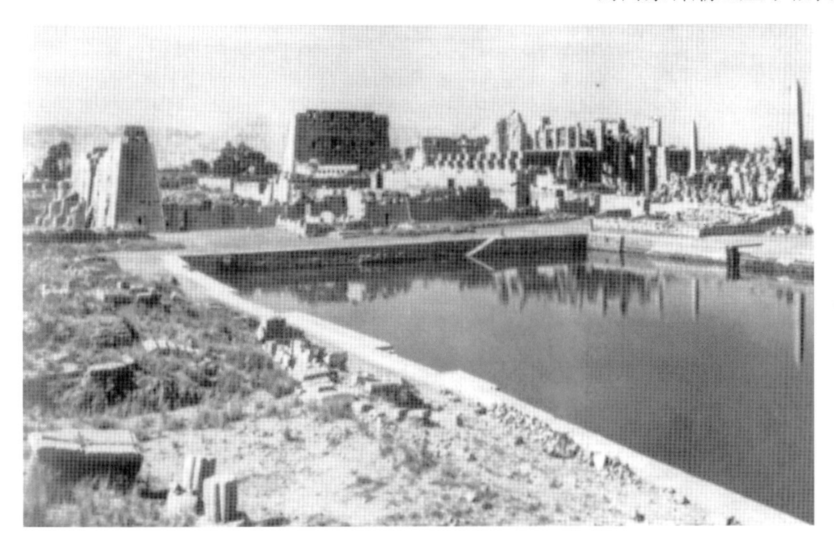

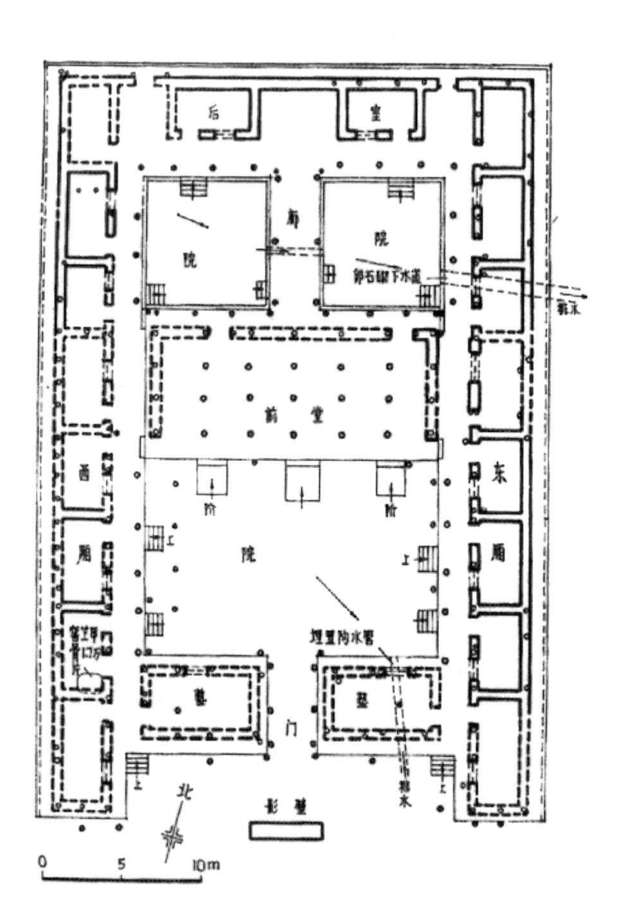

鳳雛村周廟 ***(約公元前8世紀)***

位於陝西岐山的鳳雛村西周建築遺址是中國迄今已知最早的四合院式建築，由兩進院落組成，呈對稱布局，中軸線明顯。建築牆壁有以白灰、砂和黃泥混合的三合土抹面，牆面處理得平整光潔。這裡的建築還使用了陶瓦。和陶水管以及卵石砌的下水道，兩廂的一間室內發現了1萬7千多片窖藏的卜筮甲骨，據此推知這裡是周初的一座宗廟。

雅典衛城 *(公元前5世紀)*

衛城位於雅典城中的一塊突起的小山上，是供奉城邦守護神的聖地。衛城東西長約280米，南北最寬處約為130米。

衛城山門建於公元前437年~公元前432年，由穆尼西克里 (Mnesicles) 設計建造。由於地勢高低不平，山門左右不對稱。山門南面是勝利神廟，建於公元前449年~公元前421年，是原先圍繞山崗修建的小廟中的唯一遺存。

進入衛城首先看到的是帕特農神廟。帕特農神廟始建於公元前447年，在菲狄亞斯領導下由伊克第納 (Ictinus)，穆尼西克里和卡里克拉特 (Calllicrates) 於公元前438年最後完成。帕特農神廟位於衛城的最高處，是衛城上最華麗的建築。帕特農神廟是希臘最有名的建築，整個建築物幾乎沒有一條真正的直線。所有的直線都根據透視變形而稍稍變曲，從而抵消了視錯覺的影響。這種方法被稱作"視覺校正法" (trompe I' oeil)，需要非常精細的測量計算方法和石工技術。整個建築比例和諧，佈滿雕飾彩繪。

帕特農神廟北面是較小一些的伊瑞克提翁廟。伊瑞克提翁是雅典人傳說中的祖先。這座廟建於公元前421年~公元前406年，建築設計者為皮忒歐 (Pytheos)。伊瑞克提翁廟建在高低不同的兩層平台上，門廊是一排雕刻成少女形象的有名的女像柱。

整個衛城上的建築都互相保持一定的角度和高差，從而加強了視覺的透視效果，並給視覺運動提供了豐富的景觀。

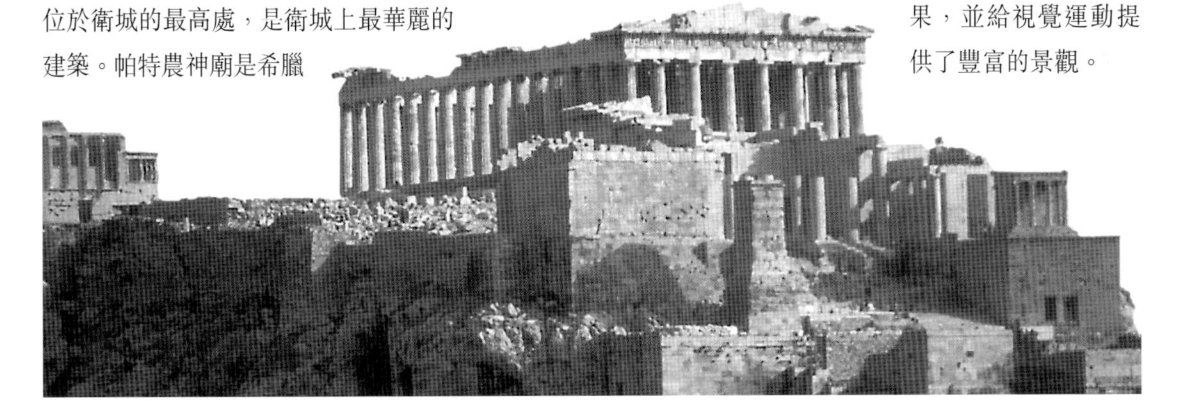

普里內斯特命運之神聖殿 (公元前360~160)

古羅馬的這座聖殿修建了兩個世紀之久。它在三個水平面上展開，在頂端U字形的柱廊上，把整個建築統一在一起，使人有一種層層上升，最終到達頂點的昇華感。與古希臘神廟群不同之處在於，古羅馬的聖殿採取對稱布局，似乎體現了古羅馬人整肅的性格。

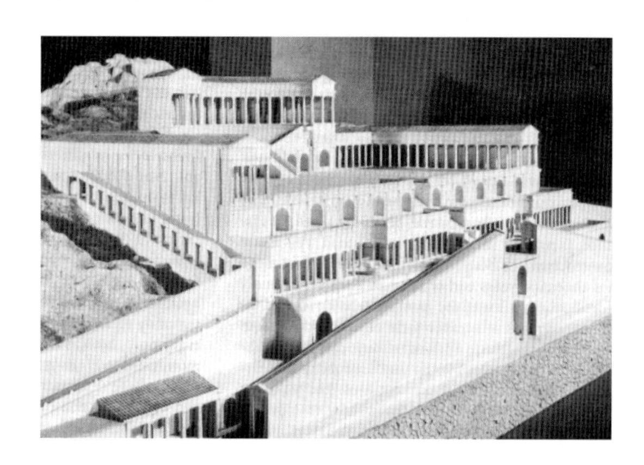

宙斯祭壇

宙斯祭壇位於帕加瑪(Pergamus)衛城上。基座高5.34米，寬36.6米，深34.2米，正中有20米寬的台階。祭壇呈凹字形平面，沒有房間。只在基底上沿週也有一圈愛奧尼式柱廊，高約三米。基座裝飾着神與巨人戰鬥的富於戲劇性的浮雕群像，長達120米。

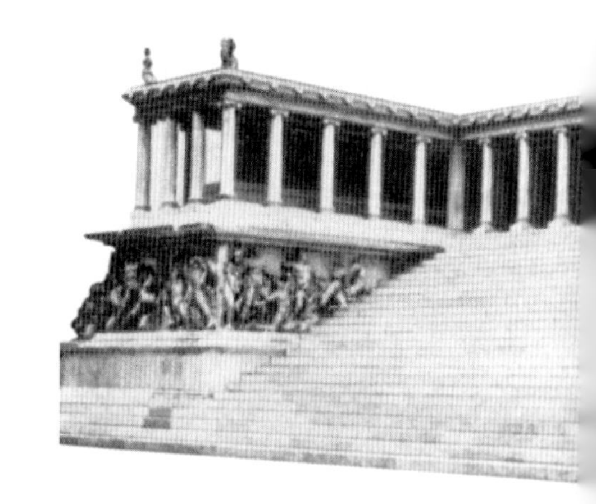

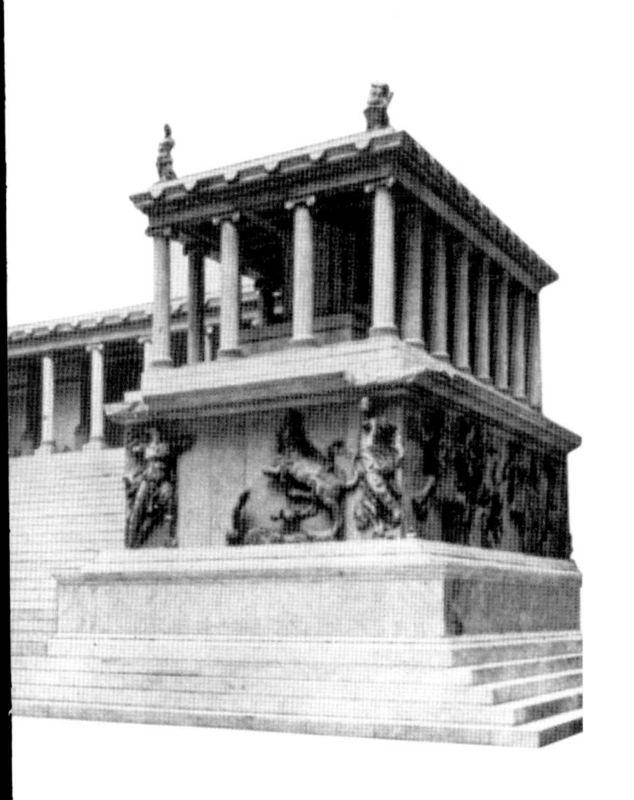

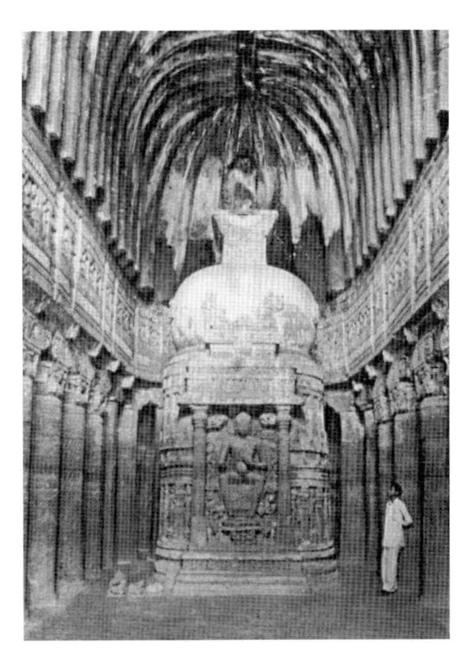

***卡里支蒂雅** (公元前78)*

支蒂雅（chaitya）原先指神龕，後指依山開鑿的供佛教徒聚集的石窟。最著名的支蒂雅位於印度的卡里（Karli）。卡里支蒂雅深37.8米，寬14.2米，高13.7米。石窟裡有筒形穹頂，半圓中央是一個鑿出來的窣堵坡，上面雕成傘狀華蓋。石窟內外都仿照木結構雕鑿。

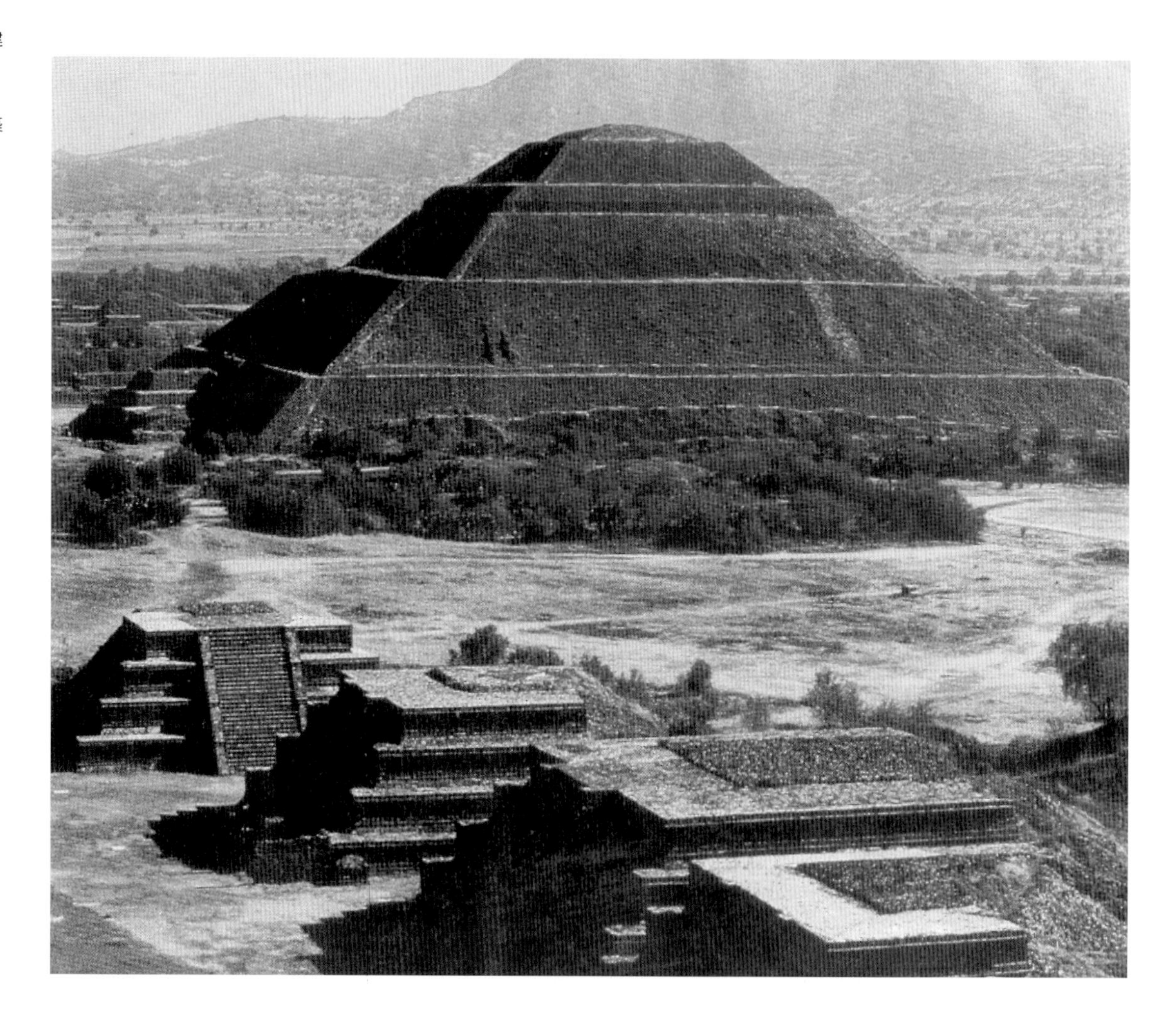

太陽神金字塔 *(約1~2世紀)*

多爾台克人 (Toltec) 在墨西哥地峽的古都陶底岡建造了一個大型紀念性建築群，包括太陽神廟、月神廟和羽蛇神廟。其中太陽神廟的金字塔高64.5米，分為五層，逐漸縮小的台階通向塔頂，使建築物顯得異常高大。

萬神殿 *(120~124)*

萬神殿 (Pantheon) 是古羅馬哈德連皇帝為諸神修建的廟宇。它的穹頂是19世紀以前世界上最大的，直徑達43.3米，頂端高度也是43.3米，中央開有直徑8.9米的圓洞，能射進充足的光線。穹頂的材料為混凝土和磚，位於鼓座內，鼓筒外圍形成扶壁。穹頂的凹格在減輕了自重的同時成為連續的裝飾圖案。

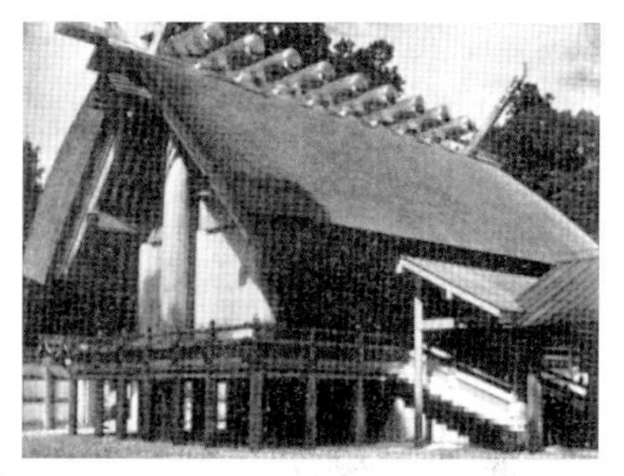

伊勢神宮 *(約3世紀)*

伊勢神宮是日本最重要的神社。這類神宮的屋頂為兩坡頂，稱為懸山造。屋頂正脊上橫放一排圓木，叫堅魚木。脊的兩端各有一對高高挑起的交叉的方木，叫做乾木。堅魚木和乾木是神社的重要特徵。該廟為1973年重建物，再現了當時的風格。

聖索菲亞大教堂 *(532~537)*

土耳其君士坦丁堡的聖索菲亞大教堂 (Santa Sophia) 是東正教的中心教堂，建築師是小亞細亞人安特米烏斯 (Anthemius of Tralles) 和艾西道爾 (Isidore of Miletus)。它東西長77米，南北長71.7米。教堂正中是直徑32.6米、高15米的巨大穹頂，兩側由半穹頂、拱券和牆體支撐，形成集中式布局，是拜占庭建築的典範。後來土耳其人將其改為清真寺，並增建了四角高聳的伊斯蘭教尖塔。

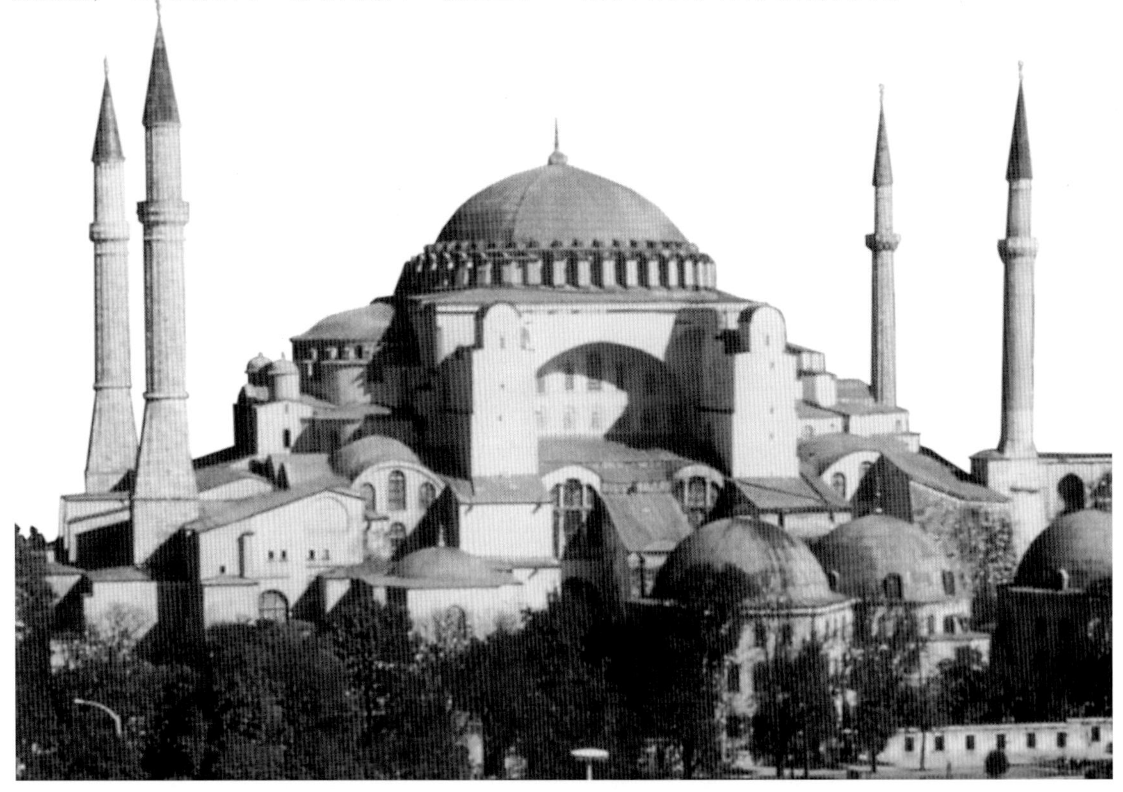

法隆寺金堂

日本奈良的法隆寺初建於607年，金堂、塔、中門和部分迴廊於1979年焚毀後重建，其餘為8世紀前葉的遺存。寺塔為五層，總高32.45米，碩大的出檐重疊成了塔的主要形象。

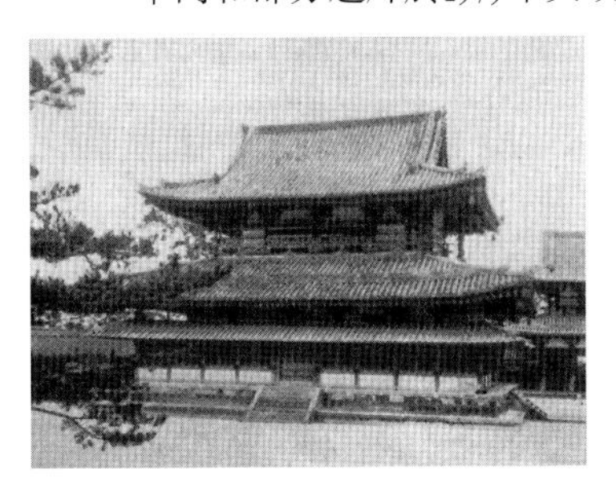

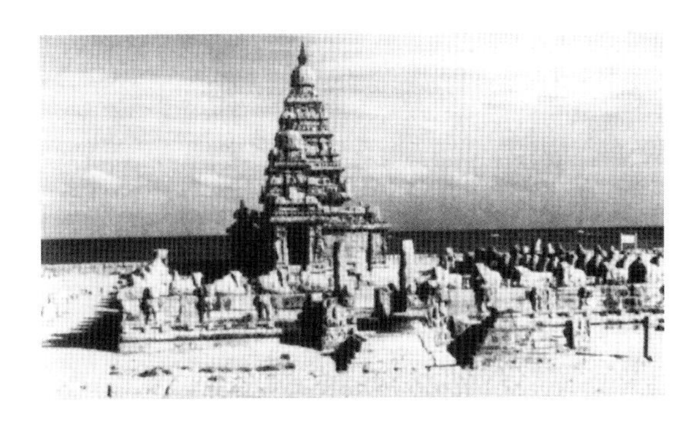

海濱廟 *(約700)*

海濱廟 (Shore Temple) 位於印度的瑪瑪拉普蘭 (Ma ma lla puram)，是一座婆羅門教廟宇。入口處雕刻着守護的雄牛。

聖石廟 *(688)*

阿拉伯人建造聖石廟 (The Dome of the Rock) 為了紀念穆罕默德在此升天。這座位於耶路撒冷的清真寺的平面為八邊形，上面有一個直徑為20.60米的穹頂。穹頂原為木質，17世紀初改用石頭重建。16世紀開始用玻璃瑪賽克裝飾牆面，現在是藍色和金色的釉面磚。

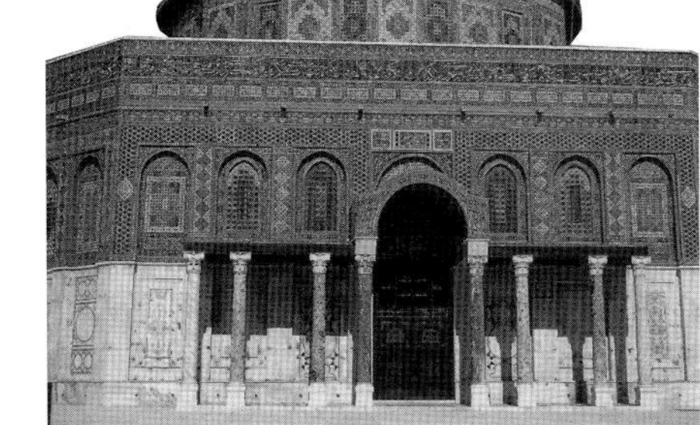

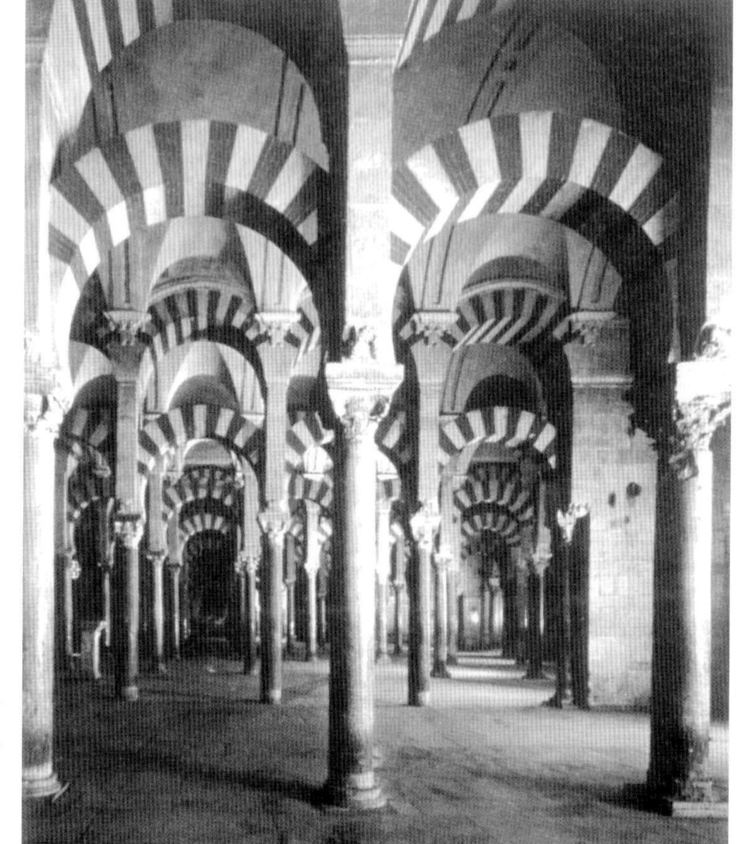

***科爾多瓦清真寺** (785~988)*

科爾多瓦 (C'ordova)的穆斯林統治者阿卜杜拉—拉赫曼 (Abdol-Rahman) 下令修建了科爾多瓦清真寺 (The Great Mosque of Cordova, 現為主教堂)。這座清真寺的拱券為雙層，下層為馬蹄形拱，上層為小半圓拱，用白色石頭和紅磚交替砌成，將伊斯蘭裝飾與源於羅馬的拱券結合了起來。

鳳凰堂 *(1053)*

鳳凰堂是日本京都貴族莊園平等院的主要建築，為以廊連接的一正兩廂的寢殿造式樣。鳳凰堂臨池修建，屋頂正脊兩端立有銅鑄的金鳳凰。建築的色彩追求絢麗的效果。

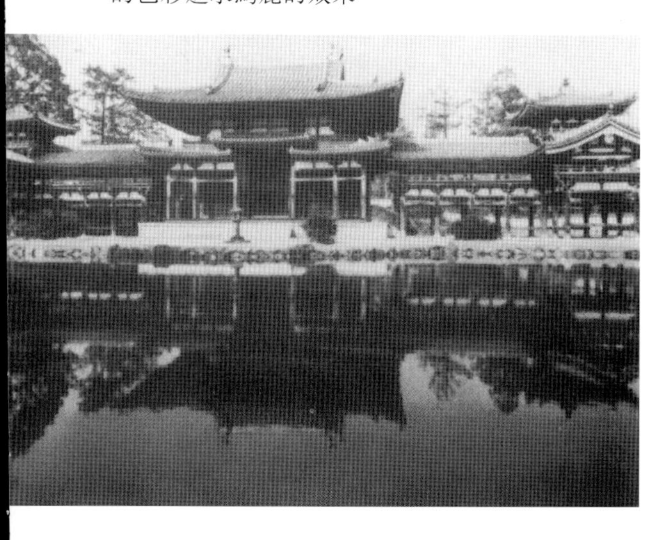

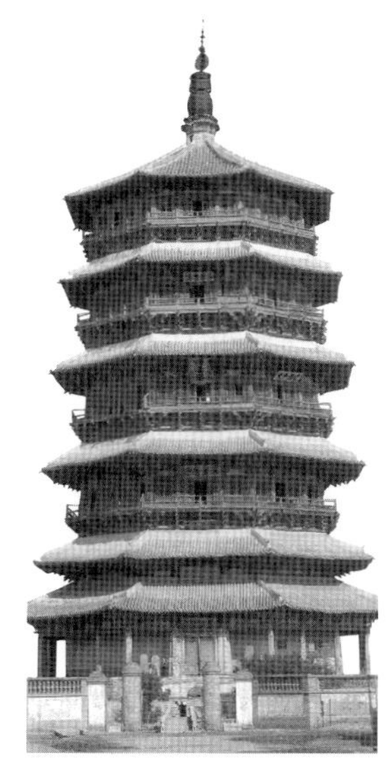

應縣木塔 *(1056)*

又名佛宮寺釋伽塔，位於山西應縣城內，建於遼代，是中國現存唯一的木塔。塔身建在二層磚台基上，高67.31米。木塔平面呈八角形，底徑30米。從外觀看木塔為五層，實際內部還有四層暗層，底層的立柱被包在厚達一米的土坯牆裡。由於設計巧妙合理，經過多次地震依然完好無缺。

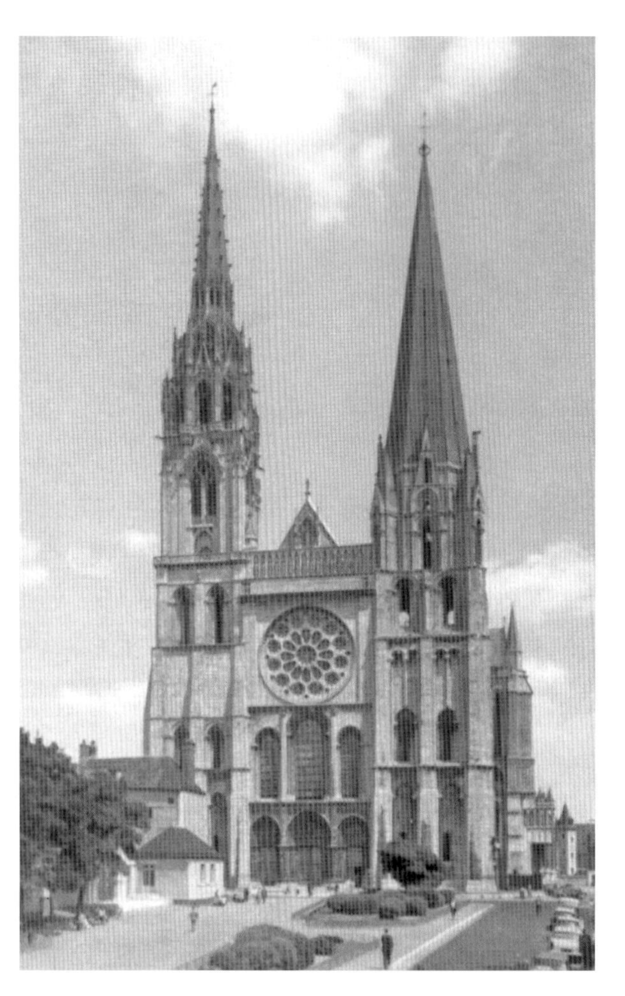

夏特爾聖母院主教堂

夏特爾 (Chartres) 聖母院 (Notre-Dame) 主教堂位於巴黎西南約90公里處，最早建於4世紀，現存的主教堂建於12世紀和16世紀之間。教堂的平面為長方形十字，內部的垂直線條使教堂空間顯得高大。彩色玻璃窗十分華美，教堂的中殿地面有一個奇怪的環形迷宮圖，並有大量的裝飾雕塑。

***比薩教堂** (1063~1272)*

意大利托斯卡納 (Tuscany) 的比薩 (Pisa) 教堂的鐘塔、主教堂和洗禮堂分別被建成獨立的建築物。主教堂是一個十字形長方會堂，其交叉點上有一座穹頂，整個外形用一排排連拱裝飾，山牆利用了古希臘羅馬建築的山牆和圓柱形式。傾斜的圓形鐘塔是聞名世界的建築，直徑約16米，高55米，有八

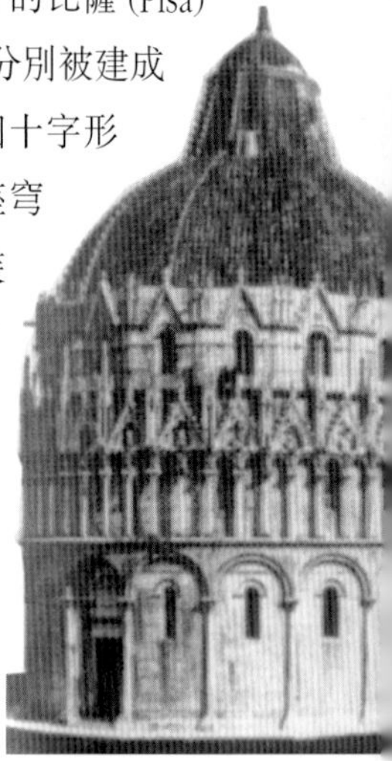

層，像一個巨大的婚禮蛋糕。洗禮堂也是圓形的，頂部原為錐形，後改為圓形。三座建築由白色和深紅大理石相間砌成。

***圖盧茲聖塞南教堂** (1080~1120)*

聖塞南 (St-Sernin) 教堂位於法國西南部的龍奎多克地區 (Languedoc) 的古都圖盧茲 (Toulouse)。由於當地缺少建築石料，教堂主要用桃紅色燒磚建造，只在窗戶、門道、牆角和雕塑裝飾上才使用石頭。教堂的平面呈十字形，十字交叉處有一座高塔，整個平面用來象徵十字架上的基督。教堂被設計出來的部分原因，是為了解決人們前往西班牙西北部孔波斯特拉 (Compostela) 的聖地亞哥 (Santiago) 朝聖的交通問題，被稱作“朝聖路”式的羅馬式教堂的典範。

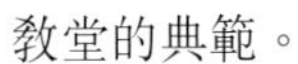

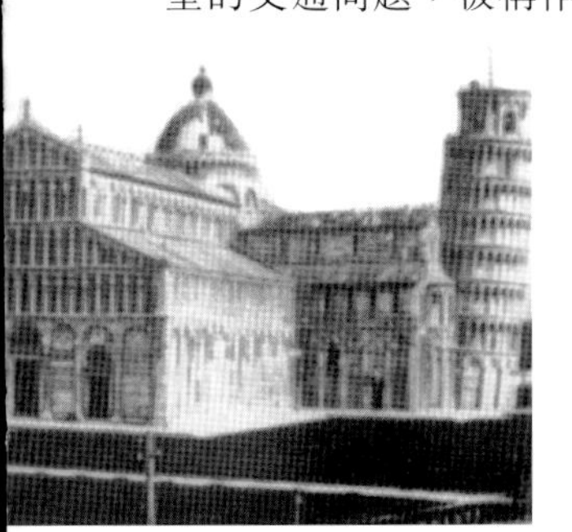

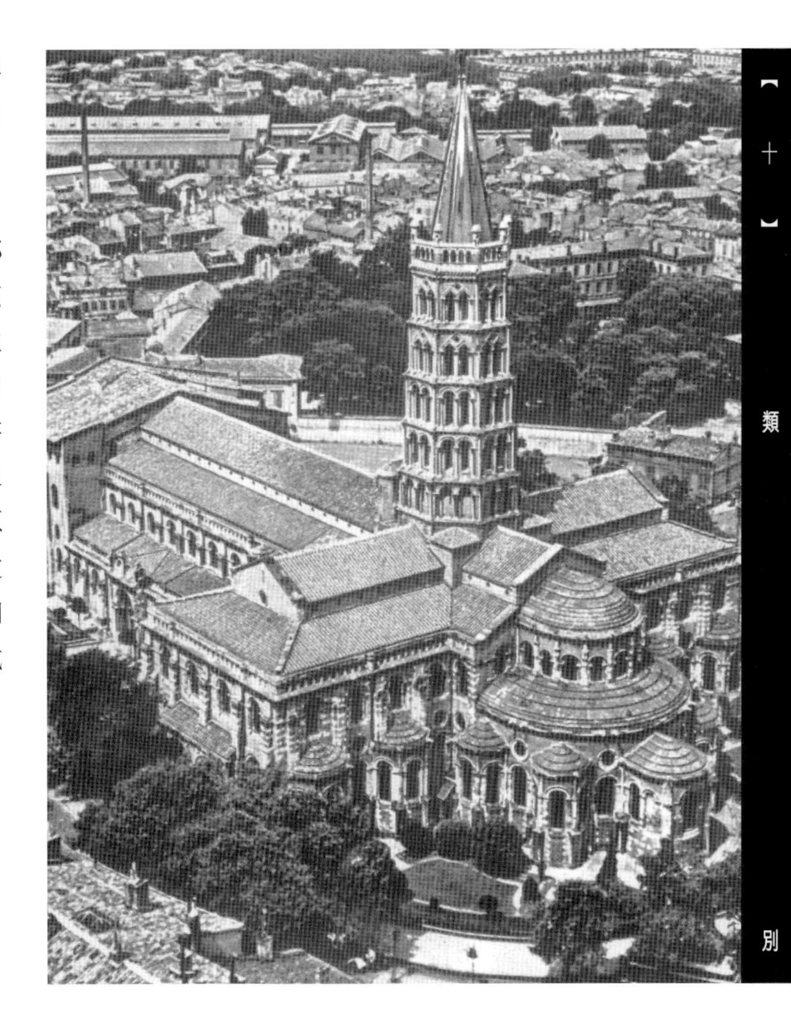

巴黎聖母院

巴黎聖母院始建於1163年，長達150.20米，拱頂高32.50米。巴黎聖母院規模宏大，設計勻稱優美，採用飛拱，有巨大的玫瑰花窗。

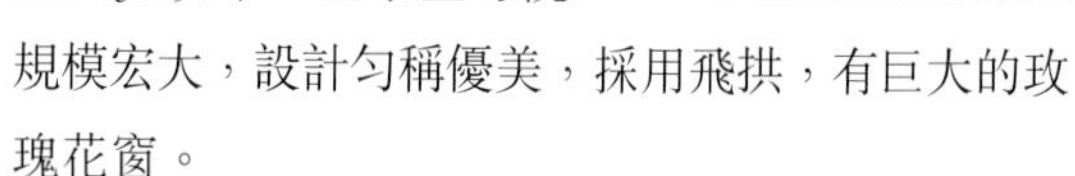

吳哥窟 ***(12世紀上葉)***

吳哥窟 (Angkor Wat) 位於柬埔寨故都吳哥城 (Angkor Thom) 東南部，是一座佛教兼印度教的廟宇，也是國王的陵墓所在。它的外層圍牆東西長約1,480米，南北約1,280米。圍牆外是190米寬、8米深的人工河。主體為金剛寶座塔，中央神堂塔頂距地面約65米，塔自身高25米。這一高棉藝術的寶藏在熱帶雨林中沉睡了500年後，於1861年被法國博物學家皮埃爾·洛蒂 (Pierre Loti) 尋覓熱帶植物時偶然發現。

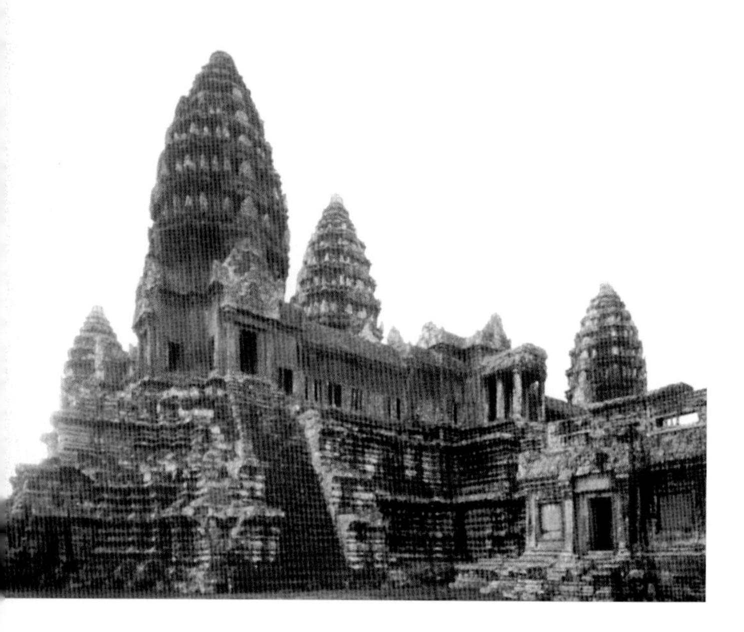

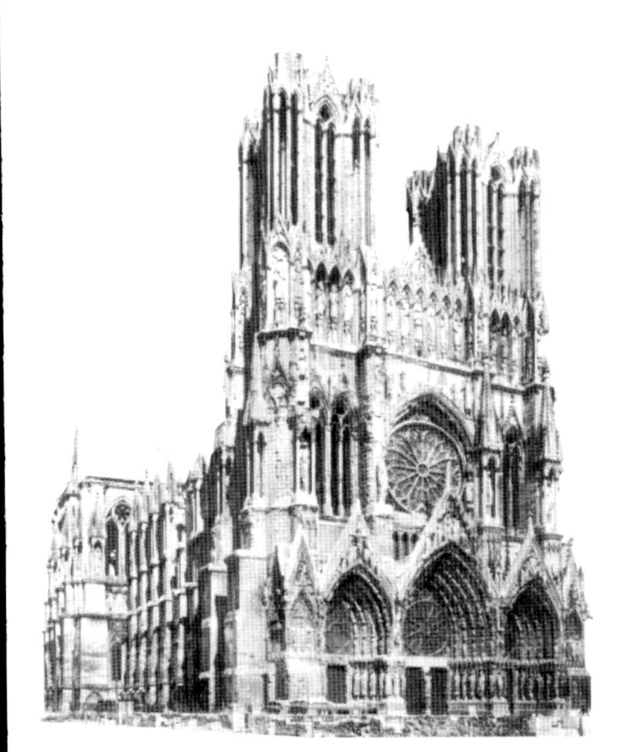

蘭斯主教堂

法國蘭斯主教堂始建於1210年，穹頂離地面37.9米，但由於柱基提高，使它的中殿顯得非常高。它的西正面與巴黎聖母院平靜的正面相比，像是佈滿了華麗的花邊。

佛羅倫薩主教堂

佛羅倫薩主教堂 (Florence Cathedral) 由阿諾爾福迪 · 卡姆比奧 (Arnolfo di Cambio) 在1296年開始動工，之後由畫家喬托 (Giotto) 設計了一個高達84米的鐘塔。它最著名的穹頂由布魯內萊斯基 (Fillipo Brunelleschi) 設計，於1420年動工，1431年完成穹頂，1470年最後完成了上面的採光亭，總高達107米。布魯內萊斯基創造了一種新的建造穹頂的方法，使穹頂成為意大利文藝復興建築成就的一個標誌。

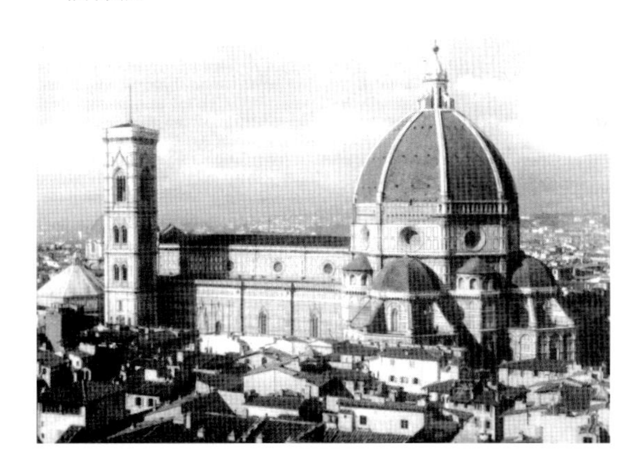

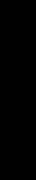

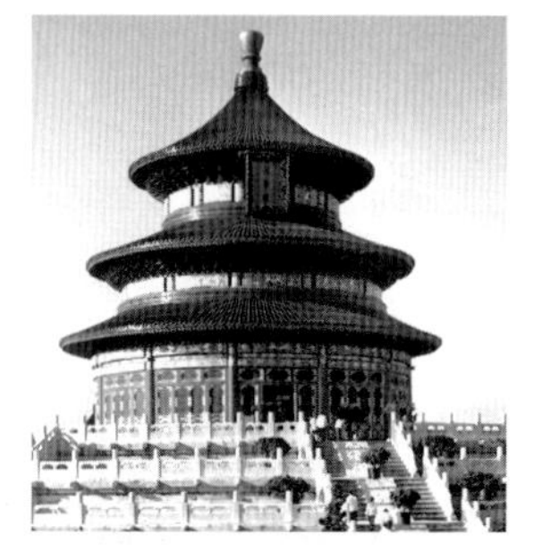

天壇 *(約14世紀)*

天壇位於永定門內，初建於明初遷都北京的時候，16世紀時增修外城，為皇帝祭天的場所。天壇東西長約1,700米，南北約1,600米，有兩道牆垣，種滿柏樹。內垣北圓南方，象徵天圓地方。其中有圜丘和祈年殿兩組祭壇，並各有附屬建築。另外還有齋宮，供皇帝冬至凌晨祭天前持齋居住。

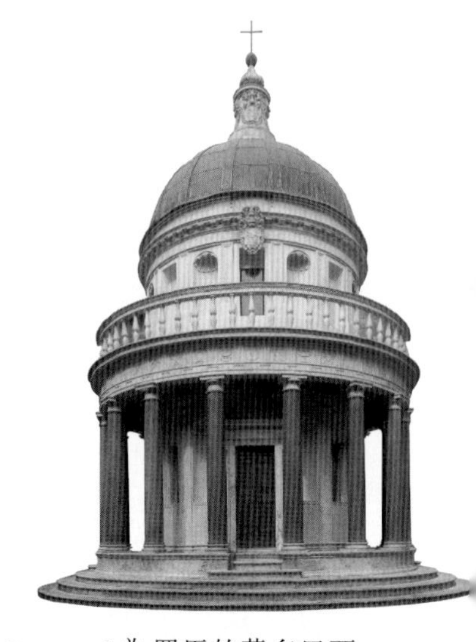

坦比哀多 *(1502)*

布拉曼特 (Donato Bramante) 為羅馬的蒙多里亞聖彼德教堂設計了一個小聖殿——坦比哀多 (Tempietto)，有意識地模仿了古羅馬的維斯塔神廟 (Temple of Vesta)，成功體現了文藝復興建築的優雅，成為其後許多建築爭相模仿的對象。

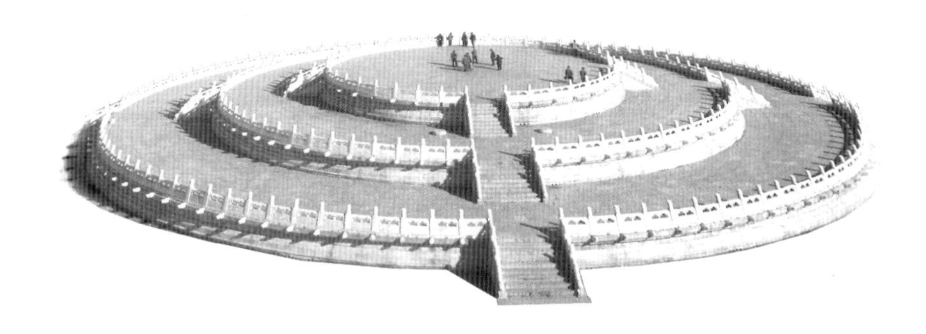

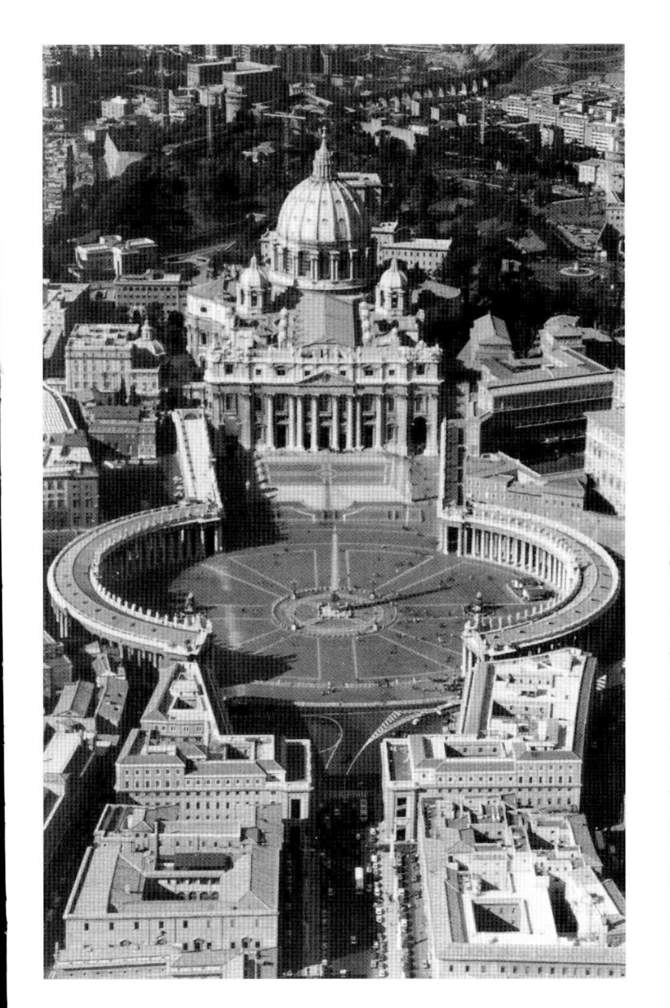

***聖彼德大教堂** (1506~1626)*

聖彼德大教堂的設計經歷了多次爭議，設計者之多如同文藝復興盛期的名人錄：布拉曼特(Bramante)、拉菲爾 (Raphael)、佩魯茲 (Ptruzzi)、小桑加洛 (Sangallo the Younger)、米開朗基羅(Michelangelo)、維哥諾拉 (Vignola)、德拉波塔(Della Porta)、封塔納 (Fontana) 和瑪丹納 (Madenna)。其中米開朗基羅設計的穹頂最為壯觀。穹頂直徑41.9米，內部頂點高123.4米，採光亭上十字架距地高達137.8米。穹頂採取佛羅倫薩主教堂穹頂的方法，並改進成球面造型。後來教皇命令建築師瑪丹納加建了一段巴西利卡式大廳，破壞了穹頂賦予整個建築的紀念性。

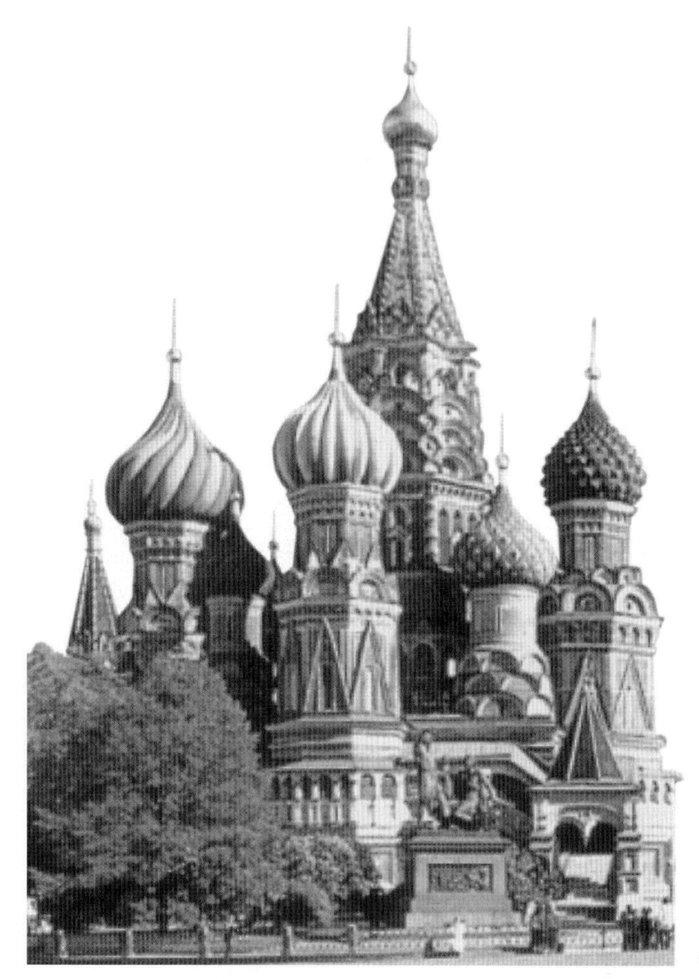

***瓦西里·伯拉仁內教堂** (1555~1560)*

瓦西里·伯拉仁內教堂由巴爾馬和波斯尼克設計，建於莫斯科克里姆林宮旁邊。寬闊的基座中央矗立着一座有帳篷式穹頂的46米高塔，四週為八個有洋葱穹頂的高塔。紅磚牆面以白色石頭裝飾，再配上金色、綠色和雜有黃、紅色的穹頂，體現了俄羅斯獨特而華麗的建築風格。

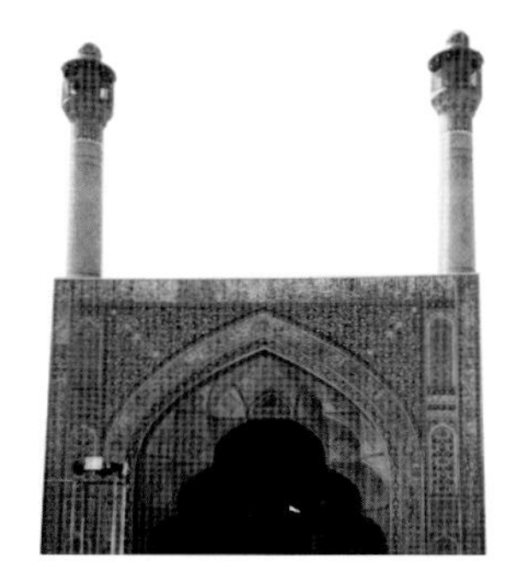

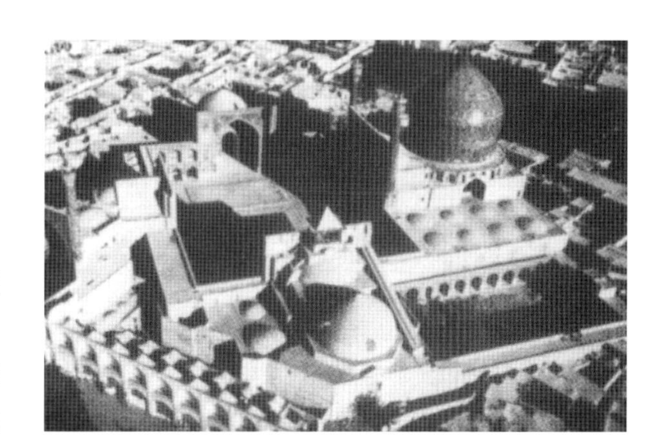

***伊斯法罕皇家清真寺** (1612~1637)*

由建築師卡西姆 (Ustad Abul Kasim) 建造的皇家清真寺 (Masjia-i-shah) 規模很大，主要穹頂高54米，貼滿彩色琉璃面磚，高聳於院落之上。門道由一個平整的主面和插入立面的半穹頂形成，稱為艾萬 (Iwan)，兩側各有一個尖塔。

***馬都拉大廟** (1623)*

位於印度的馬都拉 (Madura) 大廟的外層圍牆長200多米，共有九座高塔，最高達45米，有一個2,000根柱子的長廊。這個婆羅門廟宇如同一座小城。

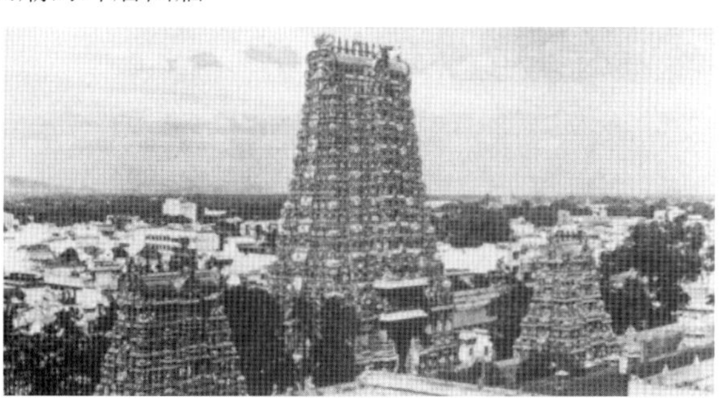

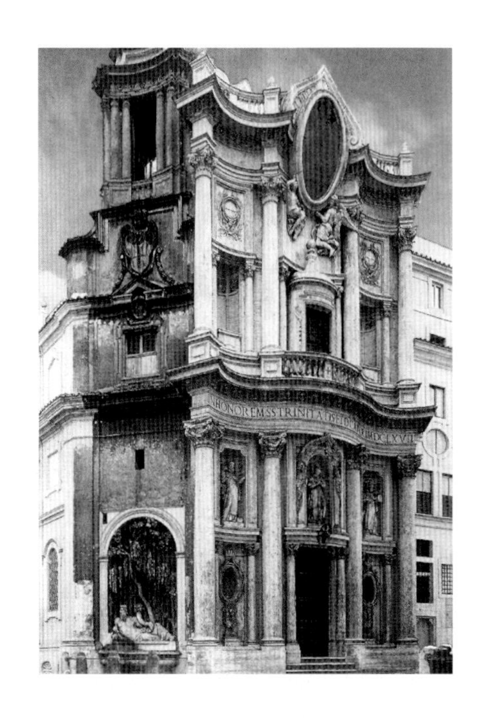

聖卡羅教堂 *(1638~1667)*

波洛米尼 (Francesco Boromini) 設計的意大利聖卡羅教堂 (San Carlo) 是一座巴洛克的代表性建築。它採取了橢圓形的曲線向內彎曲，從而使建築立面形成波浪形外牆，使教堂呈現一種精緻的夢幻色彩。內部也以曲線支配空間。這種曲線的運用一方面是趣味上的一種開拓，也使教堂很好地適合了狹小的地形，使視覺產生了一種連續的流動感。

布達拉宮 *(1645)*

西藏布達拉宮位於距拉薩市西約2.5公里的布達拉山上，為達賴活佛的宗主寺。布達拉宮據傳始建於公元8世紀松贊干布王朝，於1645年由五世達賴重建，主要工程歷時約50年，之後陸續增建持續長達300年之久。布達拉宮外觀有13層，實際為9層，依山而建，拔地200多米高，碉樓大部分由白石砌成。上部中央紅宮是達賴喇嘛接受參拜及其行政機構所在地，紅宮東面的白宮為達賴喇嘛的住所。整個建築在高原雪山的映襯下顯得氣勢雄偉壯麗。

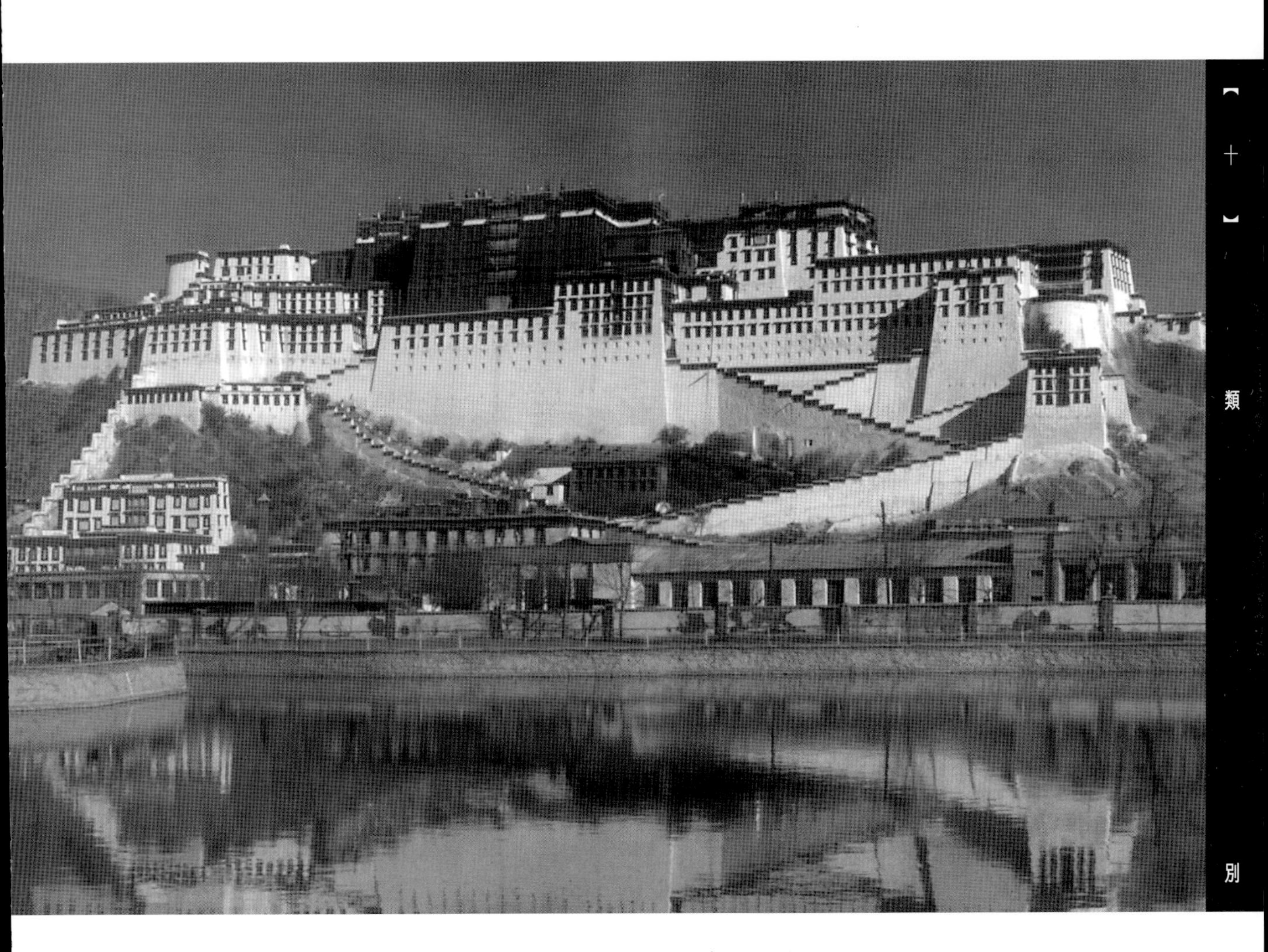

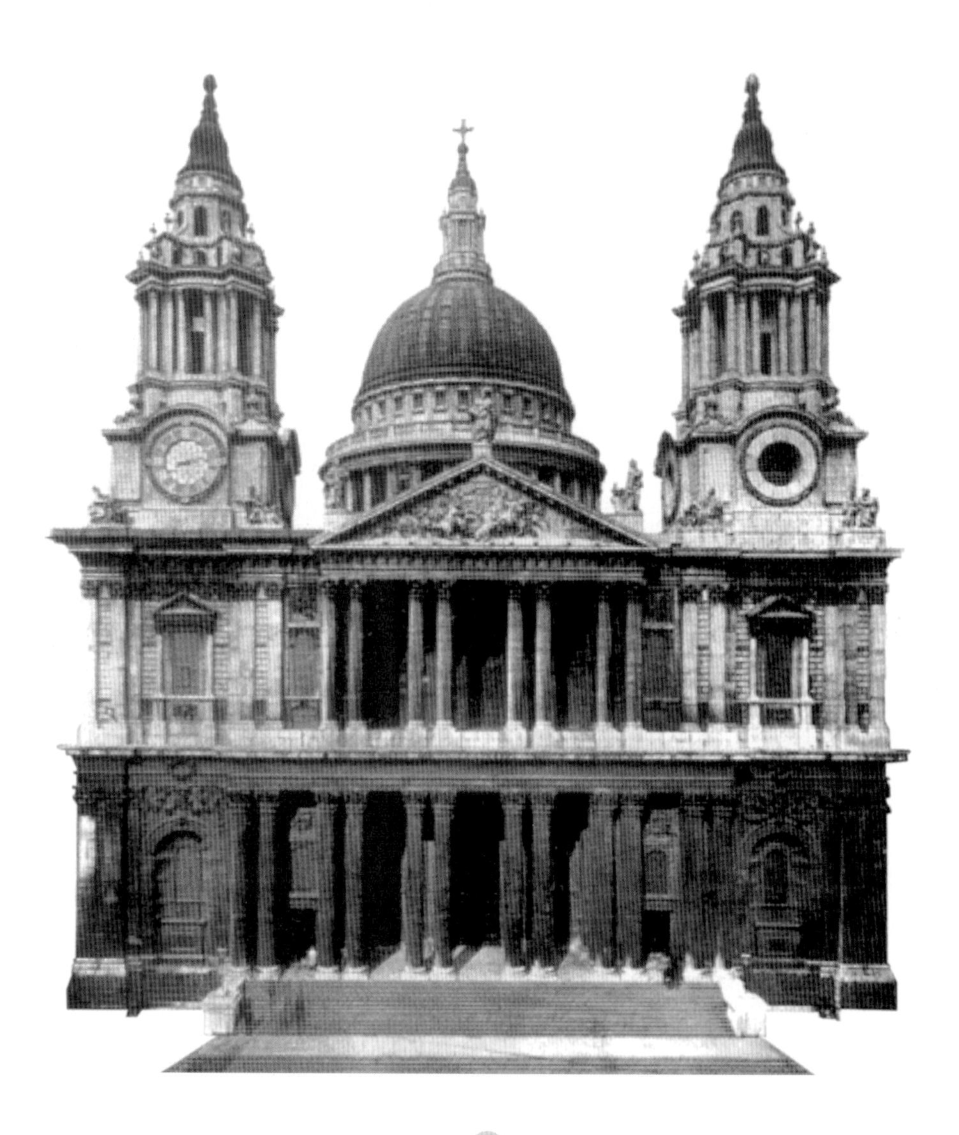

聖保羅大教堂 *(1675~1716)*

英國倫敦的聖保羅大教堂 (St. Paul Cathedral)，由雷恩 (Christopher Wren) 設計，是一座古典主義建築。教堂平面呈拉丁十字，穹頂十字架距地面112米。它的穹頂有三層。裡層是45.7厘米厚的磚砌穹頂，直徑為30.8米。外層是覆蓋鉛皮的木色穹頂，造型飽滿。支撐頂端850噸的採光亭的夾層，是磚砌的圓錐體，厚度也只有45.7厘米。整個結構非常輕巧。穹頂下的鼓座為雙層，內層鼓座微向內傾，以抵抗穹頂的側推力。外層鼓座為柱廊，以飛拱分擔穹頂重量。外部有整齊劃一的簡潔感，穹頂則突出了紀念性。

恩瓦立德新教堂 *(1680~1691)*

法國恩瓦立德新教堂 (Done des Invalides) 由芒薩爾 (Jules Hardouin Mansart) 設計，建於巴黎殘廢軍人醫院中。雖然穹頂下的方形基座和強調的垂直效果具有古典主義的整肅，但鼓筒的倚柱和斷折檐部的巴洛克方式顯得十分生動。

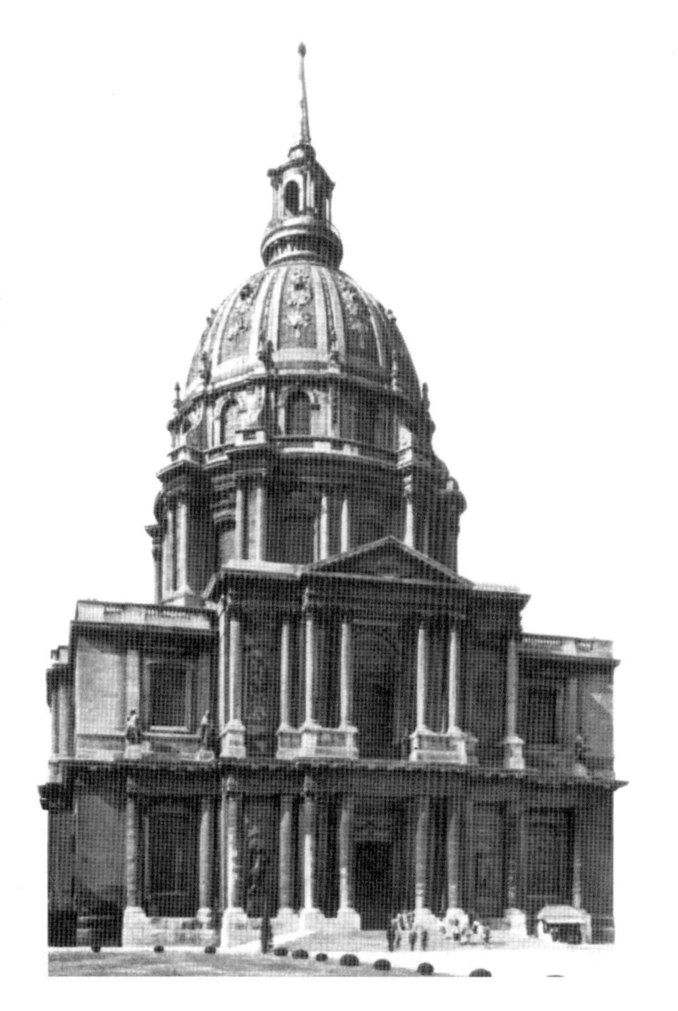

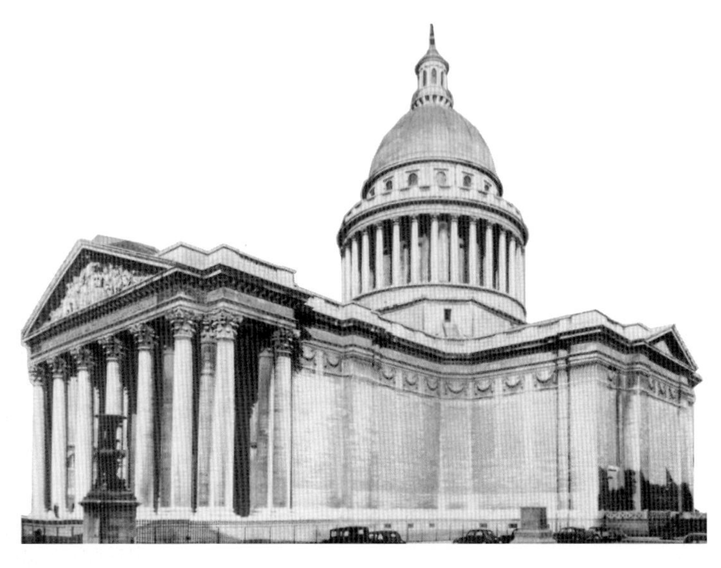

***聖熱納維埃夫教堂** (1757~1792)*

聖熱納維埃夫 (St. Genevieve) 是巴黎的守護神，這座教堂本來是獻給他的，1791年改為英烈祠，設計師是蘇弗洛 (Jacques-Germain Soufflot)。教堂西立面採用古羅馬神廟的構圖，穹頂仿照倫敦的聖保羅大教堂。內部空間簡樸而宏大。

***薩格拉達・法米利亞教堂** (1883~1926)*

這座教堂開始由建築師維拉設計成哥特式結構。高迪接手後放棄了原設計平面，雖然設計有很強的哥特影響，但細部對有機形的應用和色彩完全是高迪個人的建築設計風格。高迪似乎創造了一座夢境中的大廈。

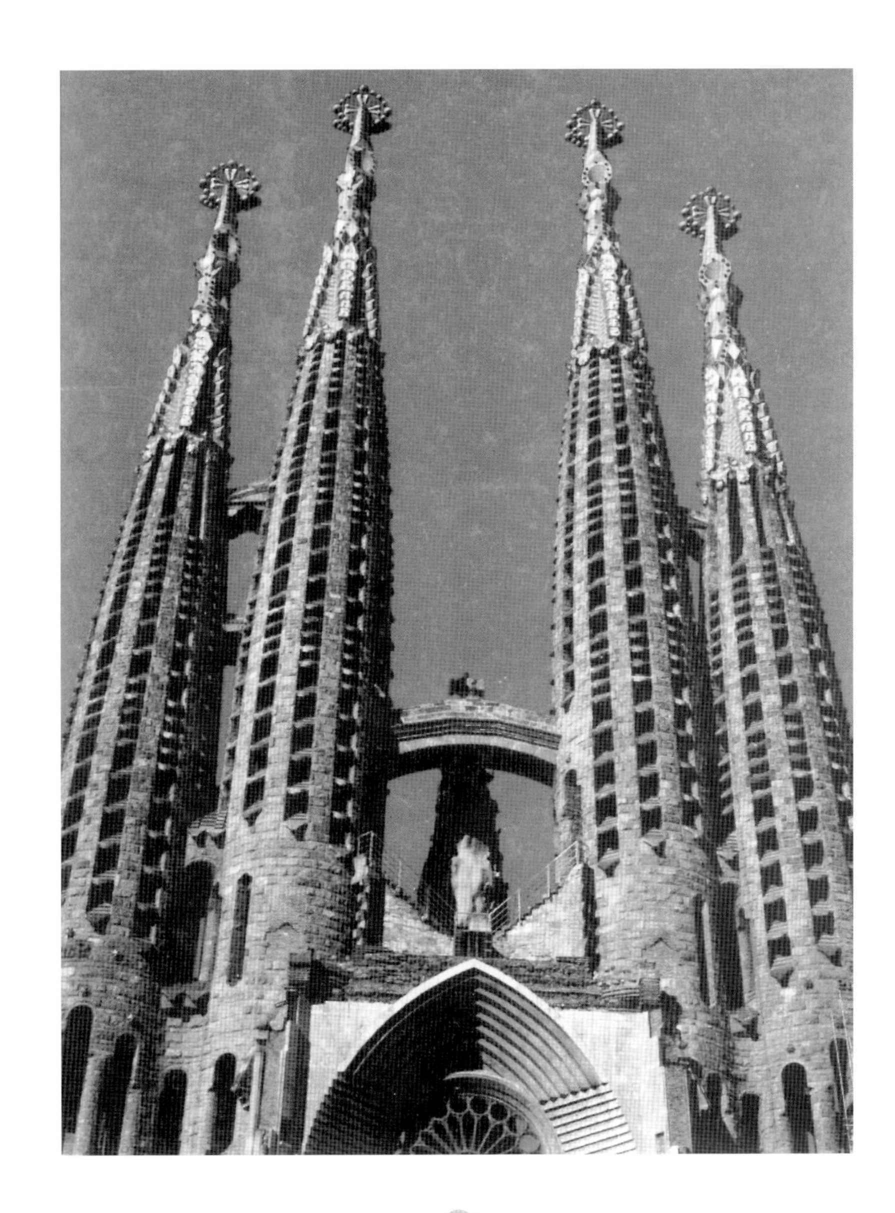

五、公共與紀念性建築

公共與紀念性建築是人們進行世俗性的社會活動和紀念性目的興建的。公共與紀念性建築主要涉及社會生活，因此這一類型的建築受時代價值觀念的影響很大，從中可以深切地體驗到當時社會的生活風貌。

獎杯亭 *(公元前335~334)*

位於希臘雅典的獎杯亭有一個方形基座，高4.77米。上面的圓形實心亭子高3.86米，週圍有六棵科林斯式倚柱。圓錐形的頂部是捲草形的架子，安放音樂比賽的獎杯。

埃庇道努劇場 *(約公元前330)*

希臘埃庇道努 (Epidauros) 的劇場明顯地分為三部分。中央是圓形的樂池，舞台建築在一側，佔據另一側的大半個圓的扇形部分是階梯狀的觀眾席。從觀眾席上能看到週圍的鄉村景象。這個可容納13,000人的劇場聲學效果很理想，石條座位下大陶罐的共鳴和碗狀的劇場空間據説能使聽眾聽到歌壇上的耳語聲。設計師是皮力克雷托斯。

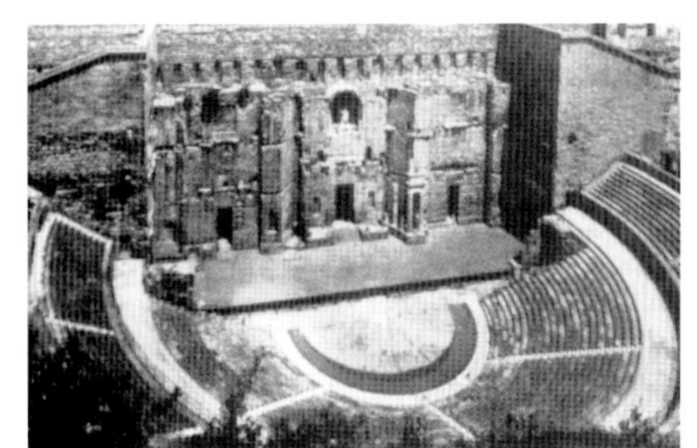

***奧蘭治劇場** (150)*

法國奧蘭治劇場 (Theatre in Orange) 像古希臘劇場一樣利用山地建造，直徑104米，可以容納7,000名觀眾。但與古希臘劇場不同的是舞台建築非常高大，使半圓形的劇場被封閉了起來，將原來希臘劇場的三部分連接成一個緊湊的整體，充分體現了羅馬建築的特點。

***大鬥獸場** (75~80)*

大鬥獸場 (Colosseum) 由羅馬皇帝維斯帕先 (Vespasian) 和杜米蒂安 (Domitian) 建造，位於羅馬市中心的平地上。大鬥獸場立面高48.5米，分為四層，自下而上如同希臘柱式的字典，依次為多立克式、愛奧尼式、科林斯式和壁柱，主要起裝飾作用。內部可容納82,000名觀眾，有十分方便迅速的通道。舞台下是角鬥士室和獸籠，還設有斜坡道和機械吊籃通往舞台。

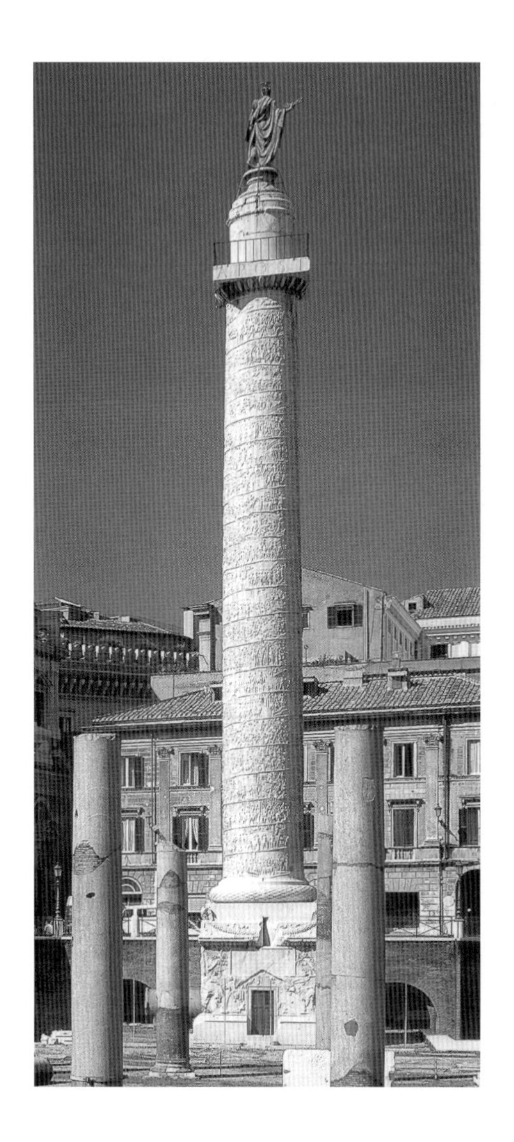

***圖拉真紀功柱** (113)*

圖拉真紀功柱位於羅馬圖拉真廣場 (Forum of Trajan) 的一個小院裡，總高35.27米。柱子為羅馬多立克式空心柱，由白色大理石砌成，從裡面可登台階到柱頂。柱身盤旋刻有圖拉真皇帝率兵兩次遠征達奇亞的紀念浮雕。柱頭的圖拉真全身像於1588年改為聖彼德像。

***君士坦丁凱旋門** (312)*

凱旋門是為紀念戰爭勝利而修建的。位於羅馬的君士坦丁凱旋門是現存規模最大的，裝飾非常華麗。

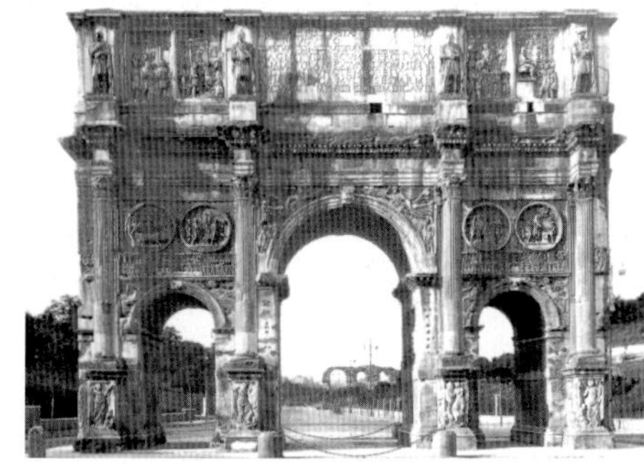

威尼斯總督府 *(1309~1424)*

總督府(Palazzo Ducale)為了紀念威尼斯打敗熱那亞和土耳其而建，立面高25米，分為三層。下兩層為連續拱券，上層石牆貼有白色和玫瑰色大理石組成的斜方格圖案，顯得華麗而富於節奏。

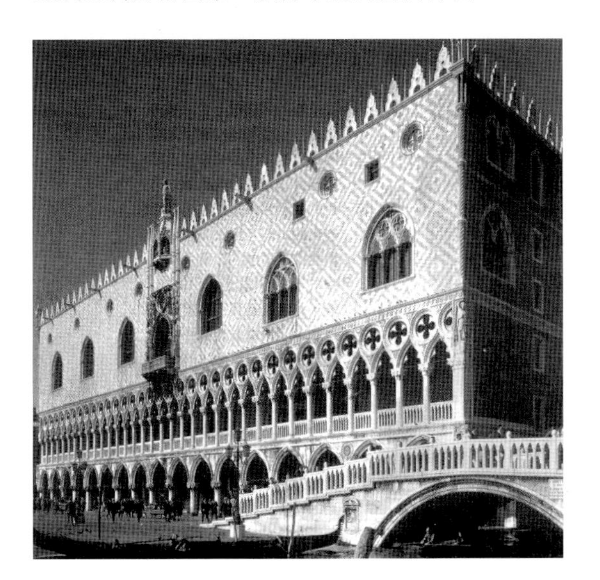

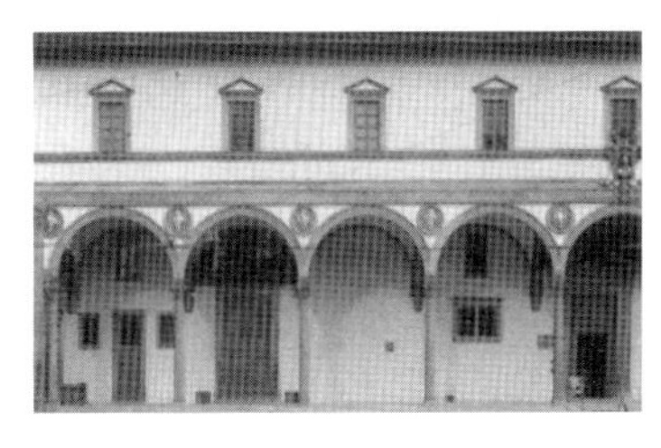

育嬰堂 *(1421~1426)*

布魯內萊斯基設計的這個育嬰堂是第一所收養嬰兒的公共慈善院，由麥第奇家族的科西莫(Cosima)捐獻給佛羅倫薩。育嬰堂下面是一條狹長的連拱迴廊，把建築與前面的廣場結合了起來，成為人們的公共庇蔭場所。

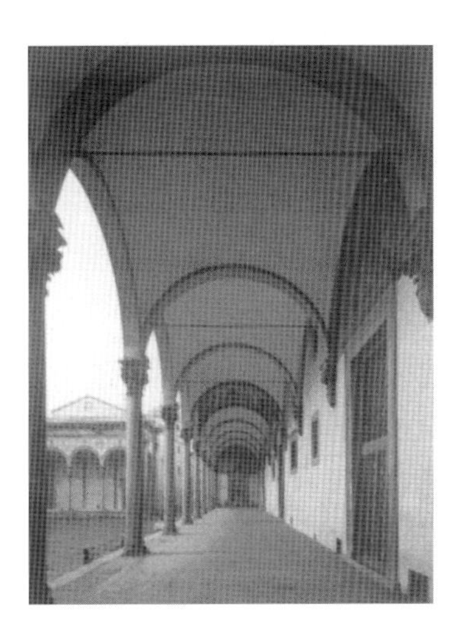

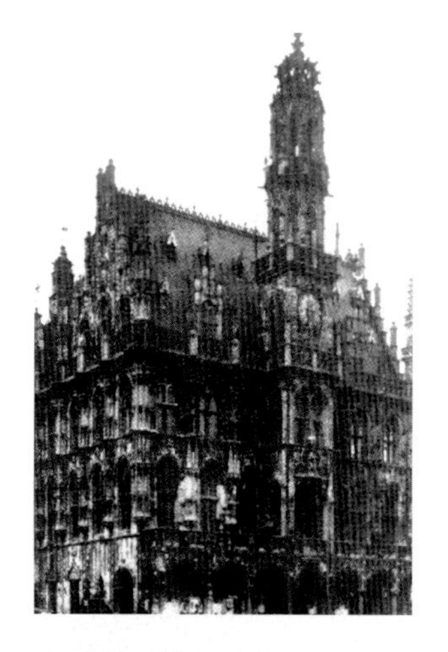

***奧登納爾德市政廳** (1525~1530)*

伊萬．彼得 (Ian Van Pede) 設計的比利時奧登納爾德市政廳 (Town Hall at Ondenarde) 底層是一個拱廊，上面有兩層哥特式窗戶，牆胸裝飾有如花邊，陡峭的屋頂和中央頂端的鐘塔比例、裝飾與整個建築十分協調。

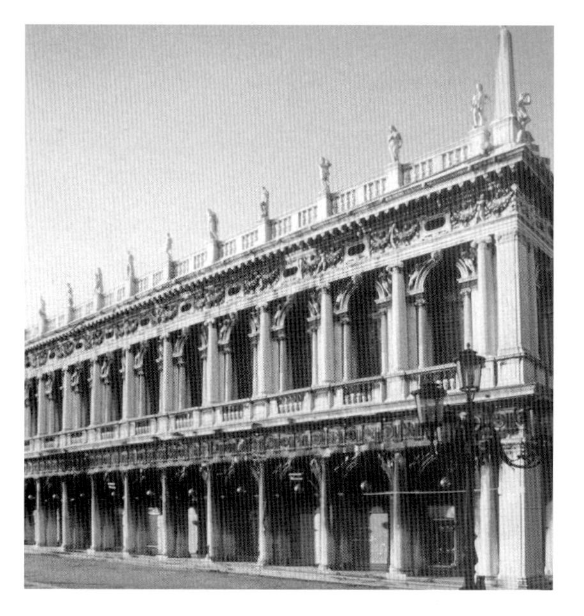

***聖馬可圖書館** (1536~1553)*

聖馬可圖書館 (Libreria S. Marco) 位於威尼斯總督府對面，長83.8米，分上下兩層，整個立面為21間拱柱式。桑索維諾 (Jacopo Sansovino) 在這座建築上使用了許多雕塑裝飾。

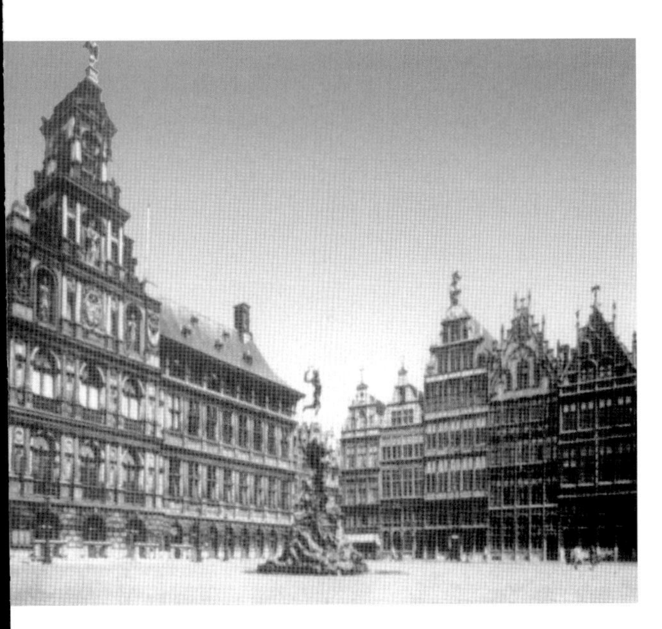

安特衛普市政廳 *(1561~1565)*

建築師弗亨特設計的安特衛普市政廳 (Hotel de ville, Antwerp) 有一個舒展的立面，底層是厚重的粗面石工，上面三層用疊柱式。中央着重突出精緻華美的山花，頂上裝飾着方尖碑和雕像，有着濃厚的尼德蘭特色。

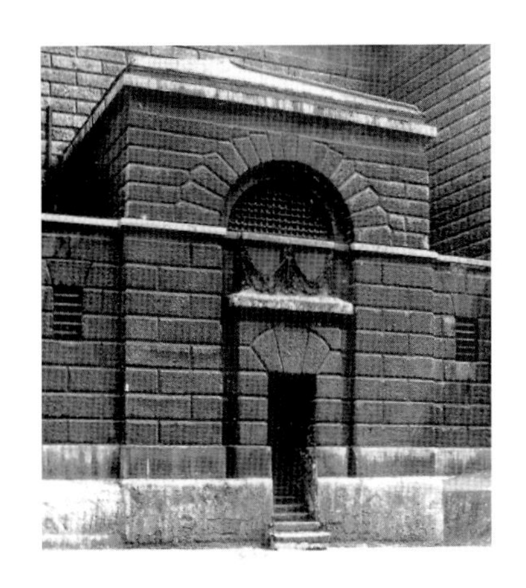

新門監獄 *(1769)*

英國倫敦的新門監獄 (Old Newgate Gaol) 採用厚重的方塊體量和粗面石工，表現了堡壘般的堅實感。丹斯 (George Dance) 的這一設計為這一建築進行了形象的闡釋。

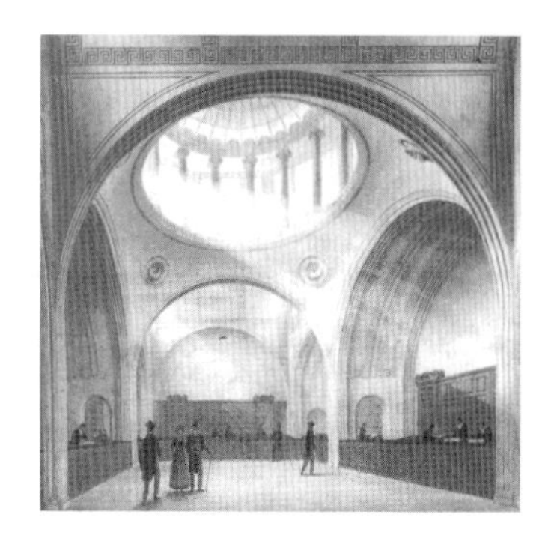

英格蘭銀行大廳 *(1788~1835)*

英格蘭銀行大廳 (Bank of England) 是羅馬式復古建築，使用了大量鑄鐵和玻璃，使內部簡潔而明亮，設計者是索恩 (John Soane)。

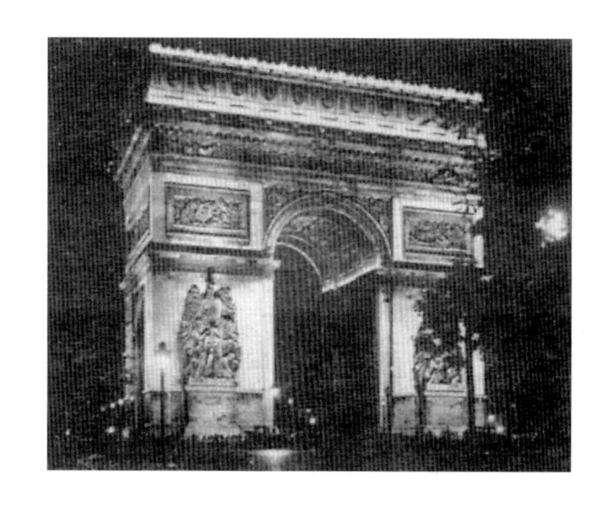

雄師凱旋門 *(1807)*

雄師凱旋門 (L' Arc de Triomphe du Carrousel) 高49.4米，寬44.8米，深22.3米，仿照古羅馬凱旋門修建。正面拱門高36.6米、寬14.6米，兩側有裝飾浮雕，是巴黎著名建築，設計者為夏爾克侖(Jean - Fran Cois Chalgrin)。後來改稱星形廣場凱旋門 (L' Arc de l' Etoile)。

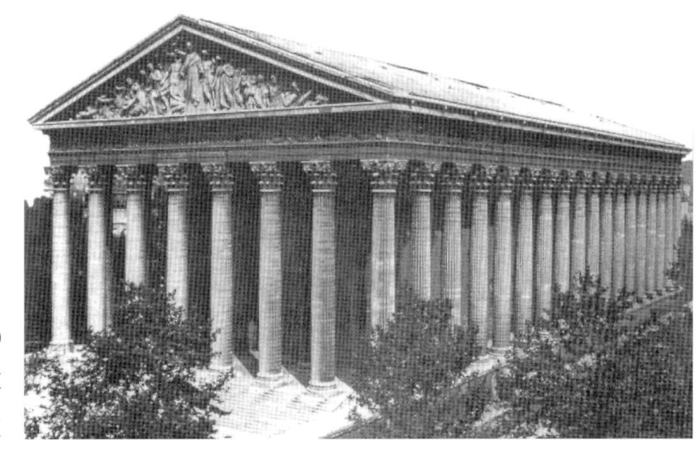

***軍功廟** (1807~1824)*

巴黎的軍功廟 (Temple of Glory) 是拿破侖為陳列戰利品，將原聖抹大拉教堂改建而成的，1842年重又改回教堂。設計師維尼翁 (Barthelem Vignon) 將它設計成為一座羅馬神廟的式樣，作為拿破侖新帝國的象徵。

***大英博物館** (1825~1847)*

大英博物館 (The British Museum) 被斯默克 (Robert Smirke) 設計成古希臘式的建築，立面是單層的愛奧尼式柱廊。

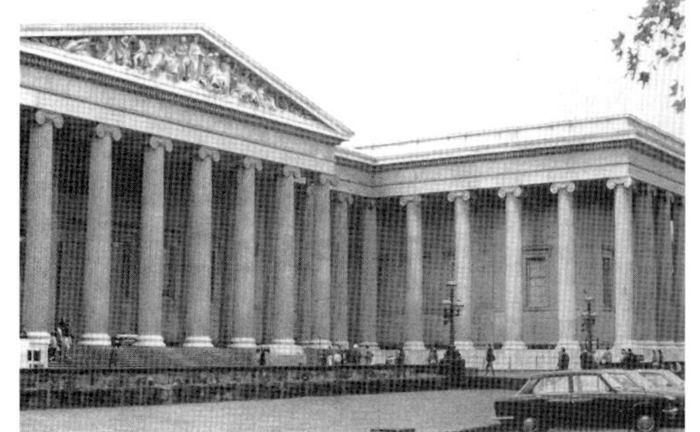

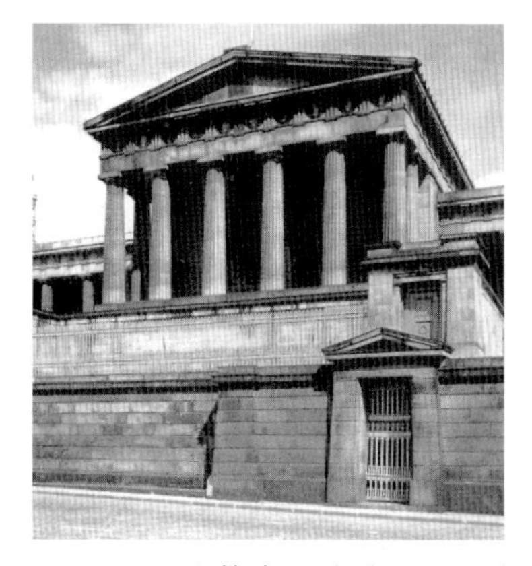

愛丁堡中學 *(1825)*

位於蘇格蘭的愛丁堡中學正面是一座圍廊式建築高踞在台階上，設計師漢彌爾頓 (Thomas Hamilton) 把這座建築設計得像雅典衛城的山門。

英國國會大廈 *(1836~1868)*

國會大廈 (Houses of Parliament) 採取了哥特式強調垂直線條的風格，上面有許多小尖塔使整個建築顯得精細，由巴利 (Charles Barry) 設計。

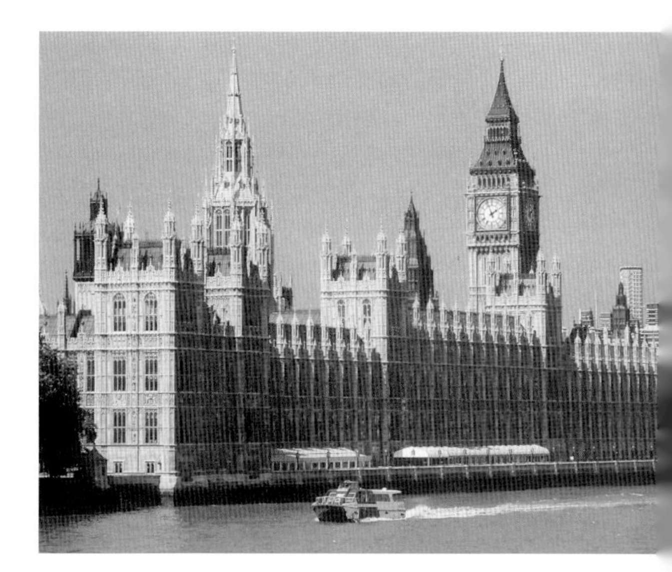

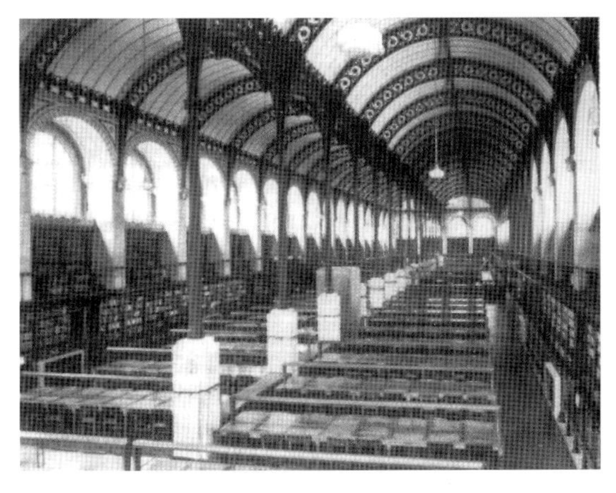

聖熱納維埃夫圖書館 *(1843~1850)*

巴黎的聖熱納維埃夫圖書館 (Biblioteque Sainte Genevieve) 是建築師拉布拉斯特 (Henri Labrouste) 設計的，內部用細鐵柱支撐，新材料的使用改變了傳統建築的空間觀念。

水晶宮 *(1851)*

水晶宮 (Crystal Palace) 是在倫敦海德公園舉行的世界博覽會的展覽館，為帕克斯頓 (Joseph Paxton) 設計，曾被視為一個建築奇迹。水晶宮總面積74,000平方米，長563米、寬124.8米。它的材料只有鐵、玻璃和木頭，結構完全暴露。它的建造採用預製裝配。1852年它被遷到希登漢姆 (Sydenham)，1936年焚毀。

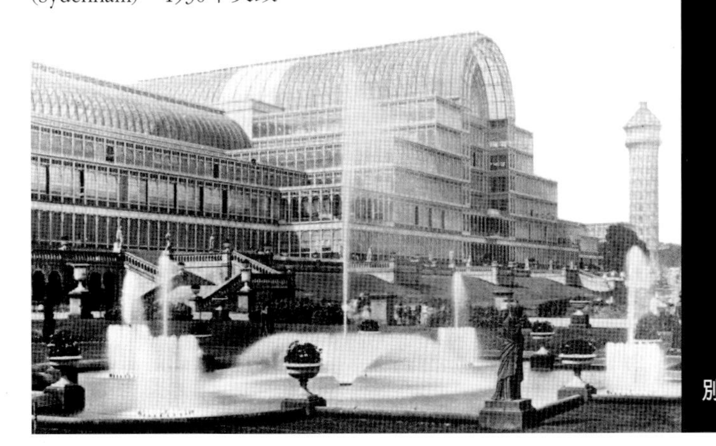

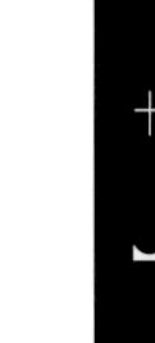

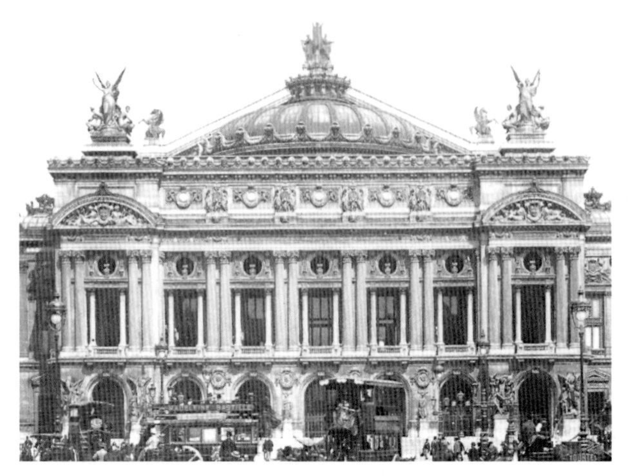

***巴黎歌劇院** (1861~1874)*

巴黎歌劇院（Opera Hause, Paris）的立面仿效羅浮宮東立面，增加了許多裝飾性雕塑，頂部為一個皇冠似的鐵構件穹頂。它能容納2,150名觀眾，視覺和音響效果都很好，折衷的外表顯得奢華而生動，設計者為加爾埃（Charles Garnier）。

***布魯塞爾法院** (1866~1883)*

布魯塞爾法院（Palais de Justice）具有不規則的山一般的體量，氣勢迫人，為波萊爾特設計。

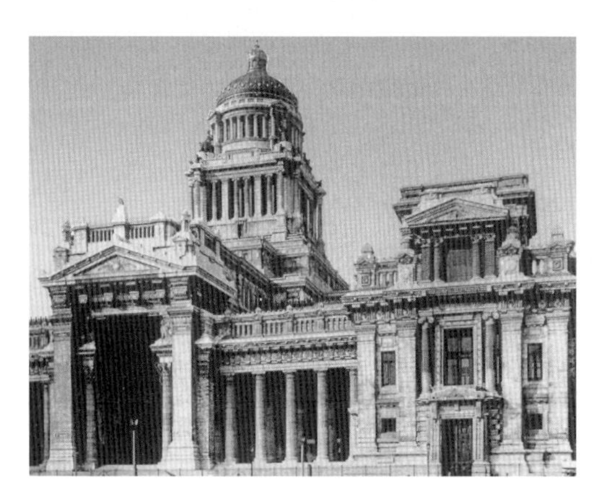

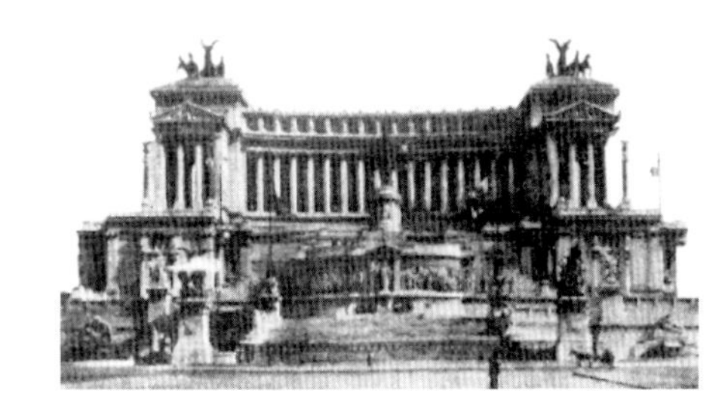

***伊曼紐爾二世紀念碑** (1885~1911)*

伊曼紐爾二世紀念碑(Monument to Victor Emmanuel II）是薩克尼（Giuseppe Sacconi）為紀念意大利1,500年後重新統一而設計的。寬135.1米，進深129.9米，全高70.2米，全部為白色大理石貼面。紀念碑整體採用帕加瑪祭壇的形式，裝飾有青銅雕塑，中央高台基上立着伊曼紐爾二世騎馬銅像。

***芝加哥百貨公司大廈** (1899~1904)*

芝加哥百貨公司大廈 (Carson Pirie Scott Department Store) 的立面已採取非常"現代"的網絡式開窗，它的設計者沙利文 (Louis Henry Sullivan) 最先提出"形式服從功能"的建築觀點，是現代摩天大樓的先驅。

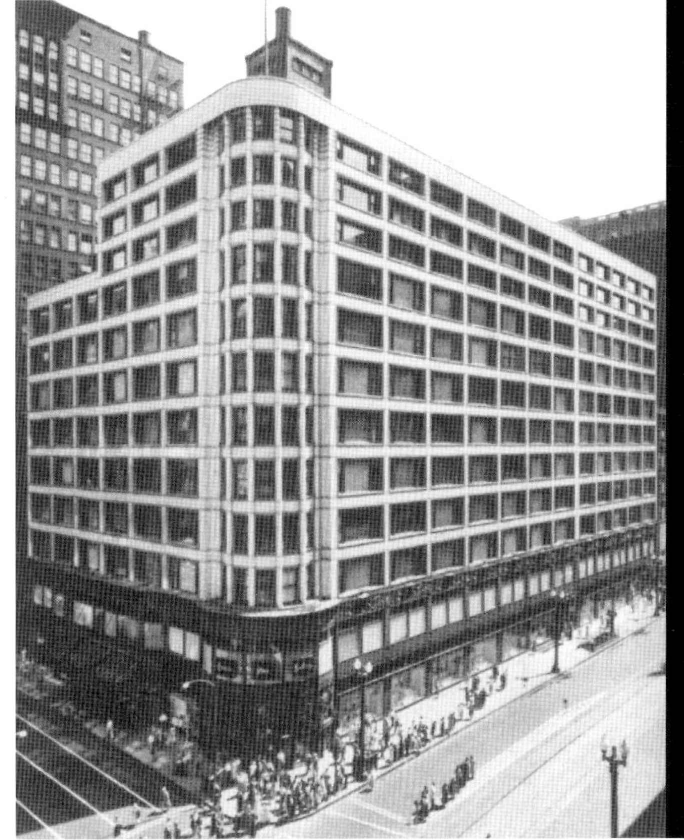

六、大型公共建築

除了具有上述功能的建築物外，還有為科技、勞動生產和滿足某些特殊需要而建造的建築。這類建築包括天文台、磨坊、工業廠房等，以及屬於土木工程的建築物和橋樑、水道、城牆等等。這些建築主要服從於其特殊功能，因此體現出一些獨特的建築方式。但從建築樣式和技術材料等方面，仍帶有強烈的時代性。

獅子門（公元前14~12世紀）

邁西尼位於希臘半島上，獅子門是邁西尼泰侖衛城的城門，寬3.5米。過樑上方有疊澀拱，中間有一塊三角形浮雕板，刻有兩頭雄獅守護着代表宮殿的立柱。

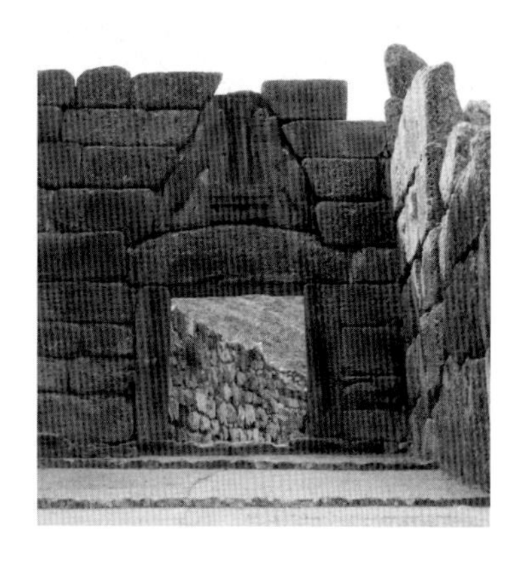

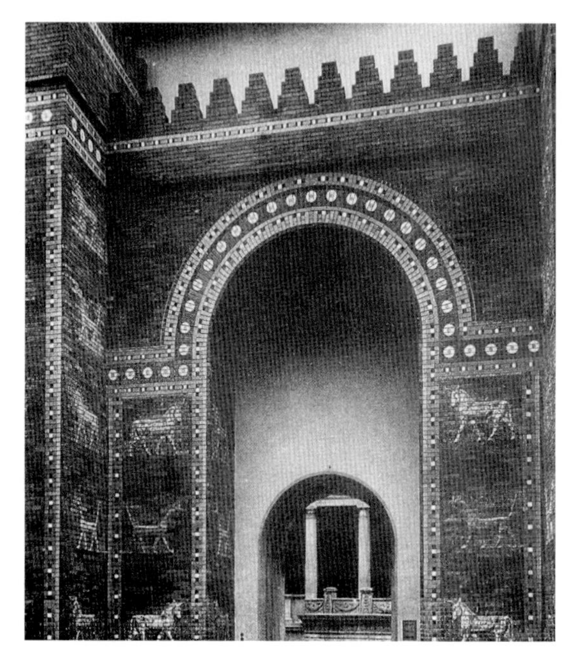

伊斯達城門（公元前6世紀）

伊斯達 (Ishtar) 城門是巴比倫的主要城門，用藍色琉璃磚砌成牆面，並用金黃色琉璃磚組成152個獸形圖案，把城門裝點得金碧輝煌。

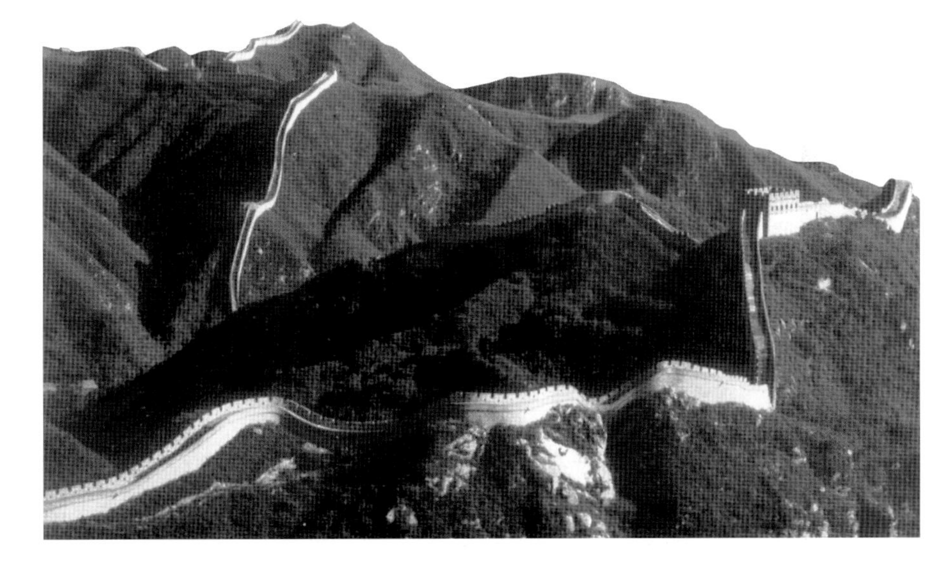

長城 *(公元前3世紀)*

秦始皇於公元前221年統一六國後，把六國的長城連接起來予以增建，東起山海關，西至嘉峪關，號稱萬里長城，幾乎貫通中國北部。明代為防邊患曾經重修，現存多為重修後的長城。

尼姆水道橋 *(14)*

尼姆城的水道橋橫跨加爾河，是一段三層的連拱，長275米。水道橋最高有49米，拱的最大跨度為24.5米，完全用石頭堆砌而成，展現出古羅馬傑出的拱券技術。

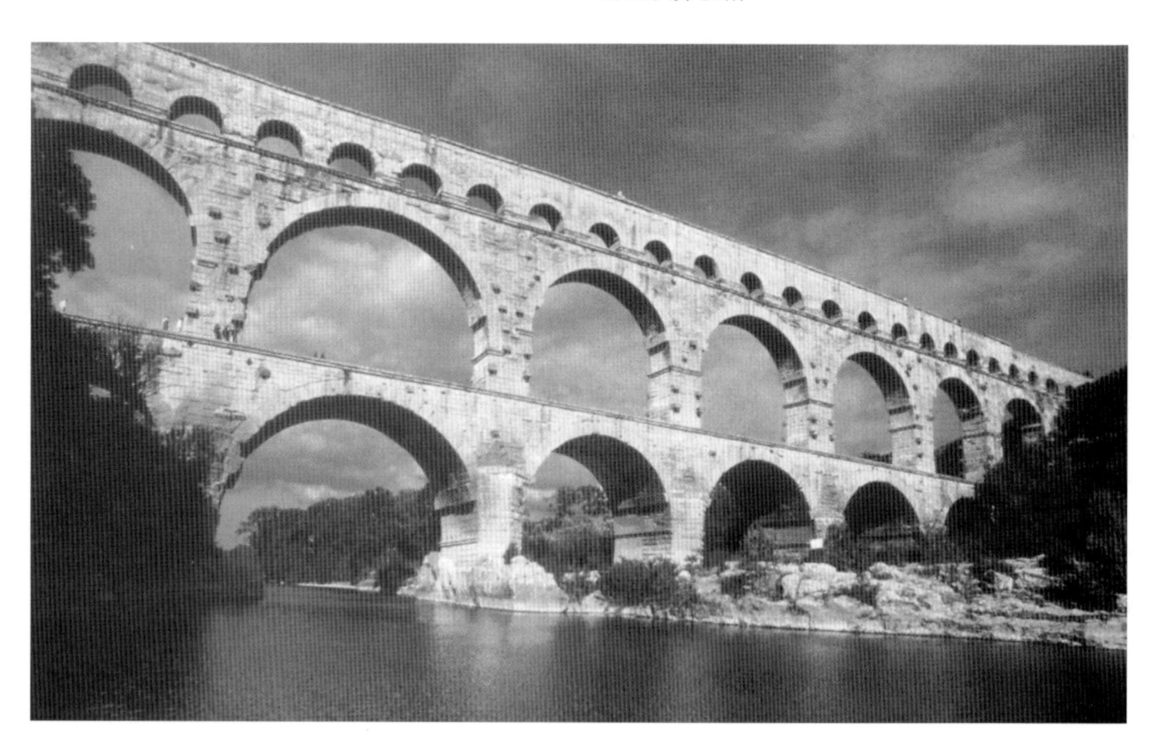

***安濟橋** (610)*

位於河北趙縣的安濟橋又名趙州橋，為隋代工匠李春所造。它的大拱淨跨37米。大拱上兩端各有兩個小拱，供泄洪使用，並減輕了橋身自重，設計構思巧妙。

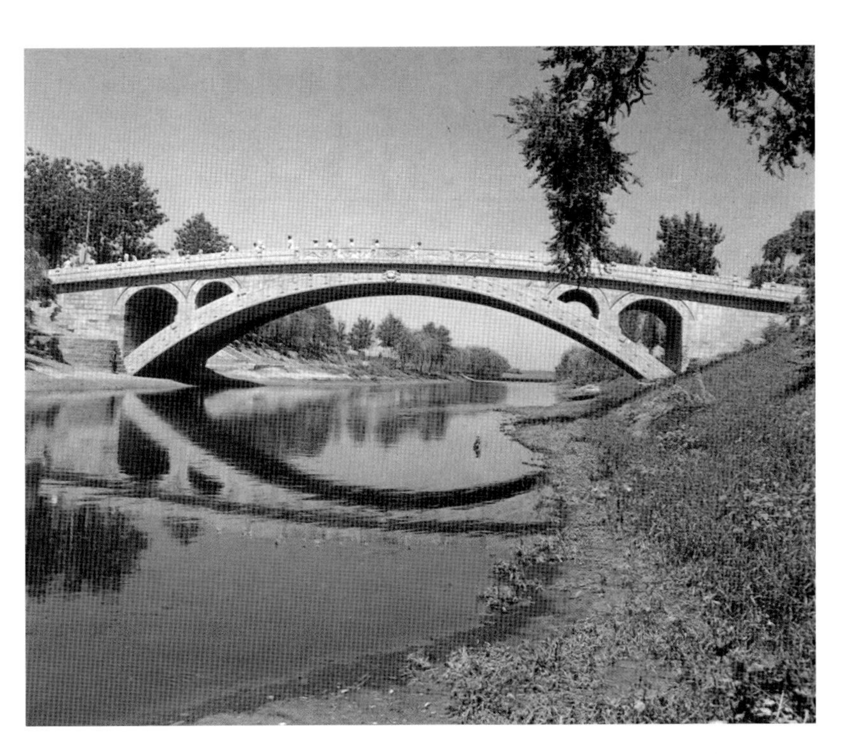

***蝸牛式天文台** (約7世紀)*

位於墨西哥奇欽·伊扎 (Chichen Itza) 的這座天文台有兩層圓形觀測台，塔心建有螺旋階梯盤旋而上，下面是一個多石階的台基。因有螺旋階梯因而被冠以蝸牛之名。

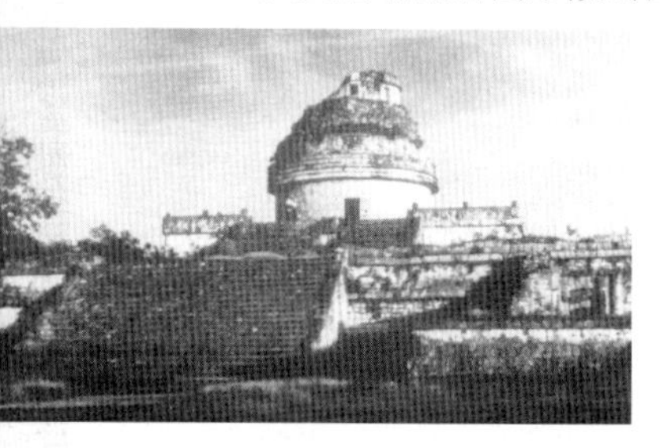

***觀星台** (13世紀)*

這座位於河南登封告成鎮的觀星台是一座巨大的測量儀器，建築的高度決定太陽光的投影長度，並顯示在用36塊方圭石鋪成的有刻度的量天尺上。台上設有觀星儀器和計時用的滴漏，是中國現存最早的天文台。上面的小屋為明代加建的。

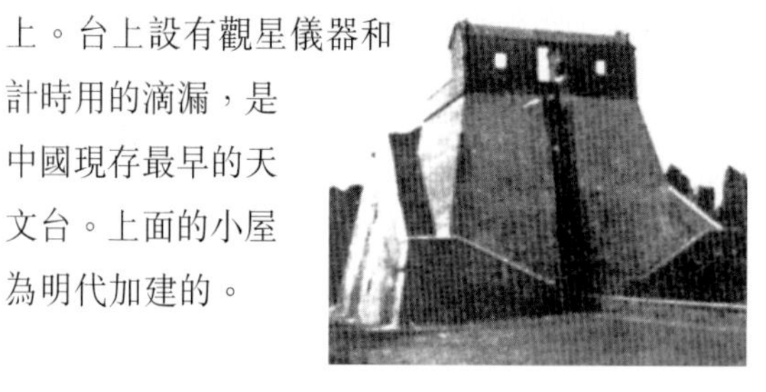

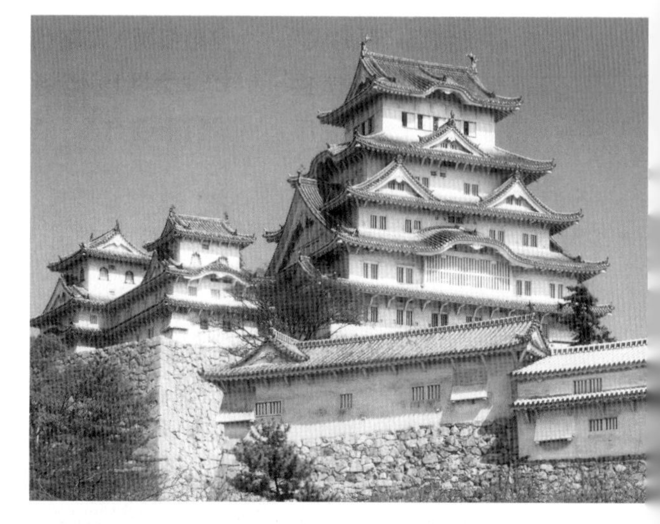

***姬路城天守閣** (1570)*

天守閣是衛城中心的城樓。這座位於日本兵庫縣的天守閣高33米，底層東西22~23米，南北17米，坐落在毛石砌築的高台上。錯落的房屋便於在防禦中進行互相保護。牆上只開有狹小的炮孔和箭矢孔，並刷有白堊加強防火性能。

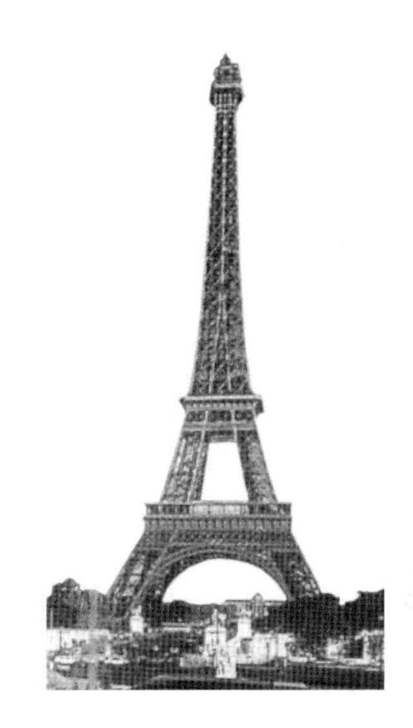

勃蘭登堡大門 *(1788~1791)*

建築師朗漢斯 (Karl Gottfried Lang Hans) 仿照雅典衛城的山門設計了勃蘭登堡大門 (Brandenburger Tor)。大門立着六棵希臘多立克式柱，上面飾有四架馬車的群雕。今天，勃蘭登堡大門已經成為德國重新統一的象徵。

艾菲爾鐵塔 *(1887~1889)*

以工程師艾菲爾 (Gustave Eiffel) 命名的這座鐵塔是他為1889年在巴黎舉行的世界博覽會設計的。塔高328米，裡面有四部水力升降機。塔的造型用巨大的金屬網編結出來，常被當作巴黎的象徵。

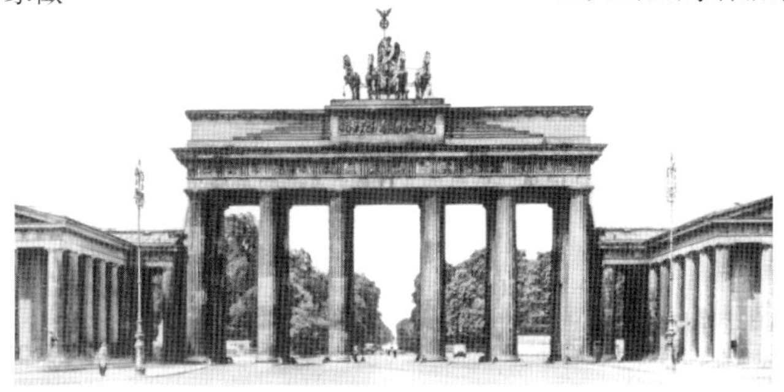

11 傳統與詩意的文本

建築如同一本打開的歷史文獻，我們從中可以看到人類生活的生動歷史畫卷。建築無疑是以一定的技術手段支持其功能為目的，但當歷史的塵埃落定，我們看到的是人類生活的一面鏡子。從這面鏡子中，我們找尋着自己存在的意義。"人詩意地棲居在大地上"，德國現代哲學家海德格爾用"詩意"來強調人的意義。而我們透過建築，也在搜尋着這種詩意。

透過歷史建築，我們能更確實地感到這種詩意。在歷史建築中，時光濾去了它對功利的現世追求，它的形體暗淡而更加意味深長。它記錄着人類曾經有過的鮮活體驗，它展示着對未來冥冥之中的啟示。

中國的塔

人類曾經希望通過自己的努力進入永恆。他們在地上建造巴比倫通天塔以期進入天國。由於上帝的介入使造塔的人們語言不通無法交流，使人們借助建築達到永恆幸福的努力受到挫折。這則聖經故事試圖告訴我們上帝的威嚴，而我們卻能夠感到人類潛在的巨大可能性。如果人類能很好地交流與合作，也許我們真的能藉一高塔直奔幸福。這當然是一則寓言，但建築的天國確實需要這樣的交流與合作。歷史建築給我們提供了通往天國的資源，我們需懂得它的語言，在它之上完成人類幸福的通天塔。

經歷了一個世紀全球範圍內的現代化，技術所創造的現代文明使我們的生活趨於一體化，我們的城市漸漸充滿了相似的閃閃發光的玻璃盒子式的高樓大廈。這些現代的通天塔在陽

回教的叫拜塔

光和夜色中熠熠生輝，傳遞着自己嶄新的機器美學。不知道這是又一次幸福之路，抑或是又一次失敗？各種文明都曾有過通天塔的嘗試。印加人建過，塔還在而人已消逝了。中世紀的教堂上、中國的古廟裡都曾建有無數的高塔，這些塔是人類通往永恆幸福的渴望，而今天也都漸漸成為陳迹。只有一點是不會忘卻的，那就是沒有交流與合作是到達不了我們所追求的幸福的。

建築是人類合作的產物，它比其它的藝術更體現了人類整體文明的程度。沒有好的生活不會產生好的建築，好的生活與好的建築都應是富有詩意的。對好生活的追求是不分種族、沒有國界的，這就是人類可能合作的基礎。建築正是這樣一種跨越時間的富於詩意的文本，記載着人類追尋永恆幸福的軌迹。

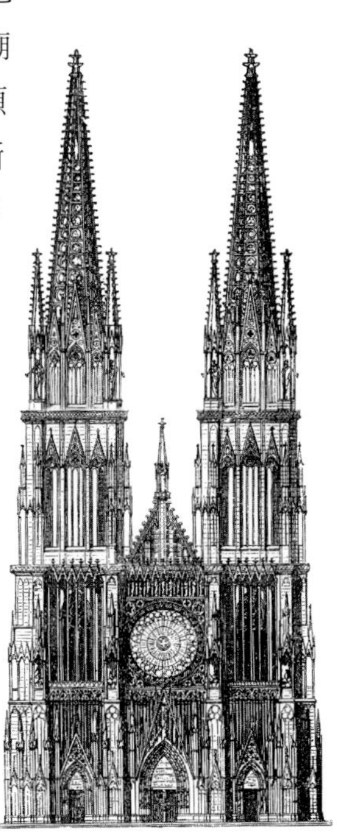
中世紀的教堂

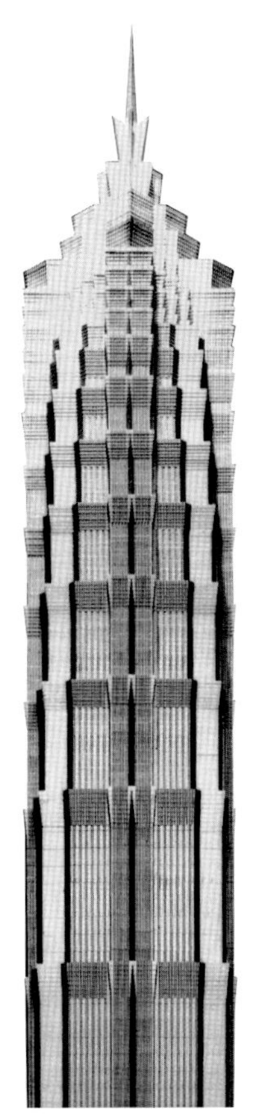
現代的摩天大樓

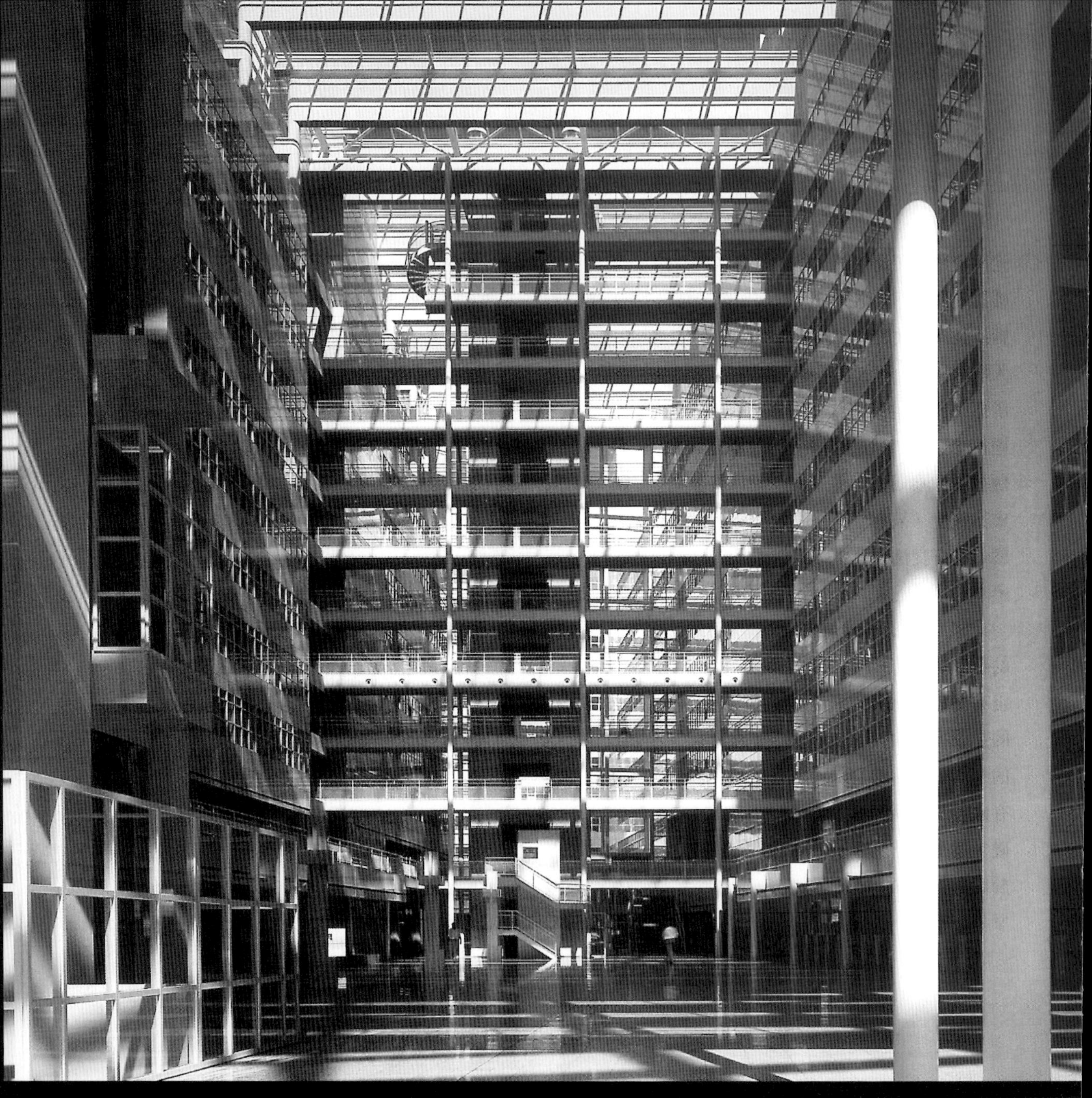

下篇

現代建築及其它

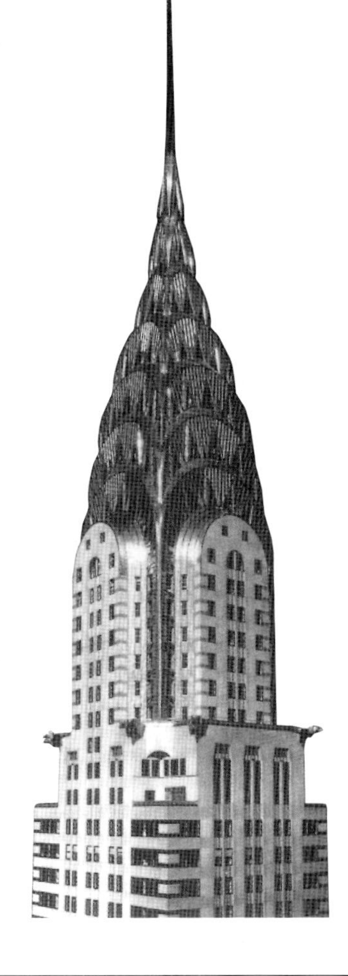

建築師地位何在？他是一個傳遞空間美感的人……

12 現代主義建築

"包浩斯"——現代建築的起源學校

第一次世界大戰之後，德國經濟受到嚴重破壞，出生於德國柏林的格羅皮烏斯深深感到"必須形成一個新的設計學派來影響本國的工業界，否則一個建築師就不能實現他的理想"。他繼承了德國人把工業與藝術相結合的思想傳統，於1919年在德國魏瑪成立了包浩斯設計學院，他自任校長，並請歐洲各派藝術家來包浩斯講學，把建築、繪畫、雕塑等各門藝術融為一體，以求相互滲透，相互啟發，創造出新的藝術風格。

包浩斯的學生一般要在實驗室工作半年，再接受理論教育和工作培訓，之後是兩年的結構工程學習。實踐的工藝訓練，靈活的構圖能力，加上同工業生產的直接聯繫，三者的有機結合在包浩斯產生了一種新的工藝美術風格和建築風格。其主要特點是注重滿足實用要求，注意發揮新材料和新結構的技術性能和美學特點，造型整齊、簡潔，構圖靈活多樣。

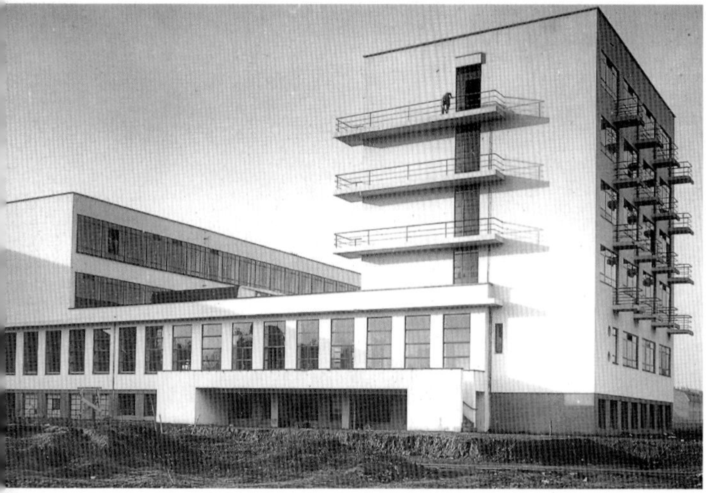

包浩斯設計學院的校舍

包浩斯設計學院內的禮堂

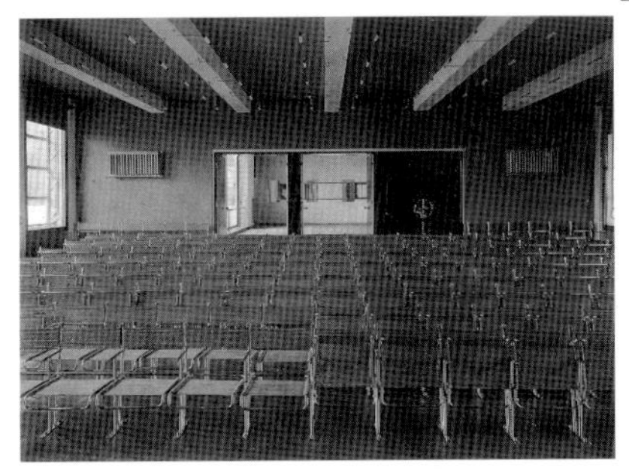

1925年，包浩斯從魏瑪遷到德瑪，格羅皮烏斯為它設計了一座新校舍，包括教室、車間、辦公室、禮堂、飯廳和高年級學生宿舍，建築面積近一萬平方米，是一個由許多不同功能部分組成的中型公共建築。該校舍一反過去由表及裡，先決定建築外形的設計手法，而是以功能為出發點，功能決定形式，還採取了靈活的、不規則的構圖手法。另外，校舍立面上沒有雕刻，沒有柱廊，也沒有裝飾性的花邊和線腳，而着力體現結構和材料本身的特點。同傳統的公共建築相比，它是樸素的，然而它的建築形式富於變化，標誌着建築由非自由空間向自由空間的轉化，是現代建築空間設計的一個里程碑。

包浩斯的設計思想當時引起了廣泛關注，新派的建築師認為它是進步的，是革命的藝術潮流的中心，保守派把它看作異端，甚至把它說成是俄國布爾什維克黨紅色滲透的工具。1928年格羅皮烏斯離開了包浩斯。1935年希特勒上台後，校舍遭到了封禁。

現代主義建築

毫無疑問，現代主義建築掀開了世界建築史新的一頁，並為我們今天建築界百花爭艷、欣欣向榮的景象奠定了堅實的基礎。

事實上，所謂"現代主義"建築包括着許多門類的派系將在後面提及，他們在設計原則、表現手法和建築理論上都有着各種各樣的區別和偏重。但概括地可以歸納出一些他們共有的並體現"現代主義"精神的特點：第一，力創時代之新，批判保守和建築思想，主張建築要有新功能、新技術，特別是新形式。第二，在理論上承認建築具有藝術與技術的雙重性，並在提倡兩者結合的同時，強調建築設計要表裡一致。第三，認為建築空間是建築的實質，建築設計是空間的設計及其表現。第四，在建築美學上反對外加裝飾，提倡美應當和實用及建造手段結合，認為建築的美在於其空間的容量與體量在組合構圖中的比例與表現等等。其中，尤其在第四方面，現代主義的建築師們針對古典建築的瑣碎裝飾進行了極大批判，其中沙利文提出"形式隨從功能"(Form follows function)，路斯提出極端的"裝飾是罪惡"，密斯也以一句"少就是多" (Less is more) 為現代主義建築的形式定了基調，這在當時充分體現了革新派建築師領異標新的進步精神，但也成為了後來"後現代主義派"對其進行討伐的突破口。

1. 理性主義

是指以格羅皮烏斯 (Walter Gropius) 和柯布西耶 (Le Corbusier) 所代表的歐洲"現代建築"，又因其講究功能而有"功能主義"之稱；因其不論在何處均以一定的方盒子、平屋頂、白粉牆、橫向長窗的形式出現，而又被稱為"國際式"。他們在同學院派的復古主義、折衷主義作鬥爭中，在使建築適應現代工業社會的生活與生產中做出了最根本的，也是最重要的貢獻，為建築適應現代工業社會的生活與生產開創了道路。

哈佛大學研究生中心

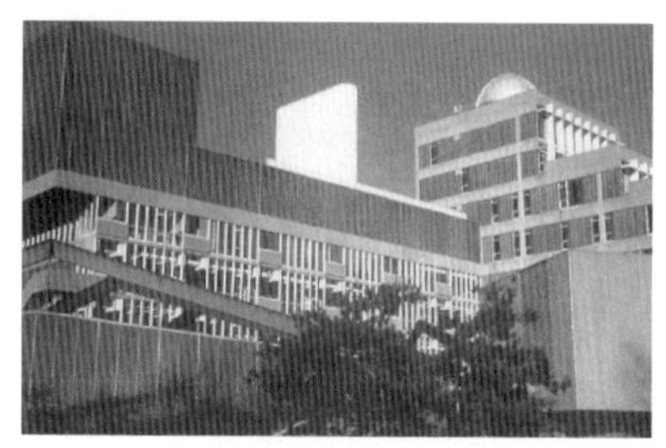

2. 講求技術精美

是戰後第一階段佔主導地位的設計傾向，在設計上比較"重理"，人們常把以密斯．凡德羅 (Ludwig Mies van der Rohe) 為代表的潔淨、透明與施工精確的鋼和玻璃盒子作為這一傾向的代表。

其代表作有：

- 巴塞羅那世界展覽會德國館
- 范斯沃斯住宅
- 西格拉姆大廈

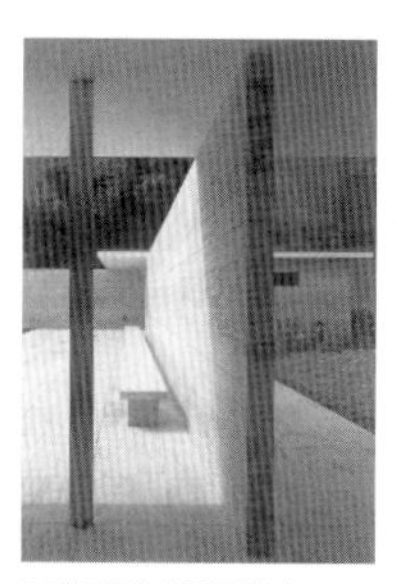

巴塞羅那世界展覽會德國館

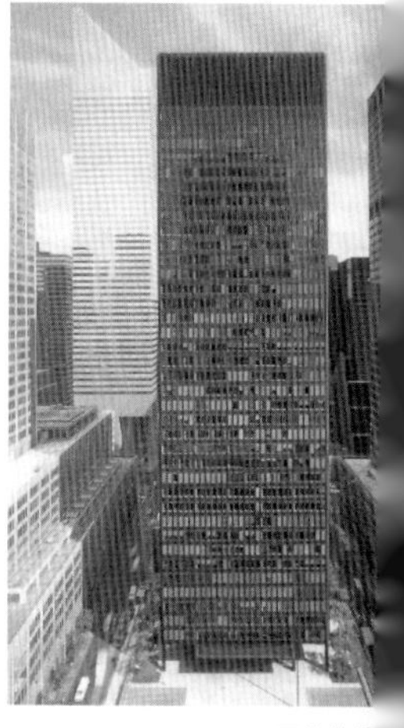

西格拉姆

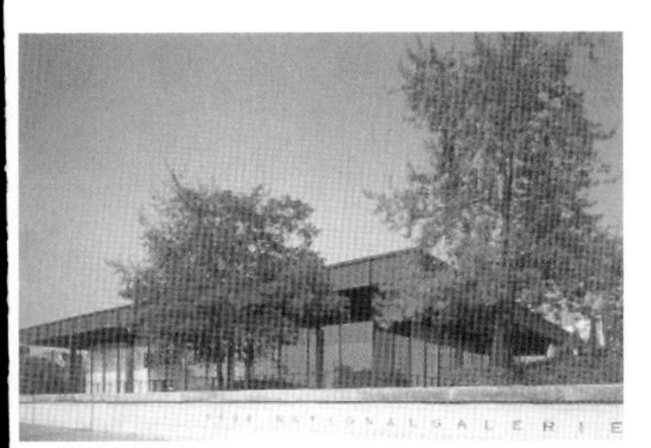

西柏林新國家美術館

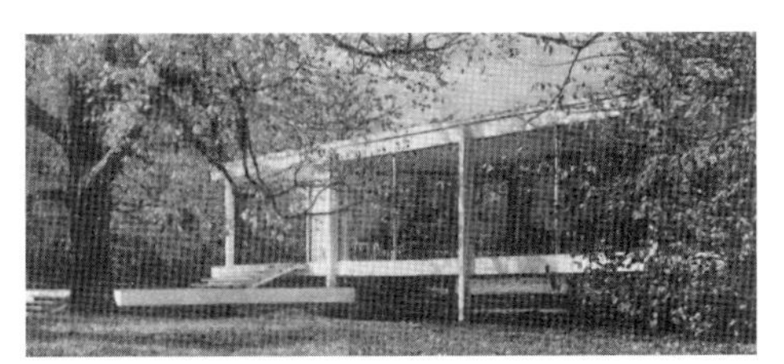
范斯沃斯住宅

● 西柏林新國家美術館，體現了技術精美的極至，其柱子與樑枋接頭的地方，完全按力學分析那樣被精簡到只有一個圓球。

3. 粗野主義

粗野主義經常採用混凝土，把它最粗糙的方面暴露出來，極其誇大那些沉重構件，並把它們冷酷地碰撞在一起。

"粗野主義"這個名稱本是英國建築師史密森夫婦提出並定位自己的建築。後因柯布西耶 (Le Corbusier) 的一些建築作品風格粗獷而反成為了人們認同的粗野主義的代表。

代表作有：

- 馬賽公寓大樓
- 萊斯特大學工程館
- 劍橋大學歷史系館

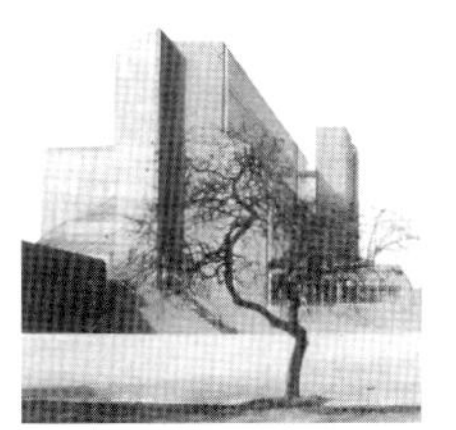
萊斯特大學工程館

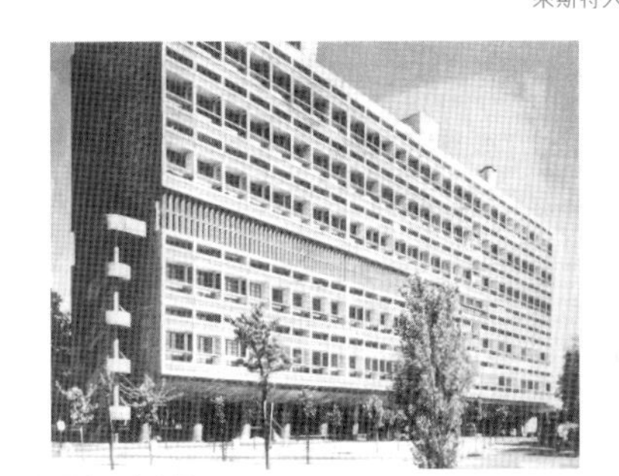
馬賽公寓大樓

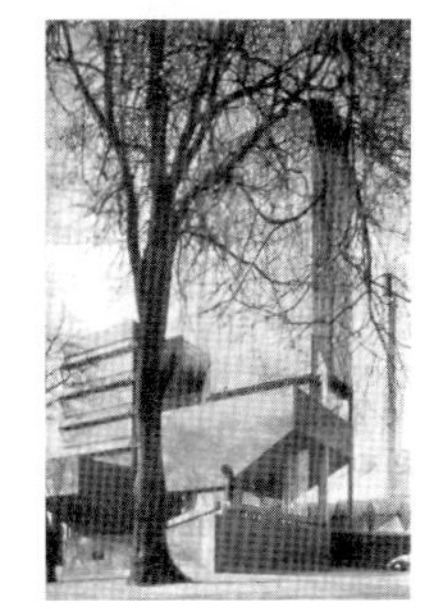
劍橋大學歷史系館

美國電話電報公司總部

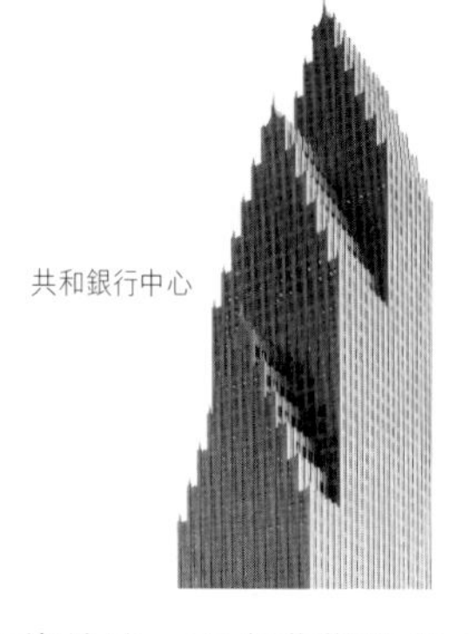

共和銀行中心

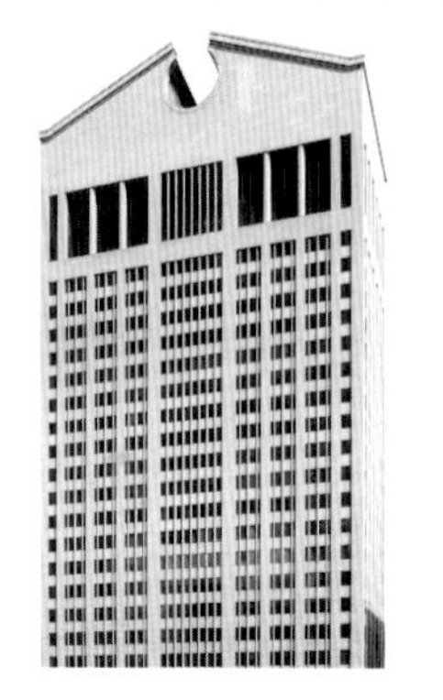

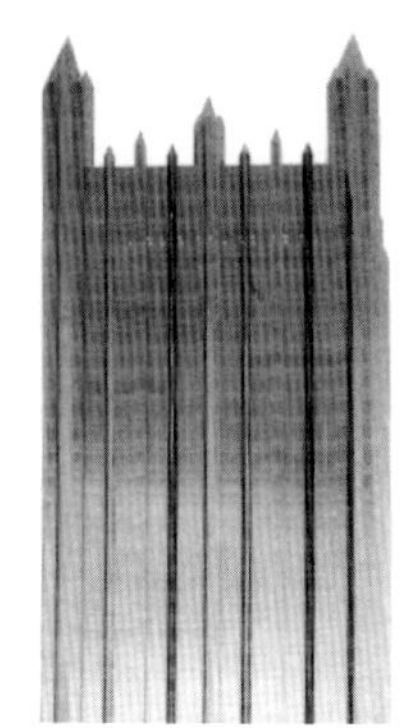

匹茨堡平板玻璃公司辦公樓

4. 典雅主義

是與粗野主義並進、而在藝術效果上卻與之相反的一種傾向，它致力於運用傳統美學法則來使現代的材料與結構產生規整、端莊與典雅的莊嚴感。其主要代表人物有美國的約翰遜、斯東、山崎實等第二代建築師。

約翰遜 (Philip Johnson) 的作品：

- 匹茨堡平板玻璃公司辦公樓
- 共和銀行中心
- 美國電話電報公司總部
- 約翰遜住宅

山崎實 (Minoru Yamasaki) 的作品：

- 西雅圖展覽會聯邦科學館
- 紐約世界貿易中心
- 西北人壽保險公司

紐約世界貿易中

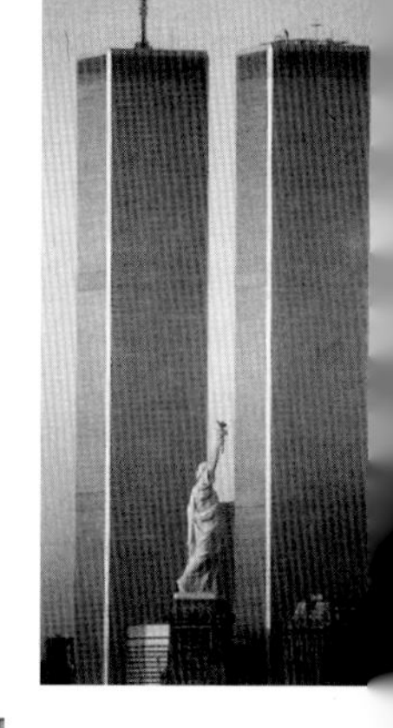

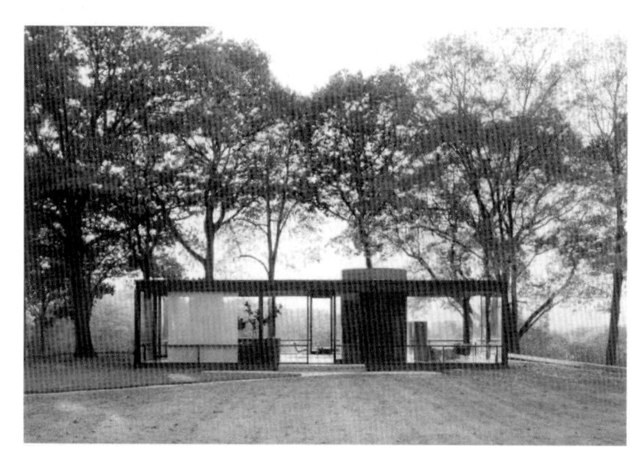

約翰遜住宅

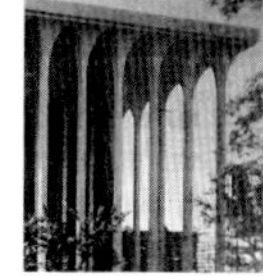

西北人壽保險公司

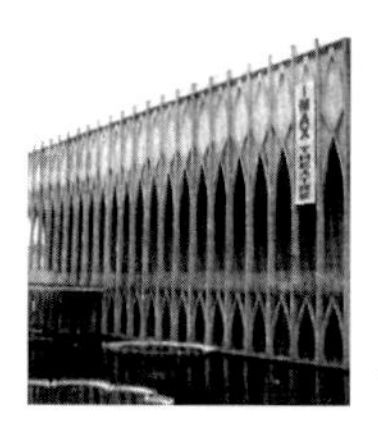

西雅圖展覽會聯邦科學館

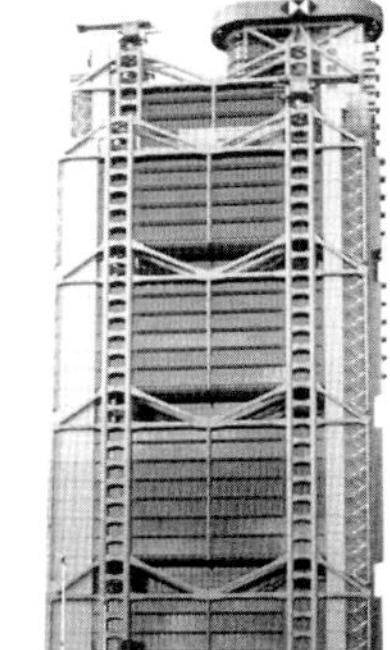
香港匯豐銀行

5. 高度工業技術傾向

稱"高技派"主張用最新的材料，在設計上強調系統設計和參數設計，"以謙虛的抱負來接近神秘的自然規律，順從它們並利用與支配它們，只有這樣才可以把它們的崇高與永恆的真理引導到為我們的有限條件與目的服務"(奈爾維)。其代表人物有諾曼·福斯特、理查特·羅傑斯等。

諾曼·福斯特 (Sir Norman Foster) 的作品：

- 羅納爾特配送中心
- 斯坦斯特德機場
- 香港匯豐銀行

理查德·羅傑斯 (Sir Richard Rogers)，以其傑出的蓬皮杜藝術中心和勞埃德大廈震驚全世界。

丹下健三 (Kenzo Tange) 的作品：

- 日本山梨縣文化館

羅納爾特配送中心
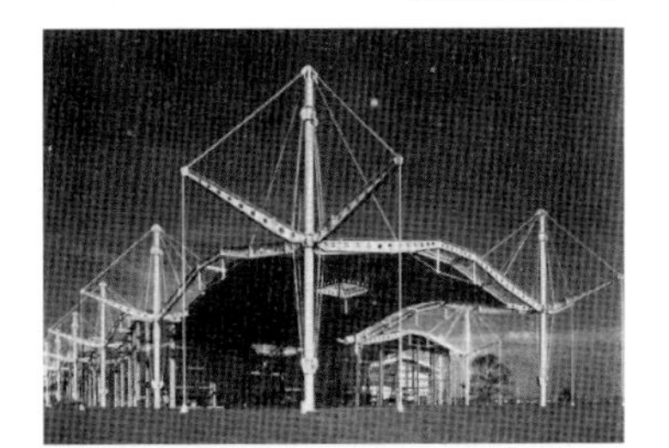

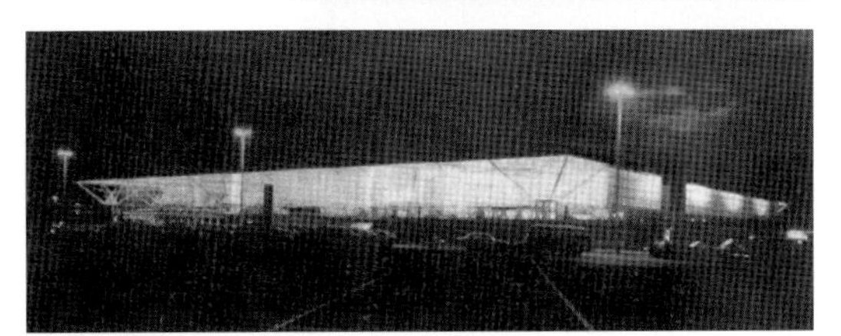
斯坦斯特德機場

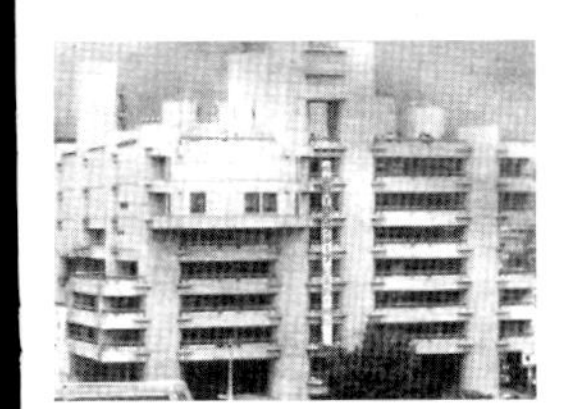
日本山梨縣文化館

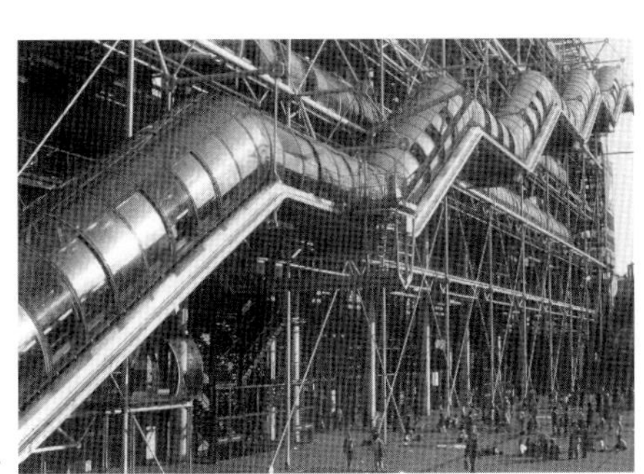
蓬皮杜藝術中心

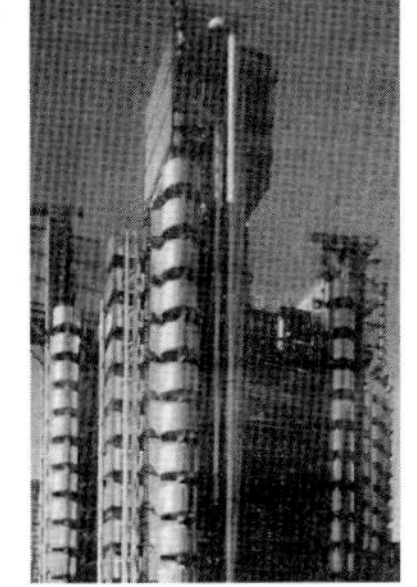
勞埃德大廈

6. 地方性，人情化

是戰後“現代建築”中比較搧情的傾向，既講技術，也講形式，同時在形式上又強調自己的特點。北歐的建築一向都比較樸素，總能平靜地接受外來的經驗，再結合自身的具體形式進行發展，於是形成了具北歐特點的“人情化”與地方性建築。其代表人物為芬蘭的阿爾托 (Alvaz Aalto)。代表作：

- 帕米歐肺病療養院
- 辛那市中心
- 珊納特賽羅鄉政廳

另外還有其它一些地區的地方性建築如丹下健三 (Kenzo Tange) 的日本香川縣廳舍等。

帕米歐肺病療養院

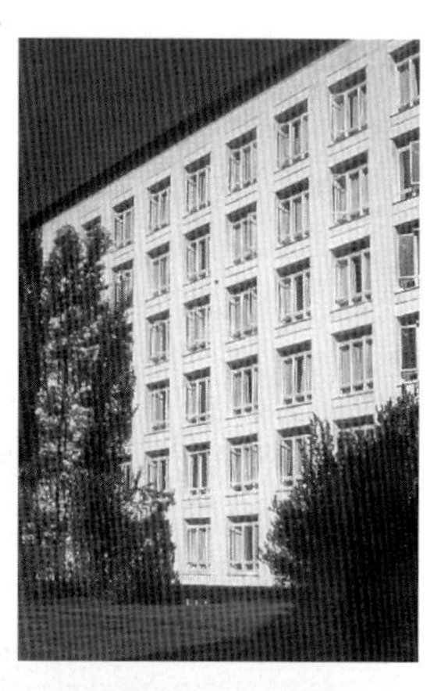

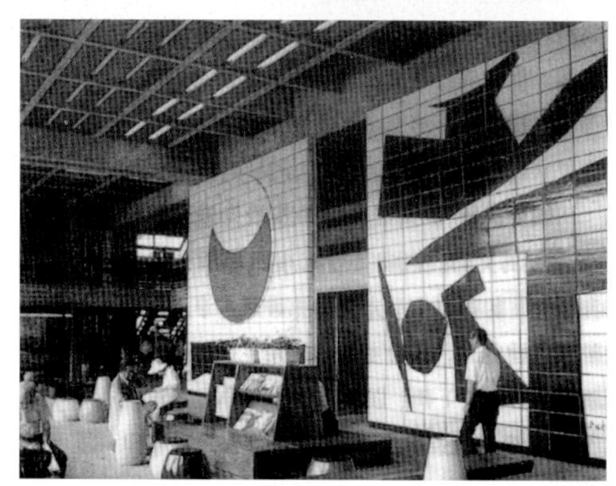

日本香川縣廳舍

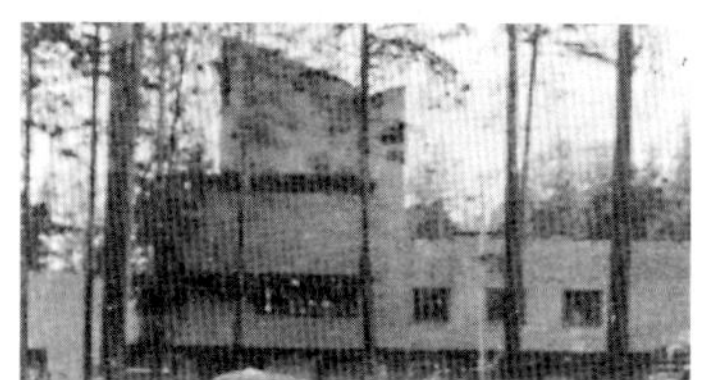

珊納特賽羅鄉政廳

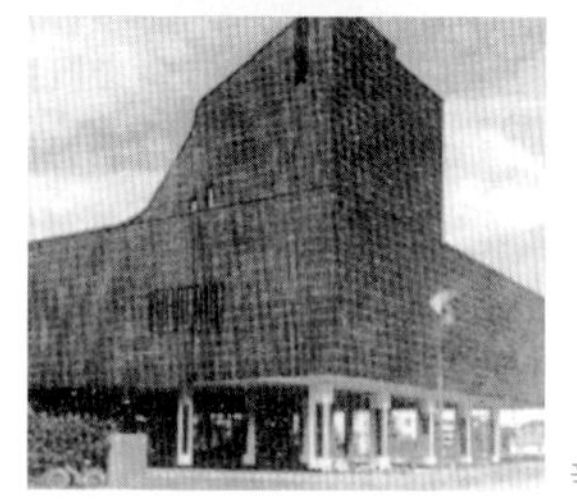

辛那市中心

13 後現代主義建築

現代建築的死亡

詹克斯明顯地劃定了現代建築的死亡時間。他說"現代建築，1972年7月15日下午3點22分於密蘇里州聖路易斯城死去。名聲很糟的帕魯伊特．伊戈(Pruitt-Igoe)居住區，或者說它的若干座板式建築由黃色炸藥給予慈悲的臨終一擊。在此之前，它們被其黑色居民所破壞、肢解和糟蹋，儘管成百萬美元被用來試圖使它們活下去(修損壞了的電梯、粉碎的窗戶，重新油漆)，最後還是"嘭嘭"幾聲使它們解脫了苦難。

而帕魯伊特．伊戈居住區是按最先進理想建成，1951年獲AIA的獎勵，它滿足着柯布西耶所稱的"陽光、空間和綠化"的都市生活方式的三種基本享受。這種過分簡化的從理性主義、行為主義和實用主義的想法，已被事實證明了不合理。

後現代建築的產生背景

20世紀上半葉，科學發明使技術滿足結構和功能方面的要求已不成問題，真正在理論界形成焦點的是建築的形式問題。以1923年柯布西耶在《走向新建築》中所宣告的"新精神"，和機器美學為靈魂的現代主義建築將過去的風格和傳統完全摒棄，代之以簡潔、抽象、無裝飾的風格，但是在與使用者達成對話和創造有生機的城市這兩方面遭到失敗和批評。1966年，文丘里的《建築的複雜性和矛盾性》重新將傳統因素引入建築，從而在繼承現代主義建築思想中合理的成分，立足於當代的同時，拓寬了建築的美學領域，使現代主義所中斷的整個歷史再次連續起來。

後現代主義理論——五本洋書

1. 文丘里《建築的複雜性和矛盾性》(Complexity and Contradition in Architecture)

他認為形式是最主要的問題，反映了後現代派對建築形式的理解和接受。

其理論要點：

● 尊重歷史傳統，但不是簡單復古，"多樣化象徵"和"關聯性"是其歷史主義精髓，在設計中通過"非傳統地運用傳統"和"非標準地運用標準化"，將歷史風格式樣以一種片斷的記憶形式融合於當前的文化環境中。

● 推崇多樣化，被人們所熟悉的象徵、在建築表面以敷貼手段表現的符號和裝飾，以豐富而含混的多種符號構成"裝飾的庇護所"，反對將建築雕塑化或變為單一符號本身的"鴨子"。

● 坦率地在建築中引入大眾文化和普普藝術的影響，將不同層次的功能與含義並置，藝術作品與其社會資源並置，從中得到複雜而矛盾的內在張力，並使之達到一種內在的平衡，從而賦予它藝術性，將日常生活中即興的、偶發的、非邏輯必然的事件提高到藝術的水平，並使它成為現實環境中不容忽視的一部分。

● 在城市設計中放棄文化先鋒，規定制定者的立場，減少設計的限定性，與巨構城市相比更推崇蔓延城市的"雜亂的生氣"，在建立一個高度富於想像力的精神設計時，最大限度地不觸動城市現狀。

在多元論時代，文丘里率先而敏感地成為後現代主義建築的一位突出代表，無論從理論還是從建築創作上來看，他都是建築歷史中顯赫一時並將名垂青史的大師級人物。他的貢獻除理論開拓外，還包括對建築語言元素的發展和手法的創新。

2. 詹克斯《後現代建築語言》(The Language of Post-Modern Architecture)

此文整理了許多實例，後現代建築重視歷史的前後繼承(文脈)，但不同於頑固的復古主義；後現代建築重視地方和民間的傳統詞彙，並將它們改造。

3. 沃爾夫《從包浩斯到現在》(From Bauhaus to our House)

4. 戈德伯格《後現代時期的建築設計——當代美國建築評論》

5. 詹克斯《什麼是後現代主義？》(What's Post-Modernism)

三次展覽的促進

1) 1980年威尼斯39屆藝術節上的建築展。以“表現過去”為主題，每一位建築師設計一片建築立面或臨時性建築，像舞台布景那樣布置成一條街。

2) 1984~1987年“後現代建築1960年~”國際巡迴展覽又湧現出一批新秀。例如安藤、波塔、包贊巴克。

3) 1987年西柏林國際建築展。

湧現出的六位明星（後現代的代表人物）

1. 文丘里（Robert Venturi, 生於1925年）

● 母親住宅 (My Mother's House)，1962

一反現代主義建築乾淨利落、規範統一的做法。運用傳統的坡頂，斷裂的山牆，小住宅而設計了個大門口（門上方的弧線有擴大門的尺度的效果）；勻稱的基本輪廓，毫無秩序的門窗安排，平面關係故意弄成偏斜，室內空間故意弄得複雜以反映生活的矛盾性。

● 普林斯頓大學胡應湘堂

沒有傳統坡屋頂，卻多出了許多傳統線腳和細部，既用了現代化窗，又用了半圓小窗，典型的中國石碑。

● 依仁諾住宅

正立面像古希臘神廟，側立面舵輪狀大窗，像海島上的船塢。

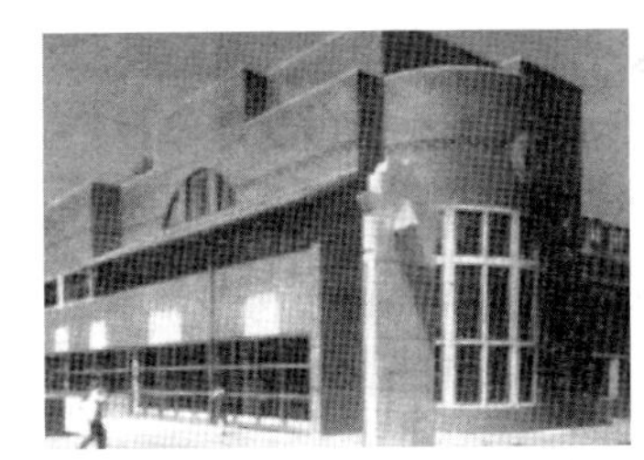

普林斯頓大學胡應湘堂外觀及正門

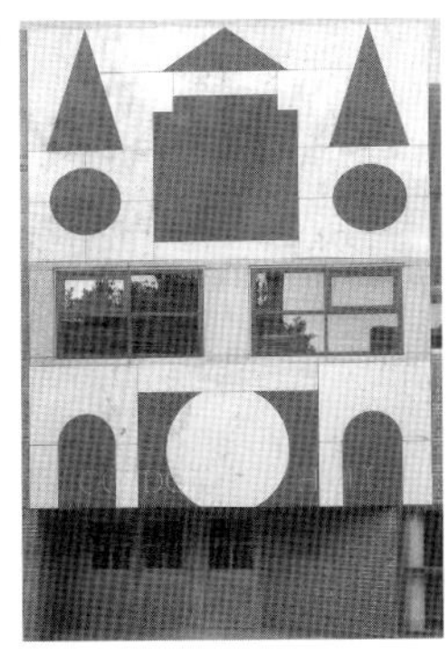

母親住宅

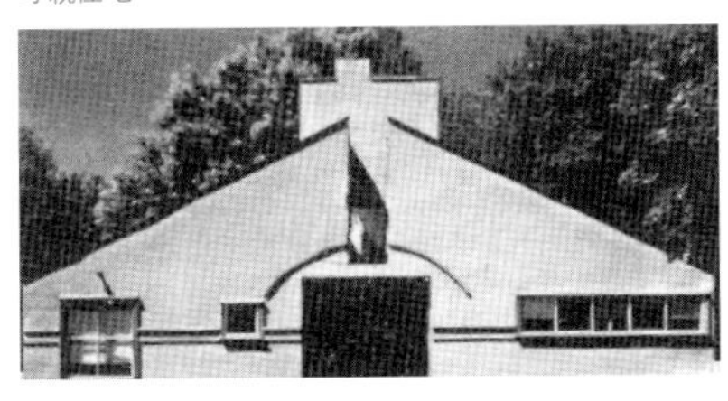

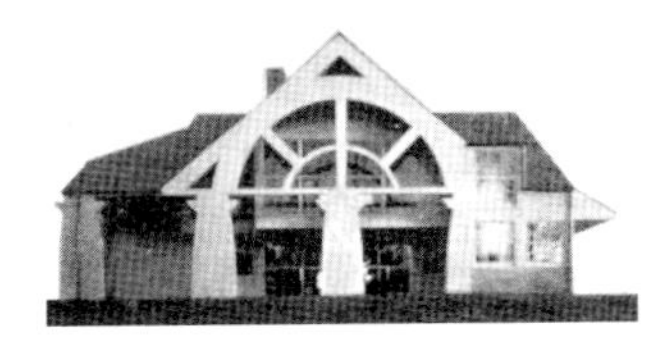

依仁諾住宅

2. 格雷夫斯(Michael Graves, 生於1934年)

● 波特蘭市政大廈

整個立面分三段，使它看起來很威嚴。古典式典型三段構圖，房頂上的小房子意在喚起人們對城市——鄉村的親切感；壁柱和拱心石，引起人們遐思；大膽的色彩和側牆上的帶飾，又保持着市俗趣味。

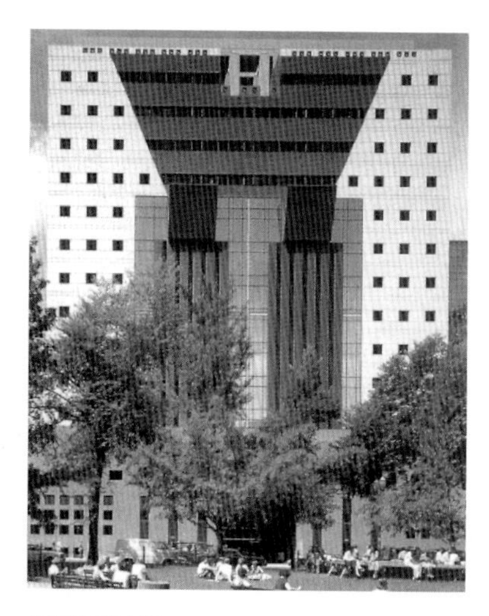

波特蘭市政大廈

3. 約翰遜(Philip Johnson, 生於1906年)

● 紐約美國電報電話公司總部

基座牆身，屋頂三段式構圖，底部開敞，採用開敞連續廊，頂部是巨大山花，帶有圓缺口是舊飾木鐘或者是櫥櫃頂部的飾物。如其自己所指出的，這幢摩天樓的頂部幾乎同18世紀的大座鐘一樣，下部是傳統的“柱林”，外面是文藝復興風格。

● 匹茨堡平板玻璃公司辦公樓

建築採用哥特式風格，主樓和配樓都帶有長而尖的頂，建築立面呈現褶皺狀，以四方形和三角形兩種斷面交替突出立面，使建築挺拔壯觀、實體化。

4. 霍萊因(生於1934年)

出生於維也納，畢業於美國加州大學。

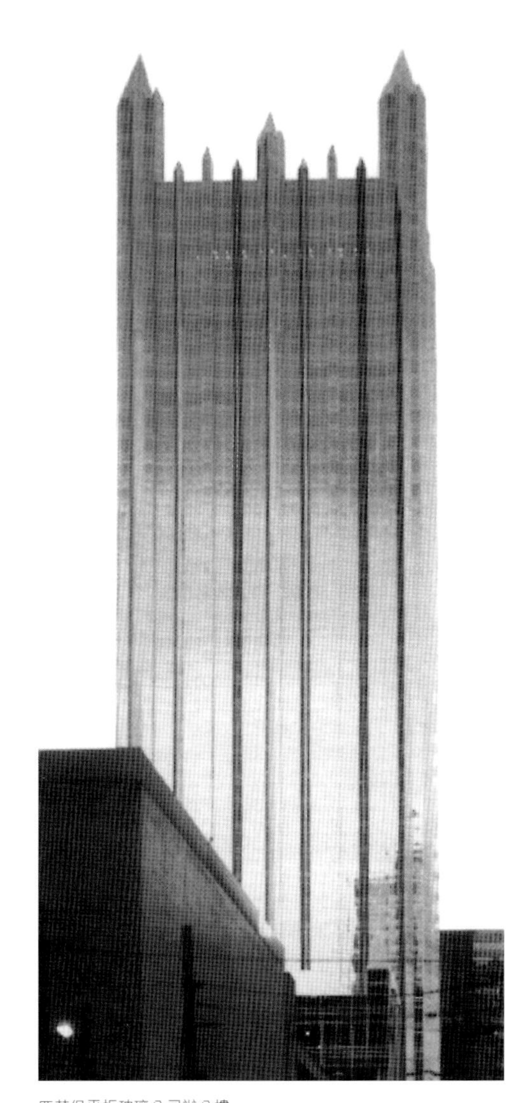

匹茨堡平板玻璃公司辦公樓

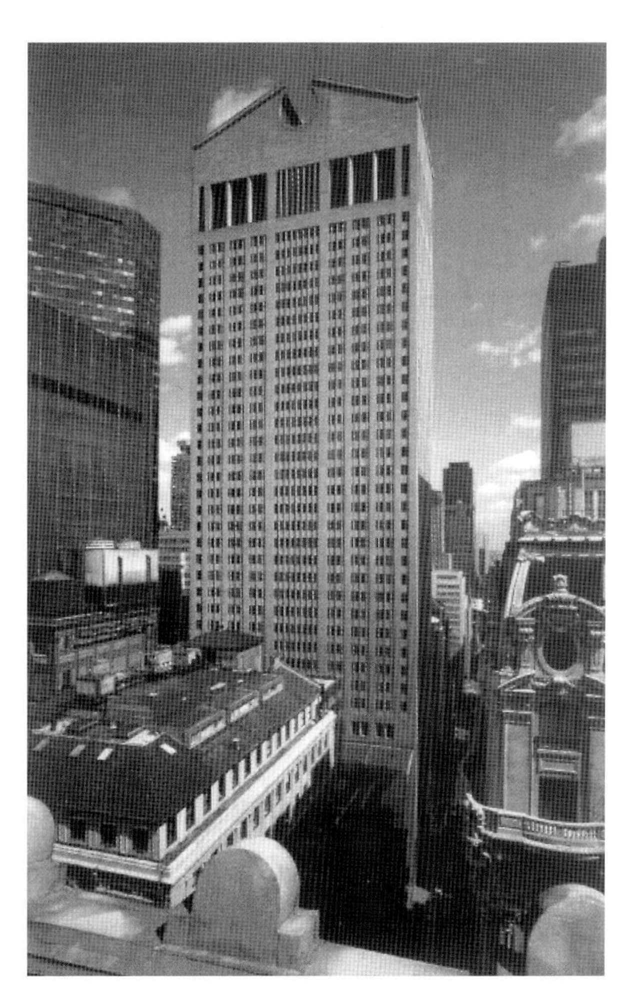

紐約美國電報電話公司總部

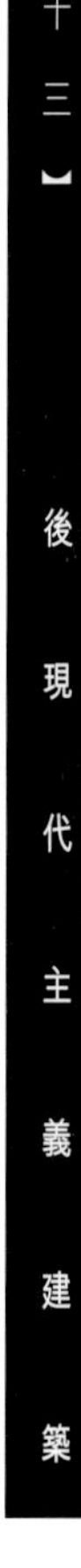

5. 磯崎新(Arata Isozaki, 生於1931年)

● 群馬縣近代美術館

跨在水池上的兩個立方體框架各自插埋入一個凹凸狀的支撐體上，且為逆轉並系，這是一對並列的陰陽體或是一具不完整的兩性體，一幅建築物的場景畫倒映在平鏡似的水池之上。

● 筑波中心大廈

廣場形式引用米開朗基羅設計的羅馬市政廣場的圖案，而且，將日本傳統庭園中某些手法引入空間，建築立面及內部設計也引用西方古典建築的細部的線腳。

● 洛杉磯現代藝術博物館

群馬縣近代美術館

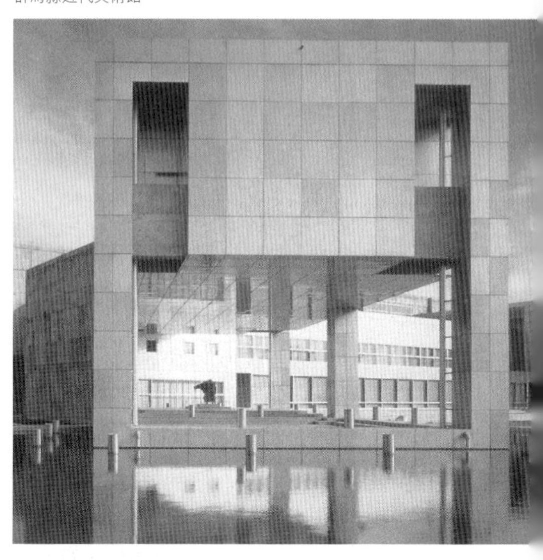

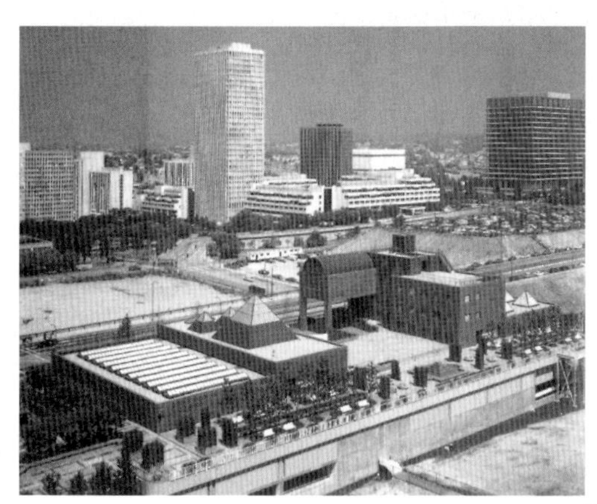

洛杉磯現代藝術博物館

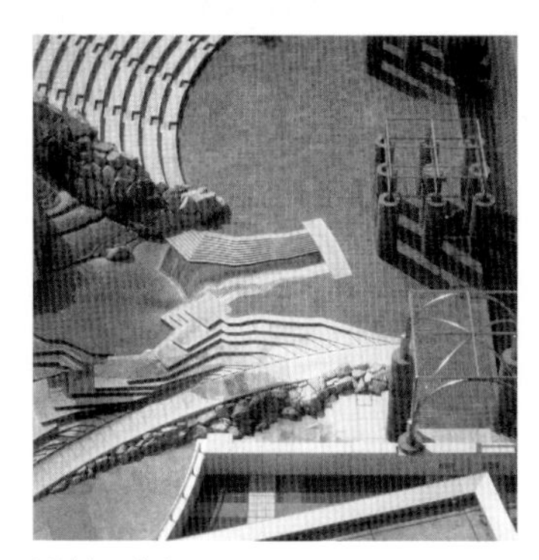

筑波中心大廈

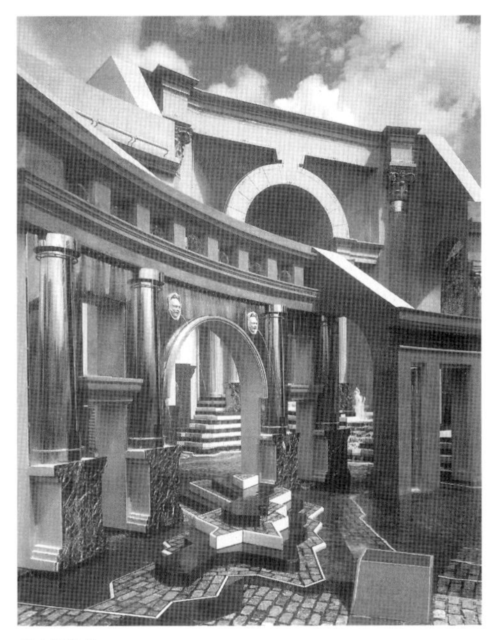
意大利廣場

6.摩爾（Charles Moore, 生於1925年）

● 意大利廣場

綜觀以上所列舉的建築，我們可以感覺到後現代主義建築的代表作品有以下幾個傾向：首先是復古主義，其次是裝飾主義，還有重地方特色和文脈的傾向。其創作態度則是嚴謹同時又有些玩世不恭。

文脈主義（Contextualism）、引喻主義(Allusionism)、裝飾主義 (Ornamentation)，是其創作的主要特徵。

同時，後現代主義也有其相關的哲學思潮。存在主義、法蘭克福學派、結構主義等是同時存在的哲學思潮，後現代主義是在現代主義基礎之上，其理論概括了多種創作途徑。在劃分建築流派時，建築師使用了其概括的某種特徵，但建築師自己也往往並不完全同意自己的作品便是後現代主義的作品。

14 解構主義建築

20世紀初，現代主義衝破千百年來積聚的建築藝術準則，提出了新的準則；20世紀中，後現代主義對早先的現代主義建築提出修正案；現在，解構主義建築又揭竿而起，否定一切經驗準則。其代表人物埃森曼(Peter Eisenman)說："解構的基本概念在於不相信先驗的真理，不相信形而上學的起源。"認為不存在是有條件的、先驗的好壞標準。那麼，何謂"解構主義建築呢"？這要先從它的哲學說起。

解構主義是當代西方哲學界興起的哲學學說，其與結構主義哲學有着微妙的淵源。法國哲學家德里達(Jacques Derrida)本是結構主義者，並曾被稱作"法國哲學家、結構主義的代表"。而正是他，通過對結構主義的猛烈攻擊從而開啟了一個"解構主義的時代"。而且，德里達的解構主義攻擊的不僅僅是20世紀前期的結構主義思想，甚至直接向柏拉圖以來整個歐洲理性主義的思想傳統宣戰。

德里達運用他的一套有關語言問題的理論，證明語言系統的能指與所指是脫節的、割裂的，所以語言本身是不確定的，不可靠的。語言本身沒有意義，既不能呈現人的思想感情，又不能描定現實，所以任何交流都是不充分的，不完全成功的，於是通過交流而得以保存和發展的知識也就變得行迹可疑了。

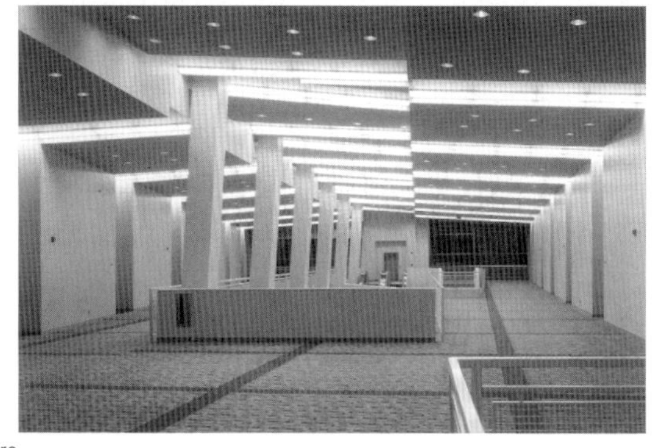

Greater Columbus Convention Centre
的室內，由埃森曼設計。

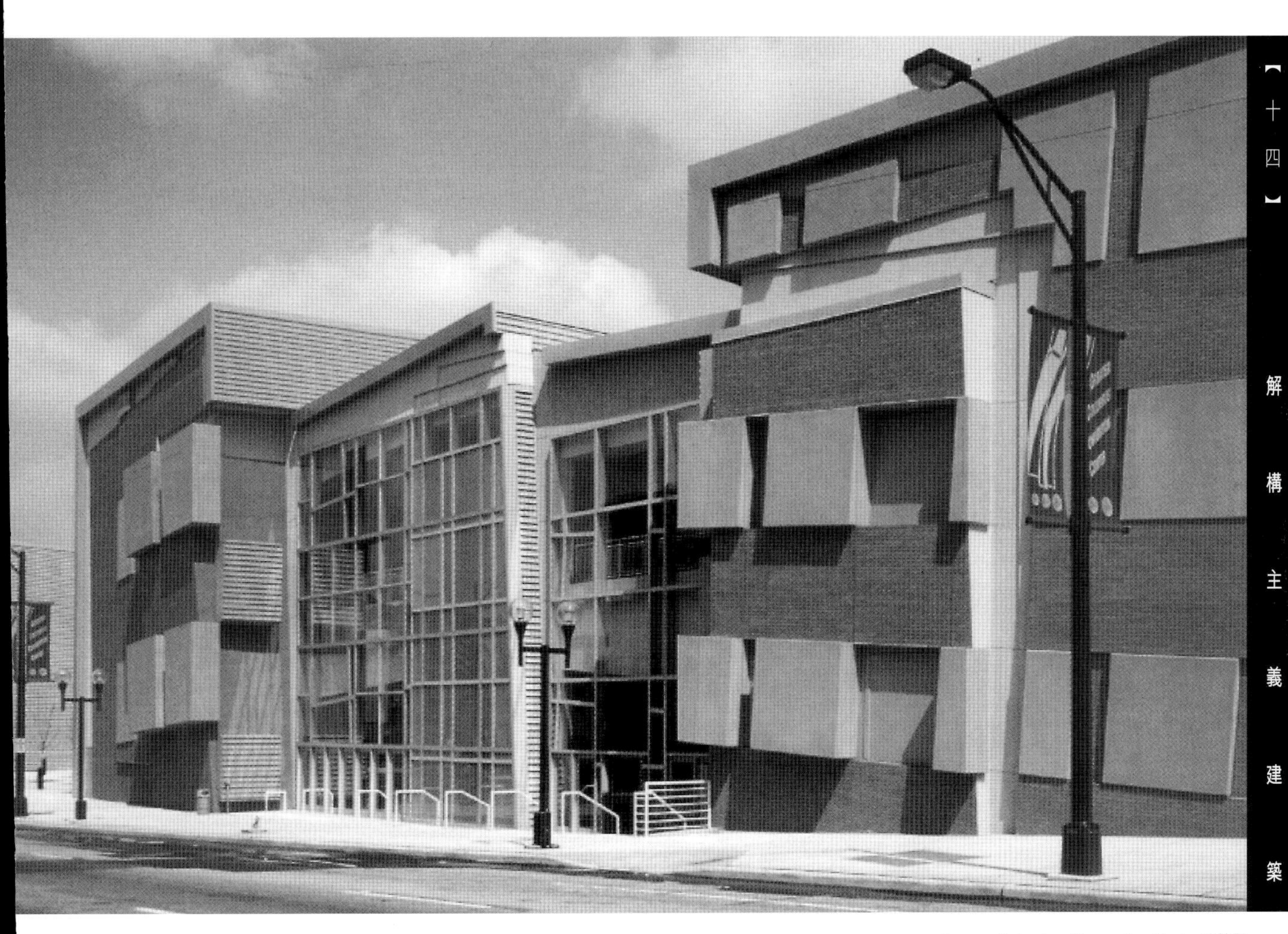

Greater Columbus Convention Centre的外觀

美國一位解構主義者形容解構主義者就像拆卸父親手錶並使之無法修復的壞孩子。

解構主義憑其巨大的抨擊力和啟發性席捲西方文化界的各個領域，當然還闖入了建築界的創作中。

1988年3月，在倫敦泰特美術館舉辦了一次關於解構主義的學術研討會。同年6月，紐約大都會現代美術館舉辦解構建築展，展出七名建築師或集體的10件作品。七位建築師分別是蓋里、庫爾哈斯、哈迪德、李白斯金、藍天組、屈米和埃森曼。這次展覽留給觀眾的印象是："那些模型都像是在搬運途中被損壞的東西"，"建築畫畫得好像從空中觀看出事火車的殘骸"。

自那次展覽會以來，公認的解構主義建築的代表人仍不太多，最聲名顯赫的還數埃森曼和屈米二人。

埃森曼儼然是一位高舉解構大旗的理論家和實踐家，而他卻把正牌解構建築師的範圍劃得很小，除了他自己也就屈米"沒準兒"還算一個。

埃森曼提出解構的基本概念包括取消體系、反體系、不相信先驗價值，能指與所指之間沒有

維拉特傢具博物館，由格瑞（Frank O. Gehry）設

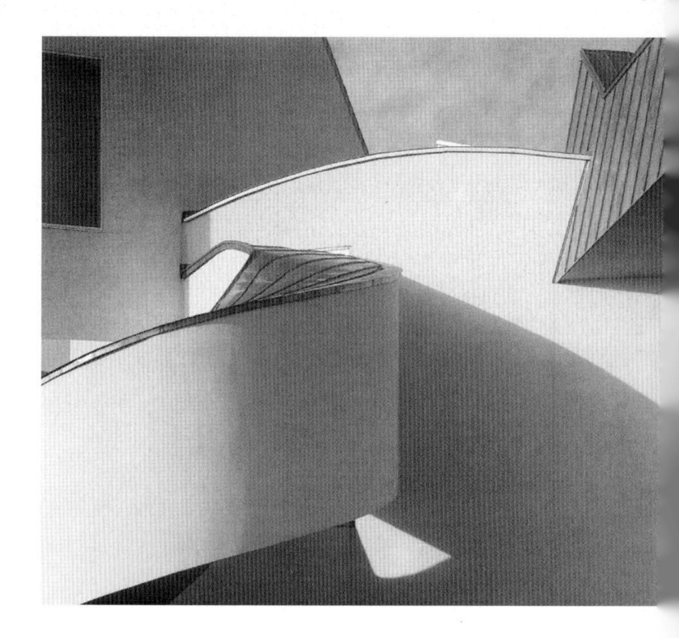

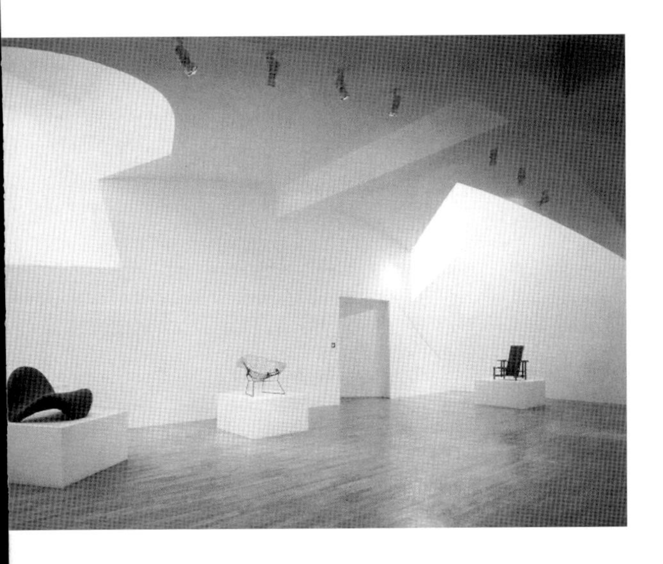

“一對一的對應關係”等等。那麼建築中什麼可以“消解”呢？

建築既具有物質屬性，又有精神藝術屬性。顯然，它的物質性方面是不能真的解構，且不說必須順應物理力學規律的結構萬萬解不得，即便是各種保溫、隔聲、裝飾、排水的種種材料就不能顛倒亂用。於是，熱心解構的建築師們只能繞開這些功能硬件的東西，而在一些富於彈性的功能上施展手腳，在空間富裕、金錢充足的條件下追求一些形式的解構。一句話，解構建築師解的不是房屋結構之“構”，實乃建築構圖之“構”。

現今，人們的物質生活水平提高，不慮溫飽，於是開始追求精神，顯然現代主義建築中“國際風格派”的方盒子建築是怎麼都看不順眼了，於是後現代主義出來憑“復古”，還以“人情”，漸漸“人情”化又成了普遍的形式，於是人們又開始追新獵奇，就有了解構主義的登台。它運用散亂、殘缺、突變、動勢、奇絕等各種手段創造建築形象，以迎合人們枯燥以久、渴望新鮮的口味，同時滿足人們日益高漲的對個性、自由的追求。為了領異標新，解構建築師們使出渾身解數，就像文藝復興後的巴洛克風格一樣，利用一切可能的發明來捕捉人的虔誠信心和摧毀他們的理解力。而實際上就如同後現代主義在未曾動搖現代主義的奠基上窮極發展而已，除了在形式上，解構主義和後現代主義都未曾真正革新現代主義建築，更無法與現代主義建築推翻千百年上承的古典建築的革命性相比。

就如同中國的木構建築發展至明清已達登峰造極之勢，其各種飾件繁而又繁，本來只充當構件作用的斗拱更是難以定級，其宮殿形式與唐宋相去甚遠，然而結構上一脈相承，根本未變。結構主義也無非是現代主義發展中的一個變體而已。本質依然，結構體系未變，建築主體材料未變，功能解決方式未變，唯形式相異而已。

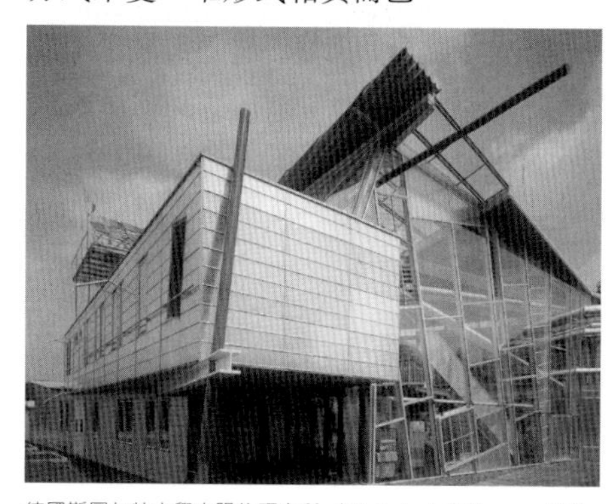

德國斯圖加特大學太陽能研究所，由Behnisch & Partners設計。

解構主義建築無非是建築的一種風格，有其產生的社會基礎，而絕不是隨德里達的結構主義哲學而誕生的，因其與德里達的結構主義哲學在宏觀是有相通之處，即反對和超越西方傳統文化主流，因延其稱謂。

解構主義建築忽視其理性，完全作為一種精神的追求，其必然需要經濟的支持，必須有富餘的財力和物力才能從事"解構創作"。解構建築有其獨特的審美價值，從形式上看可以找到與中國草書藝術相通之處，兩者同為視覺藝術，同樣，解構建築要做好也要有功力、有章法、有素養，並非隨便"解構"即成的。

解構建築無論被其建築師怎麼說得玄而又玄，也只是建築創作的一種風格，同樣是建築園中似錦繁花中的一種，就像有人愛方，有人愛圓，解構建築也必然有其成長的土壤。不管怎麼說，解構主義建築的出現豐富了建築園中的種類，也為我們的物質文化生活中添入了一道富麗的風景。

15 中國古代建築師及其意匠

愛迪生說過："天才是百分之九十九的勤奮加上百分之一的聰明"。歷史上不存在天才的建築師。著名建築師的榮譽總是和他勤勞、刻苦相伴的。

在中國古代，建築師屬於"匠人"，生活在社會的底層。他們雖然創造出優美的建築，但由於受到封建社會不允許匠人在其作品上留名的限制，他們的名字不能流傳於世。史書上有記載的也僅僅是幾位宮廷匠作師。

中國古代著名建築師

魯班

魯班是我們家喻戶曉的中國古代著名工匠，著名建築工程家，被建築工匠們稱為祖師。魯班，名字為公輸班、班輸等。因是春秋時期魯國人，故稱為魯班。魯班的名字散記於先秦諸子論述中，被譽為魯之巧人。《墨子》載公輸班"為楚造雲梯之械"能"能木為鵲、成而飛之。"王充的《論衡》說他能造木人木馬。

李春

隋代著名的工匠李春，勇敢地在趙州橋上刻下了他的名字，使他留名千古。他所建造的趙州橋，造型奇特、堅固耐用，現在仍為當地的交通提供方便。

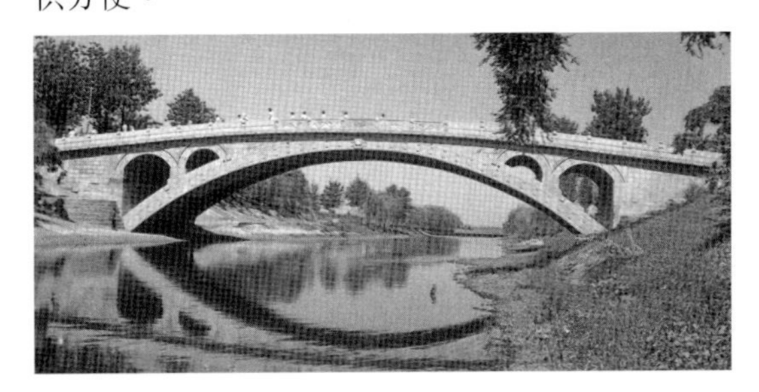

安濟橋（又稱趙州橋）

閻立德

閻立德是史書上載有的官職最高、地位最顯赫的一位工匠。他生於工程世家，其父閻毗在隋代領將作少監，曾主持修築長城。閻立德從唐太宗武德年間由尚衣奉御到工部尚書，進封為公，死後又追贈吏部尚書、并州都督。曾建造過唐高祖山陵。晚年主持修築唐長安城外廓和城樓。閻立德崇尚樸素，他主持修建的玉華宮因山而造，除正殿有瓦外，餘以茅草為頂。在唐代宮殿建築中別具一格。

閻立德對工藝和繪畫也造詣很深，當時帝后用的袞冕服飾等物都由他主持設計、製作。他的繪畫以人物、樹木和禽獸見長，與弟閻立本同為著名畫家。

喻皓

相信很多人都聽說過這樣一個故事：在北宋期間，有一工匠在汴梁（今開封）主持修建開寶寺木塔。因為汴梁地處平原，多西北風，於是工匠在建造塔時就使塔身向西北傾斜，以抵抗主要的風力。這位工匠叫喻皓，又作預浩、俞浩，是五代吳越國西府（今杭州）人，擅長造塔。喻皓對木構架受力情況和加強整體剛度的概念有深刻理解，曾著有《木經》三卷，是中國古代重要的建築學專著，在《營造法式》成本之前，曾被木工奉為圭臬，可惜已經失傳，反在沈括《夢溪筆談》中略見梗概。

李誡

李誡字明仲，是北宋時期建築專家，鄭州管城縣人（今河南鄭州）。李誡官至總監，總管宋朝將作監事務。宋將作監隸屬工部，掌管宮室、城廓、橋樑等營繕事務。凡屬重要工程的規劃、施工、預算、驗收等，都將由將作監總管，李誡在將作監任職13年，經營修建或重建的工程有五王邸、辟雍尚書省、龍德宮、棣華宅、朱雀門、景龍門、九成殿、開封府廨太廟、欽慈太后佛寺等。

紹聖四年（1097年）李誡受令重編《營造法式》，於崇寧二年（1063年）刊印頒發，流傳至今成為研究中國古代建築的重要參考書。

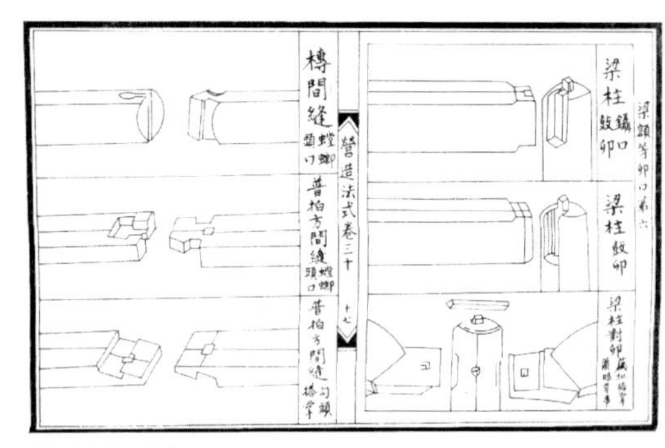

《營造法式》（宋）

圓明園

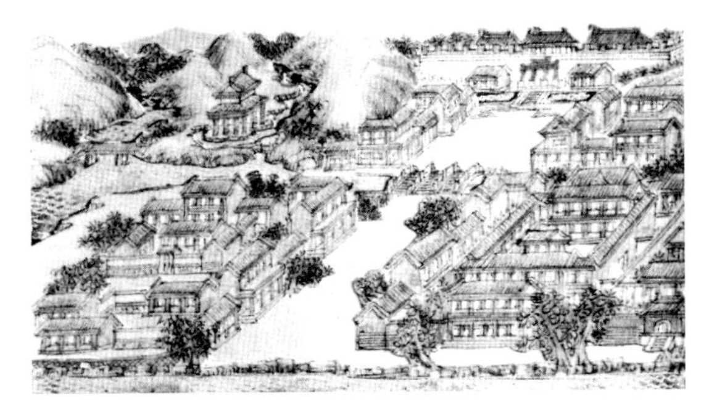

以土木結構為主體的中國古建築從形象上與歐洲磚石建築比較，似不如後者高峻雄偉、氣勢軒昂，但卻有一種獨到的東方氣勢，工藝巧妙，構造合理，表現一種技藝之美。這些技藝的某些方面在當時世界範圍內可能居於領先地位，而這些成就卻是默默無聞，連姓名都沒有留下來的民間匠師創造出來的。相比今日的留名特級建築師，他們的名字，只有在偷偷刻在橋墩上才有可考。（注：指隋李春偷刻名字於橋墩之事。）

“樣式雷”

“樣式雷”，是中國清代宮廷建築匠師家庭，始祖雷發達於康熙初年參與修建宮殿工程。被“敕封”為工部營造所長班、有“上有魯班、下有長班”之說。其子雷金玉繼承父業，提任圓明園楠木樣式房掌案。到清代末年，雷氏家族有六代人都在樣式房掌案，負責過故宮、三海、圓明園、熙和園、靜宜園（香山）、承德避暑山莊、清東陵和西陵等重要工程的修建，同行稱此家族為“樣式雷”。

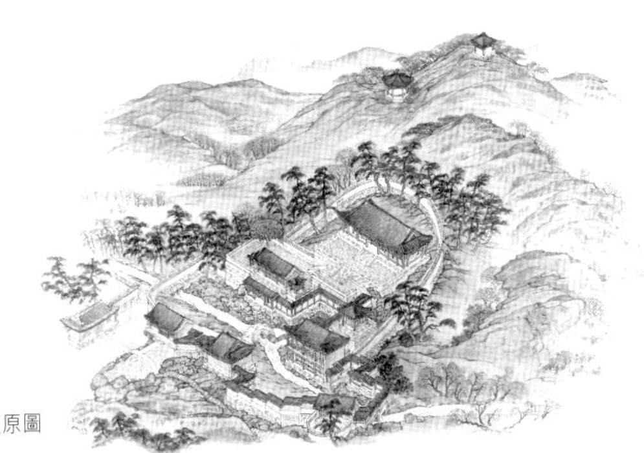

清代承德避暑山莊復原圖

戰國木構榫卯圖

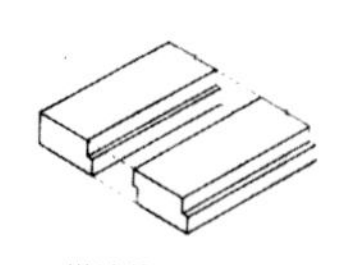
搭邊榫（湖南長沙出土）

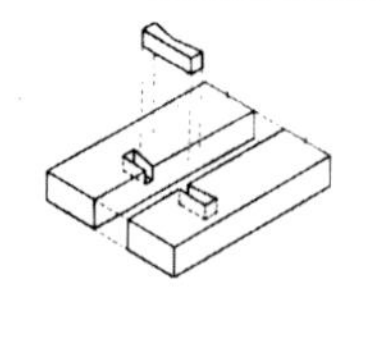
細腰嵌榫（河南信陽出土）

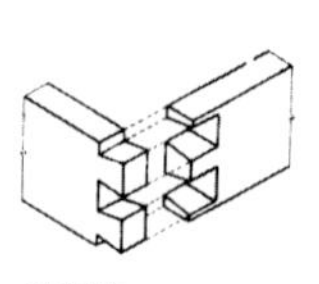
燕尾榫（湖南長沙出土）

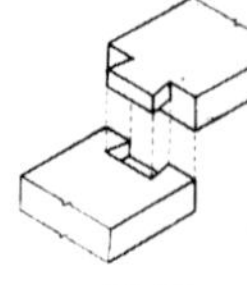
燕尾榫（湖南

中國古建築的意匠

1. 結構技藝

早在6,000年前，處於石器建造房屋時代發明的榫卯構造搭接構架。戰國時代，大量出土的物品證明，當時木工應用扣榫、透榫、割肩透榫、燕尾榫、企口板、壓口縫以及燕尾銷等一系列木構結合形式去製造木器及建築裝修。我國木構架體系很早就形成樑柱式與穿斗式兩種基本形式。並敷演出多種變體，同時在橋樑木構架上創造了懸臂橋，以及疊樑式拱橋，用較短的木材解決大跨度結構問題。

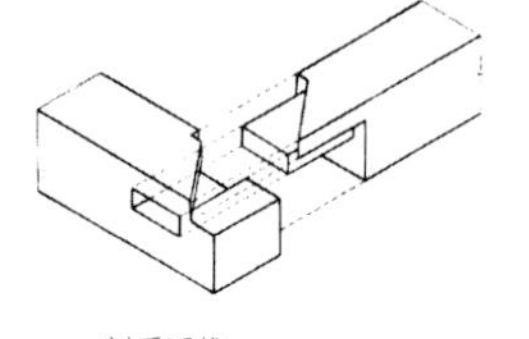
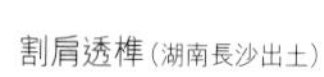
割肩透榫（湖南長沙出土）

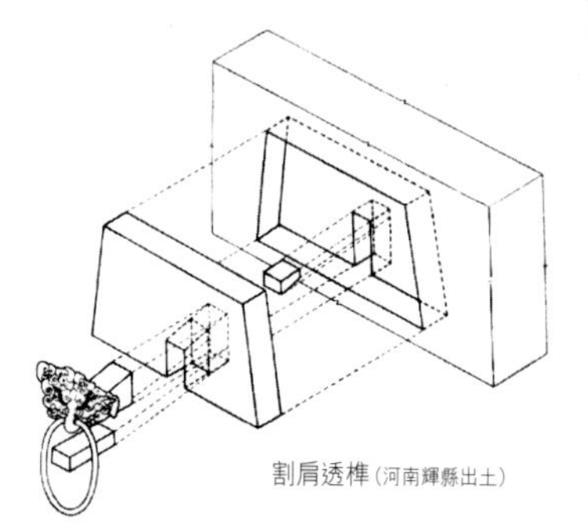
割肩透榫（河南輝縣出土）

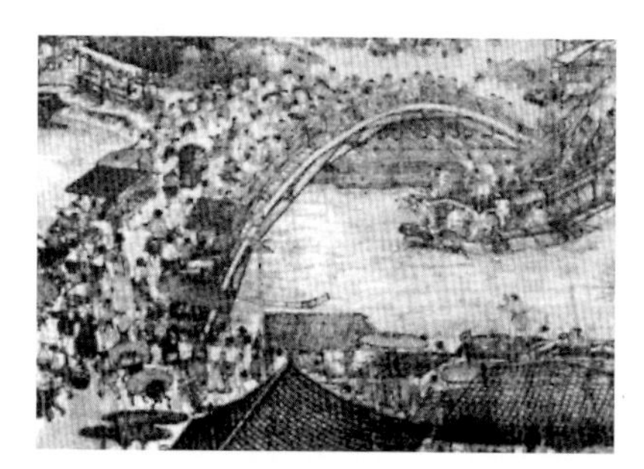
宋畫《清明上河圖》中東京虹橋

這種疊樑橋在宋人張擇端所作《清明上河圖》中可看到其形象。

2. 地基基礎

一些大建築物或佛像地基中使用了樁基。

泉州宋代洛陽橋基礎工程，工匠們先在沿橋基鋪滿石塊，然後培殖牡蠣，三年以後牡蠣的蠣房硬殼將石塊膠結在一起，形成一條橫跨河床的整體的筏式基礎，在其上建橋墩、橋面，形成大橋。這種構思已超過一般工程學概念，而將生物學引入工程界，若冠以現代化的名字應該叫"工程生物學"。

3. 供水設計

殷墟遺址中曾發掘出不少下水管道，可以證明公元前11世紀居住區內即有排水設施。戰國時期，盛行的台榭都具有良好的排水設施。秦咸陽宮遺址內還發現一間作為浴室使用的房間，有漏斗形的集水器以及曲折的排水管道。

4. 起重設備

我國很早就發明了桔槔作為簡單的起重工具，直至明清時期大木施工上起吊重物仍在應用，稱為打秤桿，即利用槓桿兩端力臂不同的原理可以小力產生大力，吊起重物。古代同時也發明了滑輪與絞盤作為主要起吊工具，但遇到巨型構件或特殊施工情況，則需臨場工匠們的巧思。

例如：福建漳州虎渡橋建於宋代，是一座多跨樑式石橋，在橋墩之間架設三根石樑作為橋面，最大一根石樑長23.7米，高1.35米，寬1.32米，自重達120噸。這種巨型的構件如何架在橋墩上，而沒有現代的起重設備，一直成為不解之謎。據當地古老傳說，認為該橋石樑架設是用水浮之法，即石樑架於木船上，運至橋墩之間，利用水面漲潮之際，船體上浮，將石樑架於橋墩之上，但施工細節尚不可知。

《宋史．方技傳》中有一段記載宋代僧人懷丙以船起重之事，記載稱河中府有一座浮橋，兩端用八隻鐵牛繫纜繩，每一條鐵牛數萬斤，有一年河水暴漲，浮橋中斷，並將鐵牛牽入河中無法運出來。懷丙命人以兩隻大船裝滿了土，駛到鐵牛陷落處，兩船間架以木樑，樑上繫以繩索將鐵牛拉住。然後逐漸除去船上之土，船體上浮便將鐵牛托運出來。這是利用水浮力的例子，下面再看一個力學的例子。

唐代《國史補》記載蘇州重元寺有一座樓閣，它的一部分忽然歪閃傾斜，若要將它扶正需組織複雜的起重措施，花錢甚多，有一遊方僧人說，不用費如此大的事，他一人即可扶正。每天他帶許多木楔登上樓閣，在不同部位的樑柱間敲入木楔，逐漸糾正傾斜之處，不出一個月，整座樓閣挺立如初。他的辦法實際上是利用擠壓原理，積小成大扶正房屋。現在一般木製門窗框扇假如下垂走閃，只需在榫卯處敲入木榫就可調整方正，其理一致。以小力換大力之法。比有利用土功之法，便如北京大鐘寺的大鐘是如何掛在鐘架上的？有一種說法就是先在基地上堆土成丘，上立銅鐘，圍繞銅鐘設鐘架，將鐘紐掛在鐘架上，然後去土，銅鐘自然懸於鐘架之上。以上數例，說明古代工匠非常熟悉知功原則，以時間、距離、自然之力，解決無法力及之事。

5. 運輸

封建社會多用人力，因而勞動異常艱苦。熟知的孟姜女哭長城，即可說明手提肩扛之苦。

利用水運是水網地區、河湖沿岸的常用方法。

金代張中彥拖運新造大船下水事例也是運輸工程的一樁巧思。因船體巨大，拖曳不易，張中彥命工匠先將船體至河流間的一段地勢修理平整，並有一定坡度，然後將新割的秫秸密鋪於地上，兩旁又用巨大木材作為限制，以免船體滑行改變方向。次日清晨，秫秸上已經結了一層薄霜，此時命眾人拉拽船體，便很易拉船入河中。

6. 統籌計算

《左傳》記載春秋時楚國令尹艾獵要建造一座沂城，命主管城建的“封人”來籌措此事。封人為築城事先籌備資金，整理好夯土用的器具——板干，準備了挖土方的工具，計算了土方量以及土方運距的遠近，平整了基址，準備口糧並請主管部門作了各種計算，然後開工，僅用30天就完成了任務。這記載說明早在公元前5世紀建築施工已經具備了一整套的管理方法，統籌兼顧各個施工環節，力求快速低價完成施工任務。古代施工管理工作的範例歷代皆有。

《夢溪筆談》中介紹“一舉而三役濟”的做法可謂運籌學用於工程的優秀實例。

宋大中祥符年間，汴梁城宮殿失火，由丁謂主持修復，卻苦於取土困難。丁謂決定城內大街挖開，就近取土用於土建工程，大街挖成溝塹，直通汴河，放河水入塹形成溝道，引各處來的竹木排筏及運輸雜用建築材料的船隻沿溝塹運抵宮門，將雜物填充於溝塹，又恢復土街。

明朝末年曾經出現一位傑出的建築經濟家，他即為了歷年間土部郎中賀盛瑞，在統籌施工，防止弊端做過很多改革。他的經濟管理才能集中地反映在修復乾清、坤寧兩宮工程上，他除了反對請託，杜絕鑽營肥缺，嚴格控制辦事機構外，更主要是完善了各項施工管理制度，重視經濟核算。

例如工程用車由官府承造，交民戶使用，分五年從運費中扣回車價，這項車價僅佔民戶每年運費的5%，完全可負擔，公私兩利。

工程甚大，他將整個工程劃分為若干工區，各設司官及內官二人負責，規定了明確的賞罰制度。因此，各工區官吏之間彼此競賽，人人進取，避免了推諉、觀望、互相掣肘的弊病。他還制定了工程預算的會估制度，即在工程開始之前，由工部堂上官員(代表施工一方)、科道官(代表財務監督一方)及內監官(代表宮廷即業主一方)三方參照近例共同議定該項工程所有物料、錢糧，一經題定，日後不得隨意加添，堵塞隨意要價中飽私囊的漏洞。在付酬方面，他提出"論功不論匠"的原則，改變了按人頭發放工錢的慣例，不論工匠多少人，而按其完成工程量的實際成效發放工錢。這個辦法不但提高了功效，而且杜絕了有名無人，有人無功，由工頭冒吃空額的弊端。

綜觀歷代能工巧匠，他們所以在建築上有突出貢獻，其主要特點是深入實際，面向社會，不尚空談，不避矛盾，解決實際，積累了多方面的科學知識及社會經驗。

16 西方建築大師：古典與現代

與中國的情況正好相反，在外國，建築師與畫家、雕刻家一樣，受到人們的尊敬，是社會的名流。外國古代的建築師因此被各美術學院所吸收、接納，並和他的名作一起成為外國文明的一部分，為廣大民眾所懷念。

早在羅馬時期，就出現了系統介紹建築學、城市建設方面的專業書籍——《建築十書》。其作者維特魯威（Vitruuious）是公元前1世紀人，曾是羅馬執政官凱撒的軍事工程師。曾經建造過羅馬城的供水工程和法諾城的一所巴西利卡。

自文藝復興以後，歐洲建築學發展迅速，巨匠輩出，主要代表人物有以下幾位：

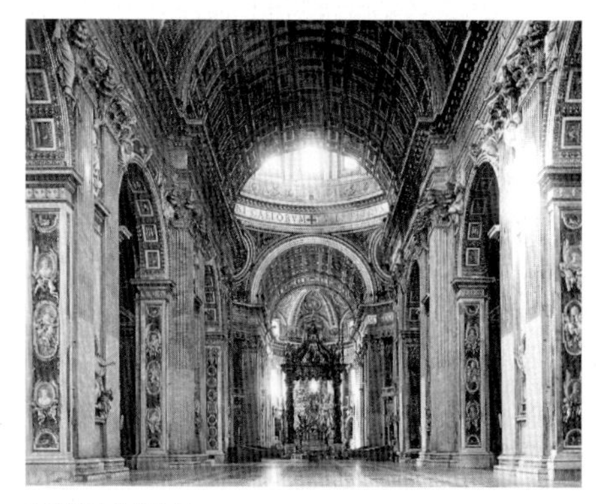

聖彼德大教堂內景

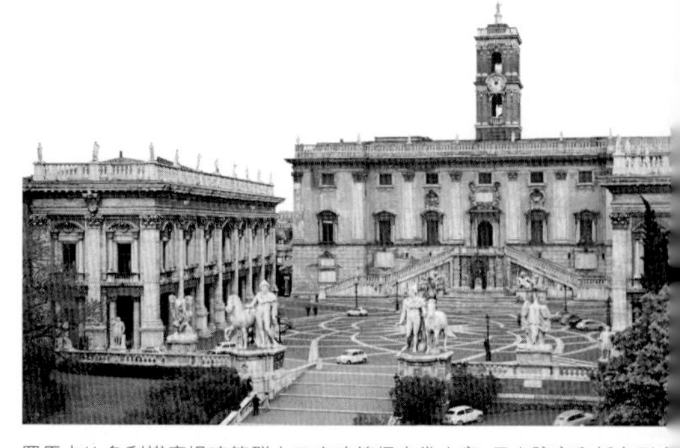

羅馬卡比多利諾廣場建築群由三座建築保守黨人宮、元老院宮和新宮形成梯形三合院。廣場地面以褐色為底色鑲入白色橢圓形放射狀圖案

米開朗基羅（*Michelangelo Buonarroti, 1475~1564*）

他不僅是著名的建築家，還是雕刻家、畫家和詩人。他的建築作品不多，但都富有創造性，成就很高，傾向於把建築當雕塑看待。米開朗基羅愛用深深的壁龕、突出很多線腳和小山花，貼牆作四分之三圓柱或半圓柱。喜好雄偉的巨柱式，多用圓雕作裝飾，強調體積感。代表作有：羅馬的卡比多利諾廣場建築群和聖彼德大教堂前的廣場（由一個梯形和一長圓形廣場複合而成，是巴洛克式廣場代表）、聖壇部分和穹頂。

米開朗基羅善於把雕刻同建築結合起來，其建築層次豐富、立體感強、光影效果變化劇烈，風格剛勁有力，洋溢着英雄主義精神。他是風格主義的開創者。

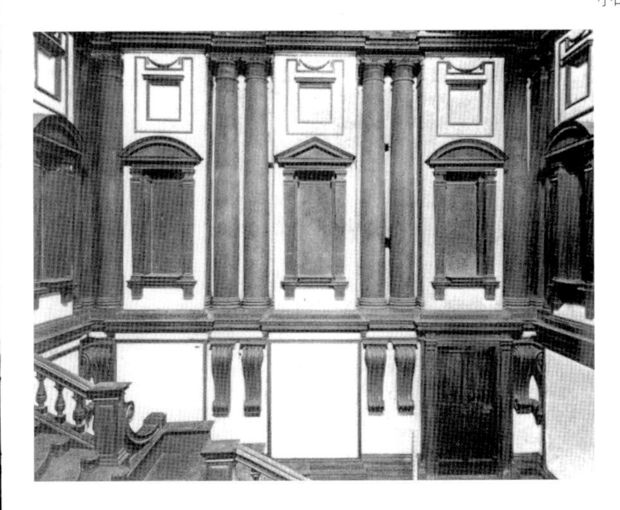

米開朗基羅愛用深深的壁龕、突出很多線腳和小山花，貼牆作四分之三圓柱或半圓柱。

阿爾伯蒂（*Leon Battisa Alberti, 1404~1472*）

他是把理論和實踐相結合的一位建築師，其名著《論建築》是文藝復興時期第一部完整的建築理論著作。它的出版推動了文藝復興建築的發展。

阿爾伯蒂思想活躍，他的建築作品既有仿古的，也有大膽革新的，代表作有曼圖亞的聖安德烈教堂等。

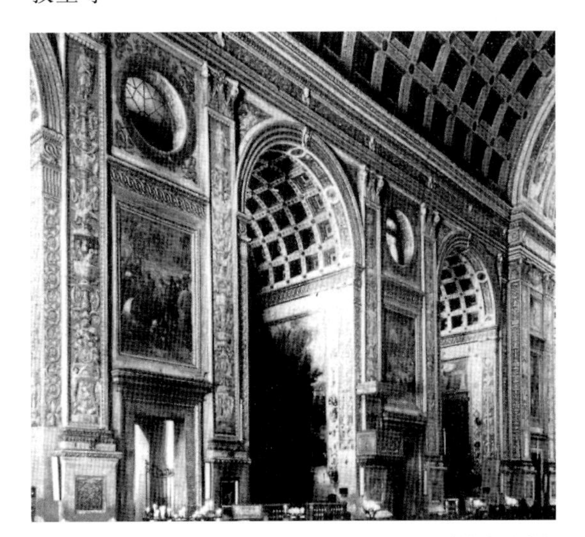

聖安德烈教堂內部

聖安德烈教堂外觀

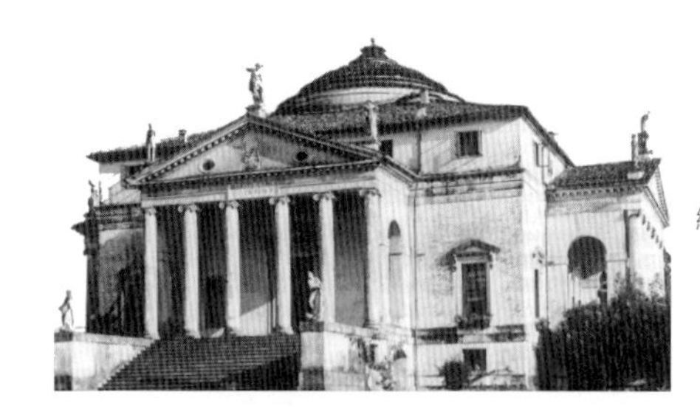
維琴察郊外的圓廳別墅

帕拉蒂奧 *(Andrea Palladio, 1508~1580)*

著名的建築理論家，建築師，生於帕多瓦，在維琴察當過泥瓦匠。他熟悉古羅馬的建築，在復興古羅馬建築對稱布局和諧比例方面做出貢獻。他是意大利晚期文藝復興的主要建築師，其代表作之一的維琴察的巴西利卡圖，由於處理手法巧妙，被稱為帕拉蒂奧母題。他的代表作還有維琴察郊外的圓廳別墅。

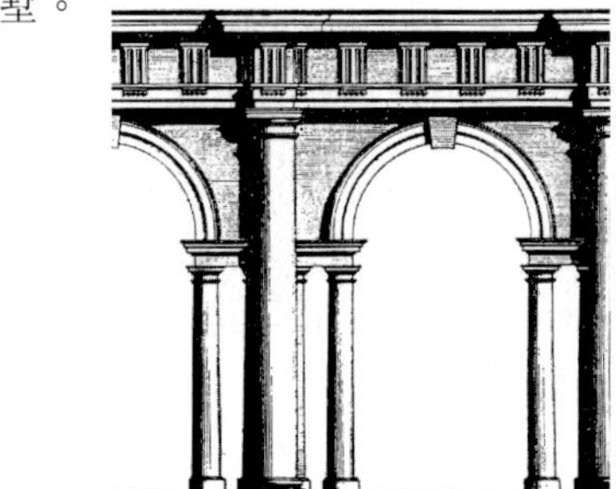
帕拉蒂奧式母題

在文藝復興時期，法國的路易十四在巴黎設立了皇家藝術學院，分設繪畫、雕像和舞蹈音樂學院，於1671年更設立了建築學院，這是最早的建築學院。但其培養的建築師只為宮廷服務，成為推廣古典主義的大本營，後這個學院解散。1816年，擴充調整後，改為巴黎美術學院 (Ecole des Beaux-Arts)，它是19世紀內整個歐洲和美洲各國藝術和建築創作的領袖，是傳播折衷主義的中心。

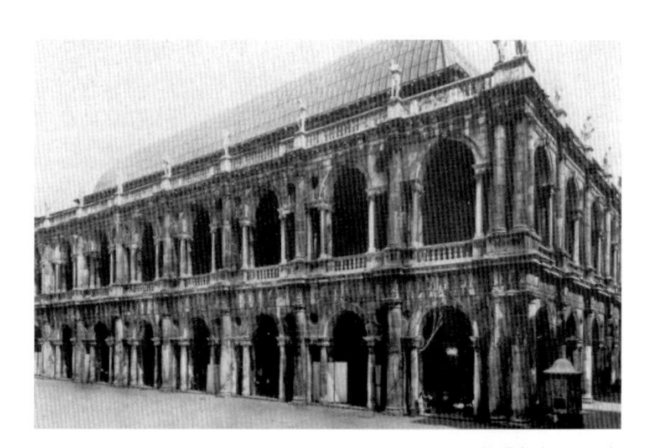
維琴察的巴西利卡

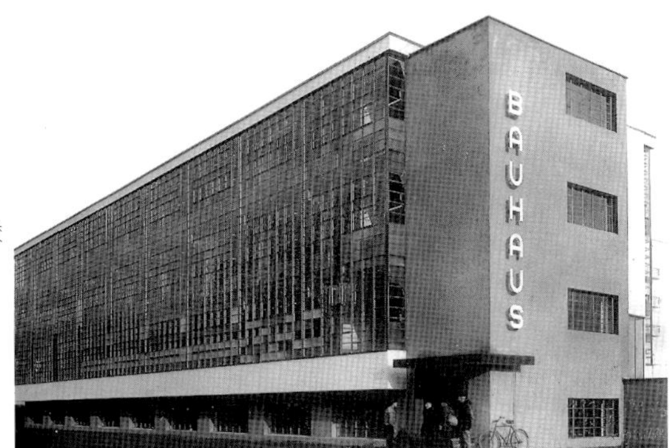

包浩斯學校

華爾特·格羅皮烏斯

(Walter Gropius, 1883~1969)

1883年生於德國柏林，青年時期在柏林和慕尼黑等地學習建築，後在柏林著名建築師勞倫斯的事務所工作過。1934年入英國籍，1937年入美國籍。格羅皮烏斯是20世紀公認的建築革新家，他主張建築設計要充分利用新材料、新結構和新技術。他把建築設計工作從遵從宗教和行政長官意志轉向了尊重科學，尊重民眾，並使建築的大規模工業化生產成為現實，被公認為現代建築運動的奠基者和領導人。

1911年，他設計了德國法古斯工廠，坐落於德國中部的爾弗萊德鎮，被稱為第一次世界大戰前最先進的建築。法古斯工廠採用現代建築形式，在外面轉角處，不用牆體而用玻璃，創造出輕靈、明淨、空透的建築形象。

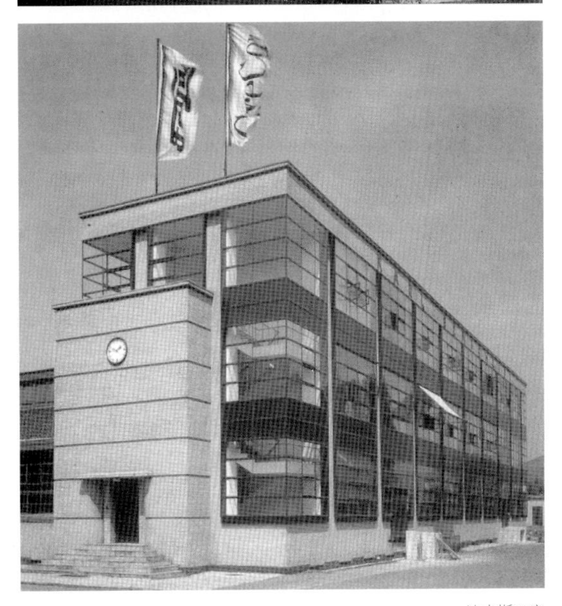
法古斯工廠

第一次世界大戰之後，格羅皮烏斯繼承了德國人把工業與藝術相結合的思想傳統，於1919年在德國魏瑪成立了包浩斯設計學院，並自任校長。1925年包浩斯從魏瑪遷到德紹，格羅皮烏斯為它設計了一座新校舍。該建築以功能為出發點，功能決定形式，大膽採取了靈活的、不規則的構圖手法，標誌着建築由非自由空間向自由空間的轉化，是現代建築空間設計的一個里程碑。1928年，格羅皮烏斯離開了包浩斯，1933年，校舍遭到德國保守派的封禁。

後來格羅皮烏斯來到英國，主要從事居住建築、城市建設和建築工業化問題的研究工作。1937年，54歲的格羅皮烏斯接受美國哈佛大學的聘請到該校設計院任教授，次年擔任建築系主任，自此長期留住美國。

1946年他同一些青年建築師合作創立了"協和建築事務所"。格羅皮烏斯從1930年代起就已經成為世界上最著名的建築師之一。1950、1960年代，他先後獲得英國、德國、美國、巴西、澳洲等國建築師組織、學術團體和大學授予的榮譽會員稱號和榮譽學位。

1952年，格羅皮烏斯70歲之際，美國藝術與科學院專門召開了"格羅皮烏斯討論會"，他的聲譽達到了最高點。

格羅皮烏斯對建築運動的最大貢獻在於他創造了建築功能空間語言，有力地促進了建築設計原則和方法的革新，以及對建築工業化生產的準確預見和積極推廣。1969年，這位傑出的建築大師在美國去世。

勒·柯布西耶（Le Corbusier, 1887~1965）

是現代建築運動的狂飆式人物。他於1887年出生於瑞士，父母是製錶業者。他少年時代在瑞士的鐘錶技術學校學習，後來從事建築業。1908年到法國巴黎，師從著名建築師貝瑞，在那裡學到了一流的混凝土技術。後來又到德國柏林的勞倫斯處工作，在那裡他認識了格羅皮烏斯和密斯·凡德羅，後來三人皆成為現代建築運動的巨匠。

1917年他回到巴黎開業，並和一些新派畫家和詩人合編了一本叫做《新建築》的雜誌。在第一期上他寫道："一個新的時代開始了，它根植於一種新的精神，一種有明確目標的建設性和綜合性的新精神。"他在堅持理性主義的同時，還把當時藝術界正在興起的立體主義表現手法移植到建築中來。這種既是理性主

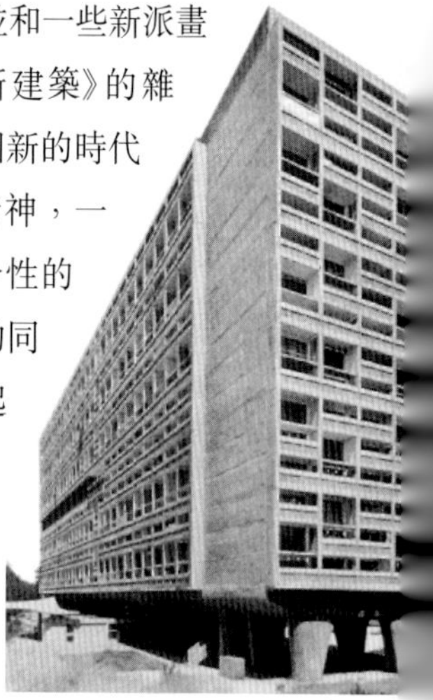

馬賽公寓

朗香教堂象徵手法，人們在這扭曲的神秘空間中摧毀、唯神忘我的宗教境界便油然而生。

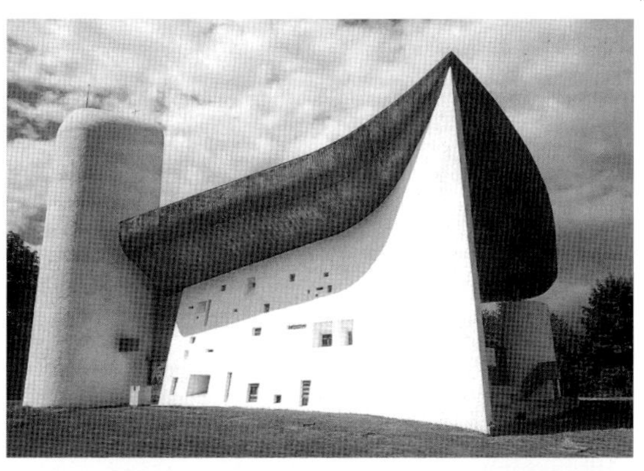

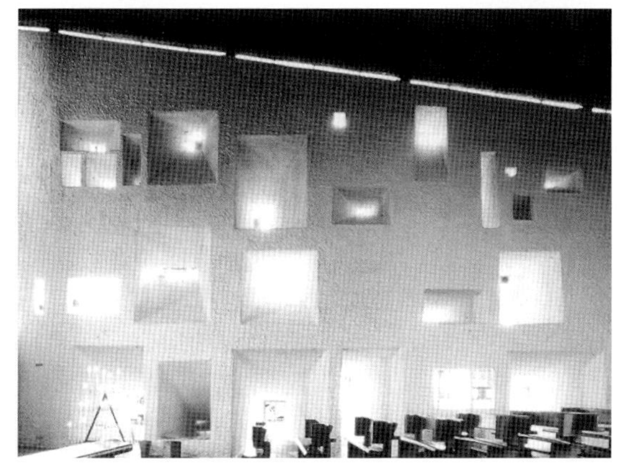

義又是浪漫主義思想的二重性，深深影響了柯布西耶一生的建築創作。在空間藝術方面，他追求的是純藝術的塑性空間，近似雕塑創作，同格羅皮烏斯和密斯相比，柯布西耶更偏重於感情，空間裡體現更多的是人類的情感和精神。

他的建築思想集中地體現在他的作品之中，1950年~1953年建於法國東部的朗香教堂是勒．柯布西耶最令人瞠目的作品。他解釋說，教堂的最大宗教目的是讓信徒們聆聽上帝的聲音，所以一切設計"要像聽覺器官那樣柔軟細巧，精確而不可改動"。

1952年柯布西耶完成了他居住建築的不朽名作——馬賽公寓。該公寓可容納1,600人，按每戶人口多少分成23種不同單元，總共340戶。每戶樓上布置臥室，樓下是廚房和部分兩層的起居室，單元前後都有縮進式陽台，一面對山，一面看海。體育鍛煉，幼兒園以及露天演奏場等公共活動場所集中在屋頂。建築共18層，第7、8層為食品售賣區及尚待實現的理髮、郵政、報攤、餐館等服務設施。整個建築就像一座功能齊備的立體“城”。

柯布西耶性格孤僻倔強，人們把他比作刺蝟，但是他對空間和材料的藝術的理解，創造出許多夢幻般的建築空間。格羅皮烏斯稱他是天才，說：“柯布西耶所做的草圖方案，其想法在建築界30年後才能體現出來。”密斯．凡德羅也說：“柯布西耶既能繪畫雕刻，又是建築師，他從空間的角度解放了建築，其結果又不是流於混亂或巴洛克式，而是真實表達現代文明。”後來的建築師甚至把他同文藝復興時期的繪畫和建築藝術大師米開朗基羅以及大畫家達文西相提並論。

1965年8月27日，大師在美國逝世，享年78歲。

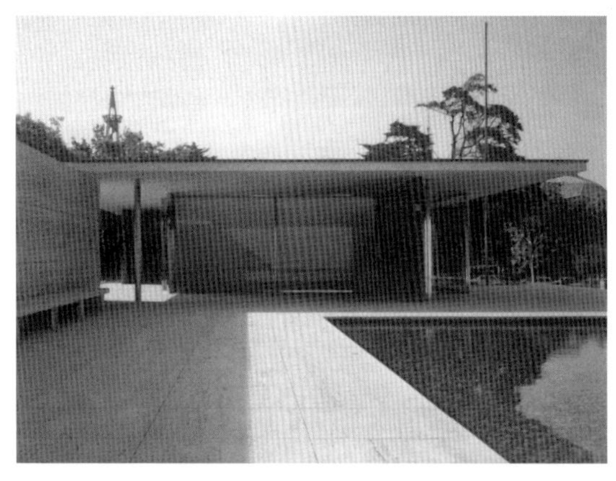

巴塞羅那展覽會——德國館

路德維西·密斯·凡德羅

(Ludwig Mies van der Rohe, 1886~1969)

他是20世紀中期世界上最著名的建築大師之一。

密斯出生於德國的亞琛古城，後入美國籍。他是位個性非常鮮明的建築大師，也是一位卓越的建築教育家。

他雖然在建築業取得了巨大的成就，但早年卻沒有受過正規的建築教育，他只上過5年學，之後就跟父親學習石工技術，是後來在建築事務所的實踐活動使他走上了建築的職業生涯。

1908年，他在著名的貝倫斯事務所工作4年，在那裡他學到了不少先進的建築思想和技術，逐步形成了自己的建築風格，那就是：紀律、秩序和形式。他認為在建築中這就是真理，美就是真理的光

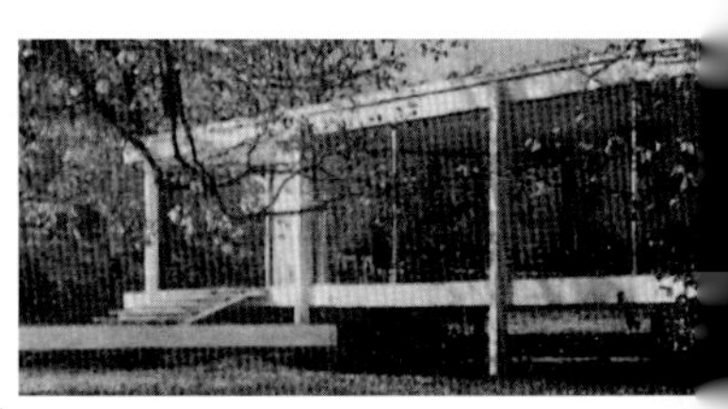

范斯沃斯住宅

輝。1930~1933年，他擔任德國包浩斯學校校長。1938年，由於德國納粹主義猖獗，密斯遷居美國，長期擔任著名學府伊利諾理工學院建築系主任。他不但大膽改革學校原有的教學大綱和教育體制，還積極參與實踐，在融合芝加哥學派的基礎上創立了密斯學派。

他提出了“流動空間”的建築新概念，這體現在建於1928~1929年的巴塞羅那世界展覽會德國館的設計中。

密斯．凡德羅的建築以精確簡潔為主，並富有結構的邏輯性。他的名言叫做：“少就是多(Less is more)”。他說：“建築與形式的創造無關，建築取決於它所處的時代，並逐步表現出它的形式。”1950年建成的坐落在距芝加哥47英里的普蘭諾的范斯沃斯住宅，就是密斯精神的力作。

密斯風格還強調技術的精美，建於1954~1958年的西格拉姆大廈無疑是紐約最精緻的摩天大樓之一。它是密斯設計高層建築的代表作。

密斯技術精美的建築設計思想和嚴謹的造型手法對後來的建築師產生了深遠的影響。作為現代建築的一代大師，他的名字會永載史冊。

西格拉姆大廈

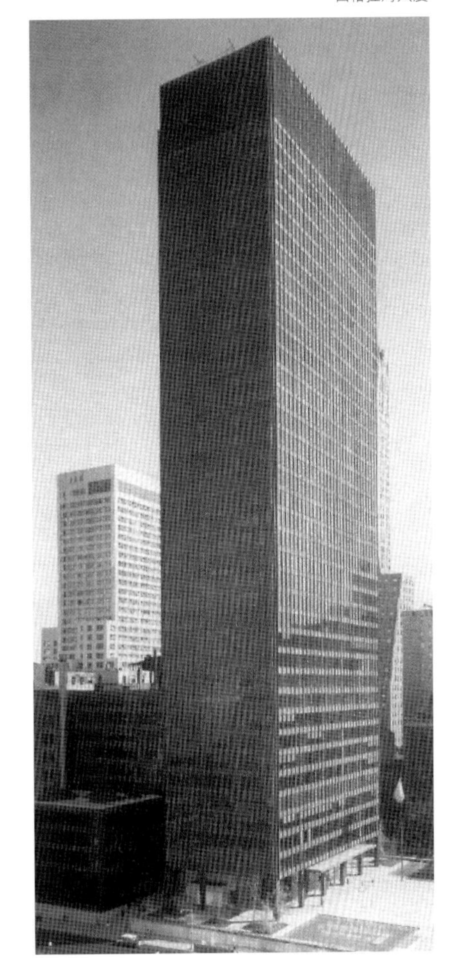

弗蘭克·勞埃德·賴特

(Frank Lloyd Wright, 1867~1959)

生於美國威斯康辛州，是美國現代建築的創建者。他吸收了北美地方民族的傳統精神，運用天然材料(木材、石材)和面磚進行設計，創造了一系列美國式的、不同於歐洲風格的現代建築。他的有機建築同週圍環境完美結合，對現代建築後期的發展產生了深刻的影響。

賴特在大學只上了兩年工程系，便到芝加哥沙利文建築事務所工作。這期間芝加哥學派的設計思想給賴特以深刻的啟發，他一生對大城市持批判態度，很少設計摩天大樓。賴特一生設計得最多、最為精彩的建築類型，就是別墅和住宅，同時他思想深處的鄉土觀念，使得他的作品無論在外形還

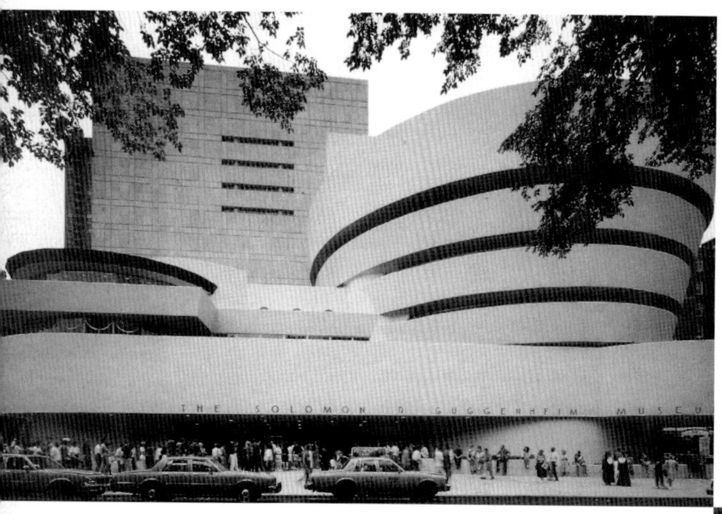

古根漢姆博物館

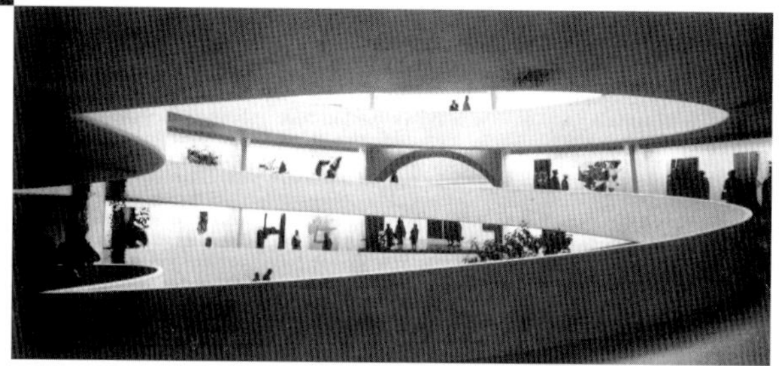

古根漢姆博物館的內部空間

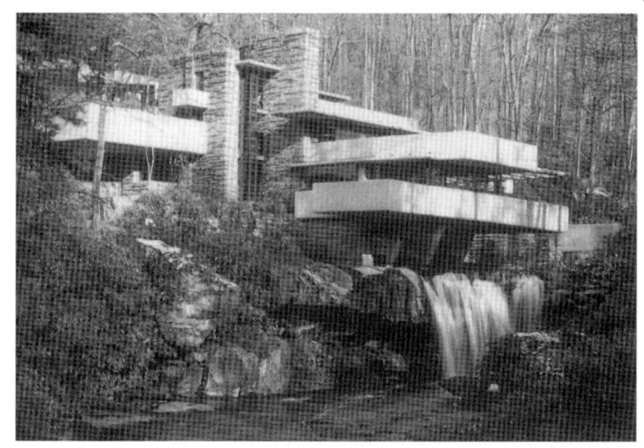

流水別墅

是在空間上，都能和大自然有一種天然的默契。他的有機建築理論就是把建築物與週圍的環境滲透在一起。

賴特早期的作品並不為美國人所接受。給賴特帶來世界聲譽的建築是他在1936年為美國富翁霍夫曼在賓州"熊跑溪"上設計的流水別墅。在這項工程中，賴特發揮了他對鋼筋混凝土懸臂結構的偏愛，同時也表達了他"有機建築"的設計思想。

1943年開始設計、到賴特去世後才建成的紐約古根漢姆博物館，是他最後的傑作，也是他在鬧市區建造的唯一規模較大的建築。這座建築的主體部分是一個很大的螺旋形建築，內部是一個圍繞坡道的高約30米，底部直徑28米向上漸大的圓錐台體空間。

螺旋形的博物館空間是賴特嚮往已久的構思，也是他的得意之筆。他說："在這裡，建築第一次表現為塑性的，一層流入另一層，代替了那種呆板的樓層重疊……"

賴特是20世紀建築界的浪漫主義者和田園詩人。他不同於歐洲的三位大師(格羅皮烏斯、密斯·凡德羅和柯布西耶)。他們忽略空間的中心作用和人的參與慾望，而賴特則在空間中充分考慮到人的存在，考慮到建築與環境的有機結合。他提倡建築形式多樣化，較早地否定了風行世界的國際式方盒子建築形式，給後來的美國建築思潮和世界各國的建築發展以深刻的藝術上的啟發。

路易斯·康（Louis Kahn, 1901~1974）

生於波羅的海的薩列瑪島，1906年舉家移居美國。父親是虔誠的猶太教徒，母親是位出眾的豎琴手，因此路易斯．康從小就受到良好的藝術薰陶。1920年代初，路易斯．康在藝術學校學習期間，曾選修了一門建築史，他覺得建築藝術比音樂和繪畫更適合他，於是就到賓夕法尼亞大學建築系學習建築學。

1924年畢業後，他到費城建築師廠、莫里特的事務所工作，後遊歷歐洲，1935年開設了自己的事務所。路易斯．康性格隨和、謙虛、工作上卻嚴謹而勤奮。他一週要工作六七十個小時，但是由於遇上了西方經濟大蕭條和第二次世界大戰，他的前半生都在默默無聞中度過了，直至1950年代，年過半百的路易斯．康設計的耶魯大學藝術畫廊擴建項目才使他一舉成名。

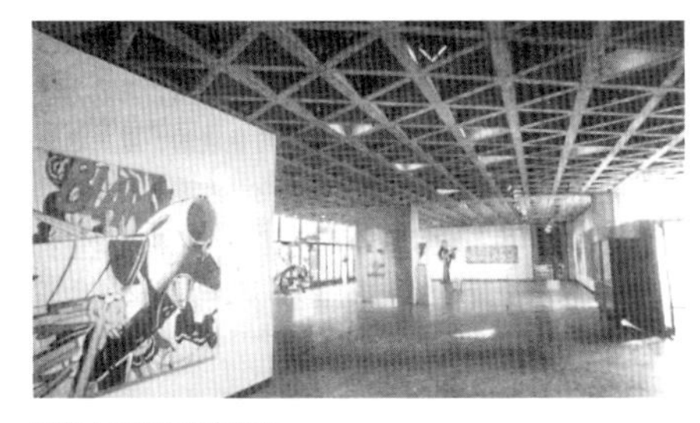

耶魯大學藝術畫廊擴建

路易斯·康設計的Jonas Salk Institute (1959~1965)

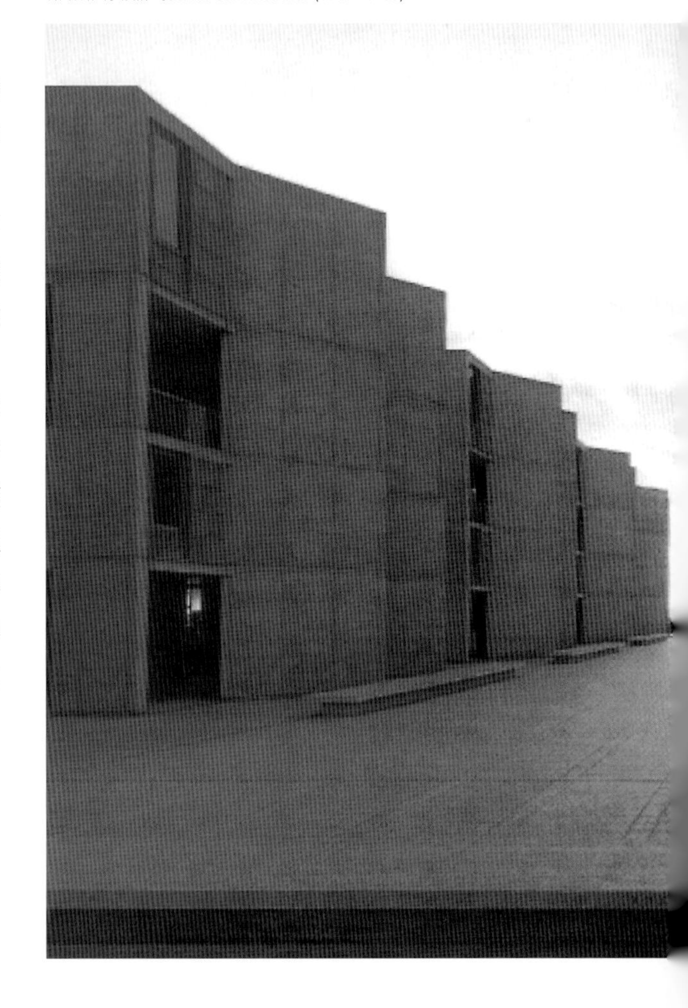

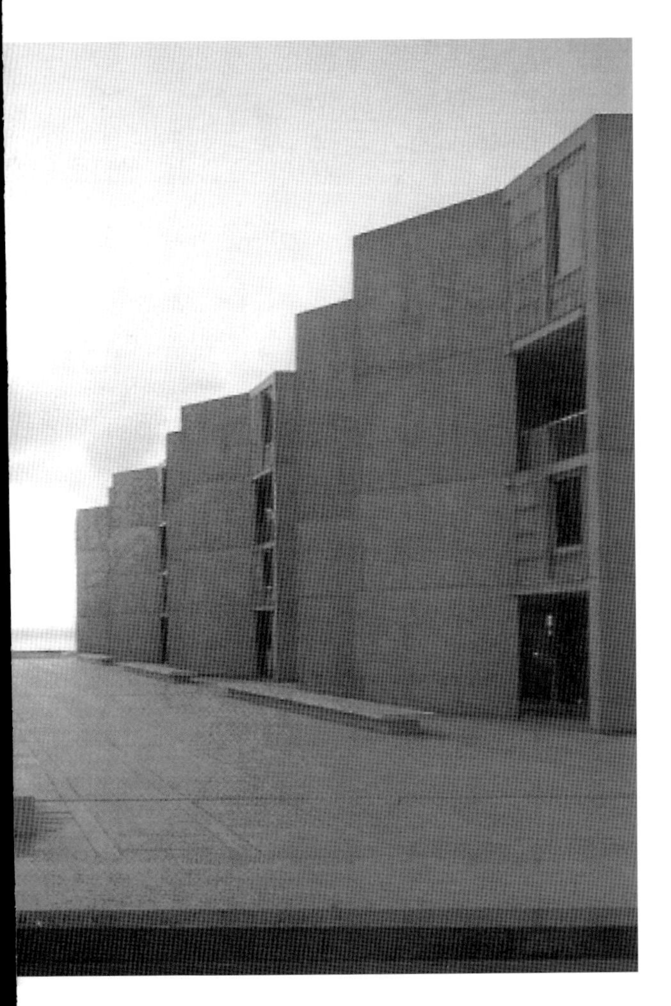

自1960年以後，他獲得了一連串的榮譽和獎章，包括耶魯大學、賓夕法尼亞大學和哥倫比亞大學在內的九所知名學府授予他名譽學位。他是美國建築師學會及其它學會的榮譽會員，此外，他還獲得過美國國家藝術文學研究會的布魯納獎和其它國際性大獎。

路易斯·康還是一位傑出的教育家，曾先後在耶魯、普林斯頓和賓夕法尼亞大學任教。他態度隨和，聲音平緩而略嘶啞，課堂、咖啡館、家裡經常成為他和學生們進行討論的場所。他認為教育不只是引導學生們覓取答案，而是引導他們去感知事物的本質，應該“意會”多於“言情”，“神交”多於“匠藝”。他的建築思想影響了幾代人，他的門徒很多成為國際知名的建築師或知名大學的建築教育家。

路易斯·康的作品頗豐，而真正建成並存在的只有三四十項，還有很多方案都因經濟或政治上的因素被耽擱了。

除了建築作品之外，路易斯·康還發表了不少論文和著作。他常常深入到建築藝術的根源裡去，言辭精微深奧，被人們稱為當代建築師哲。在

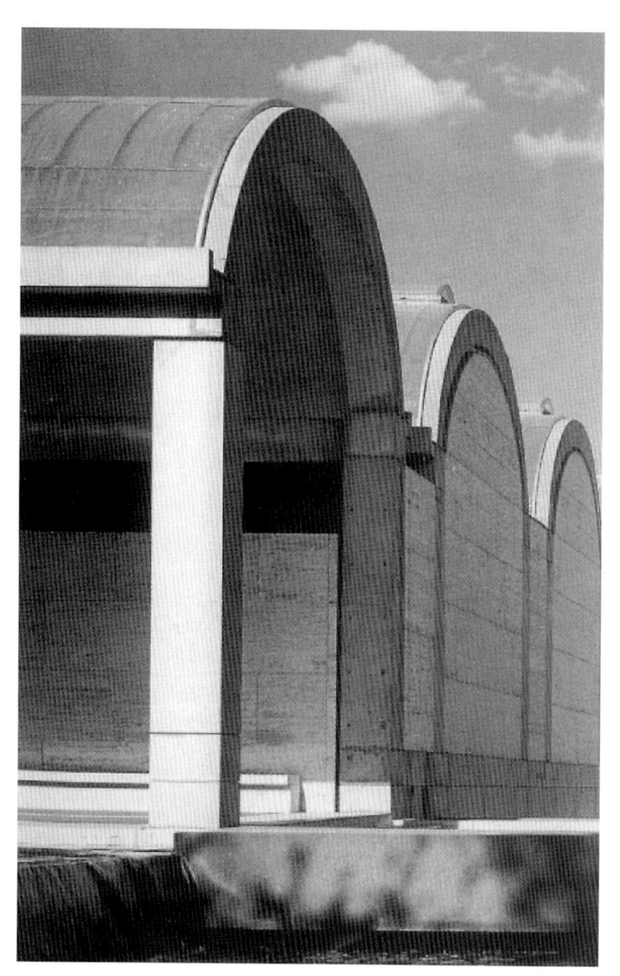

路易斯·康設計的Kimbell美術館(1966)

《靜謐與光明——蘇黎世理工學院的講演》中他談到："靈感是在靜謐與光明相會的門檻處產生的初始感覺。靜謐，不可量度，是成為什麼的願望，是新需求的源泉；光亮是可量度的，依憑意志和法則，依憑已有事物的量度，是所有已有事物的形象賦予者，這是藝術的聖壇，陰影的寶庫。""建築師地位何在？……他是一個傳遞空間美感的人，這是建築藝術的實際意義，思索有意義的空間，開創一個環境，這就是你的發明創造。"

1974年，路易斯·康卒於紐約。

貝聿銘 (Ieoh Ming Pei, 生於1917年)

生於中國廣東，在上海受的中等教育，1935年加入美國籍，1940年獲麻省理工學院學士學位，1946年獲哈佛大學碩士學位，並留校任教。1948年，貝聿銘出任W·澤肯多夫地產公司建築部負責人。1955年，他召集了一批從整體規劃到室內設計的專家，在紐約開業。

貝聿銘是當今世界公認的優秀建築師。他不願多談理論，而是按照最好的方式恰如

美國國家美術館東翼

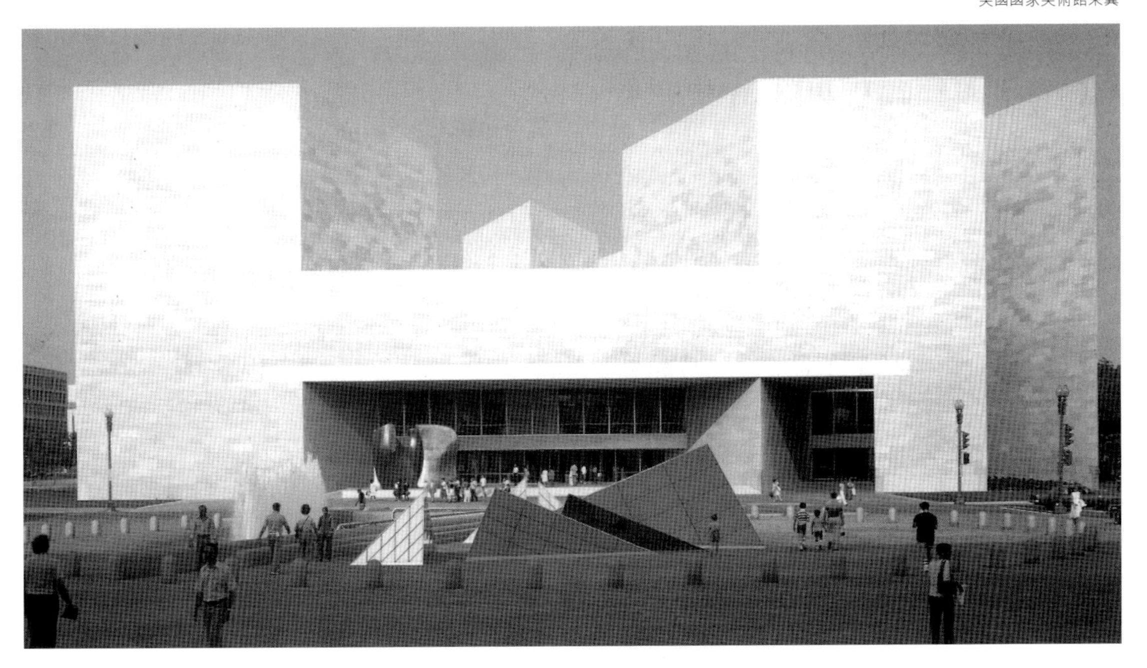

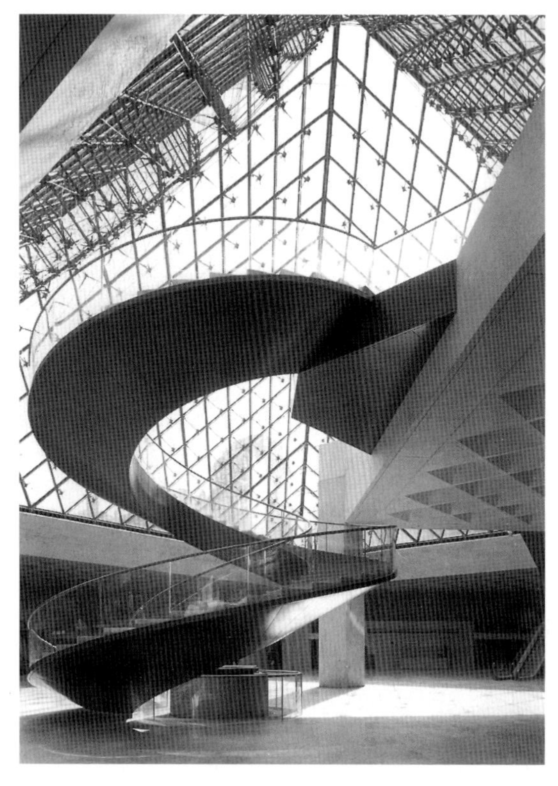

巴黎羅浮宮擴建部分的內部空間

其分地進行建築創作。由於他少年時代在中國度過，中國的傳統思想和老莊哲學對他影響很大。他認為人不可能脱離自然而存在，隨時隨地應該順應自然，而不是對抗和征服自然。

貝聿銘不是一般的現代建築師。在哈佛學習時，他曾受到現代建築大師格羅皮烏斯教授的教導，但他更傾向於很少講教條的馬西爾．布魯耶。他後來還受到密斯．凡德羅"皮包骨"建築的影響，但是他把最高讚譽奉獻給了最受後現代主義探索者們崇拜的美國建築大師——路易斯．康。

貝聿銘的作品雖然沒有華麗奇特的外表，但是都構思嚴密、設計精巧、手法完美。他的作品內

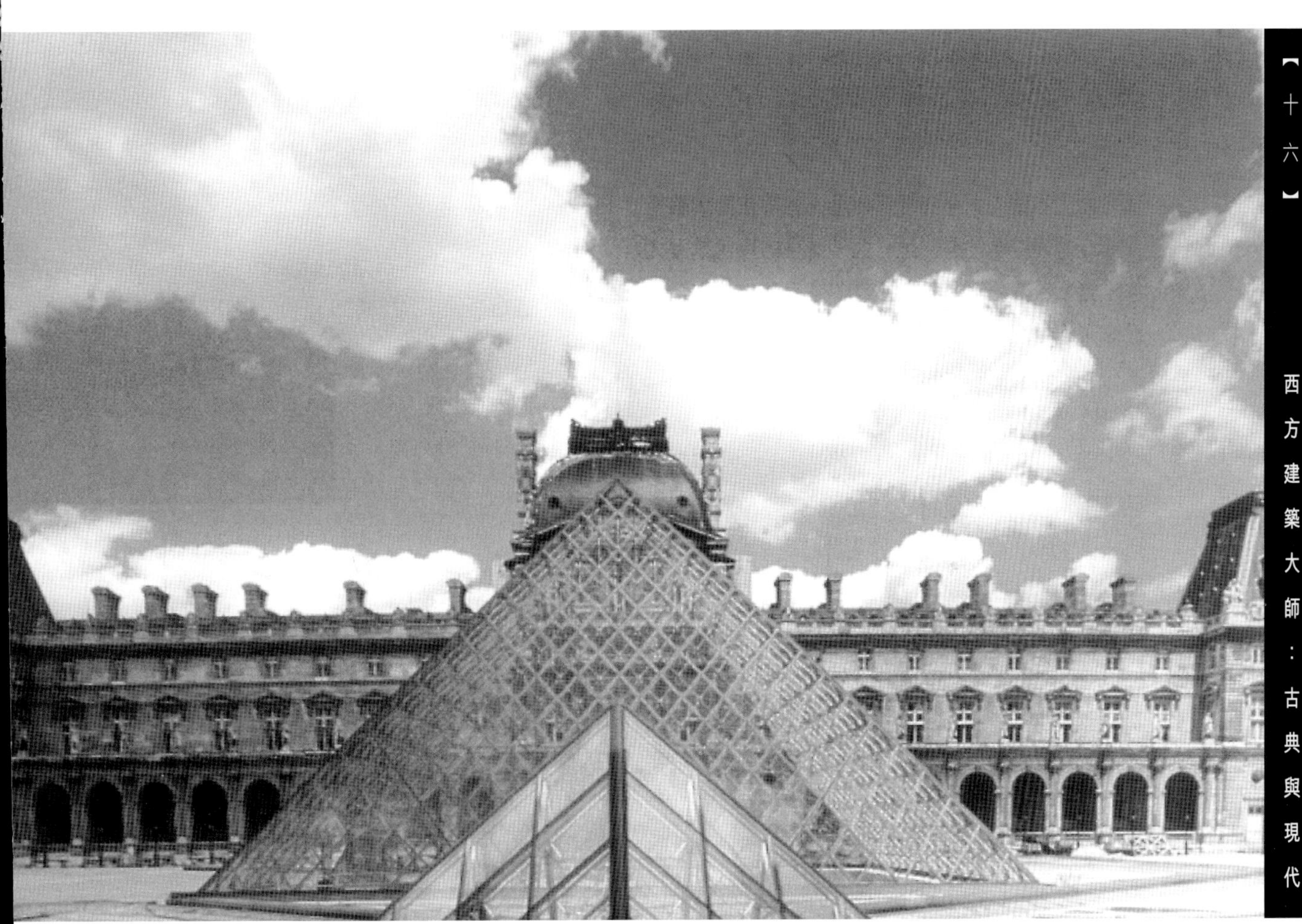

巴黎羅浮宮擴建部分的玻璃金字塔

肯尼迪圖書館

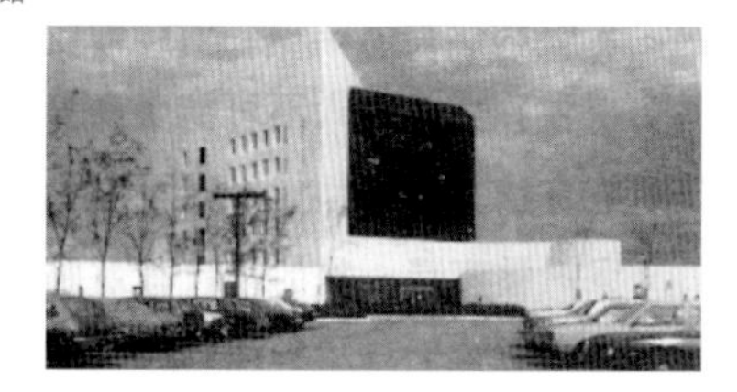

部空間生動感人，介於純淨的現代建築空間和藝術的塑性建築空間之間，是一位不過火的現代建築大師。他以非凡的天才創造出許多傳世佳作。如美國國家美術館東翼、肯尼迪圖書館、巴黎羅浮宮擴建部分的玻璃金字塔、美國大氣研究中心、香港中國銀行大廈和北京香山飯店等。

貝聿銘是美國建築師協會、室內設計協會和英國皇家建築師協會會員，美國設計科學院和國家藝術委員會成員。由於他的突出成就，1979年美國建築師協會授予他金獎，1983年他獲得了普里茨凱建築藝術獎。

建築是技術與藝術的結合物，它要求建築師既有理性又具有對美的感性。要求建築師在設計時

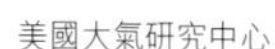

美國大氣研究中心

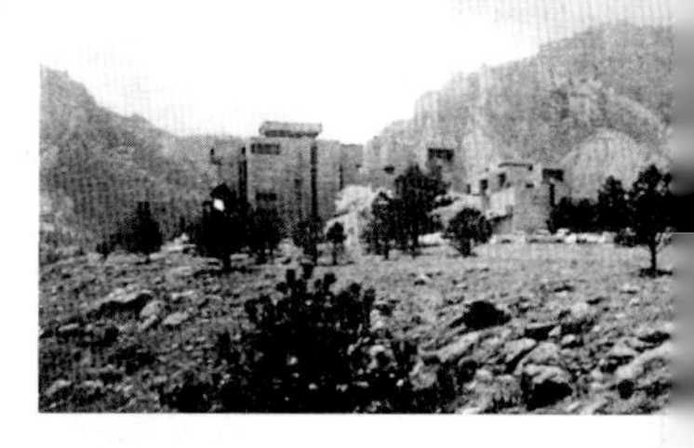

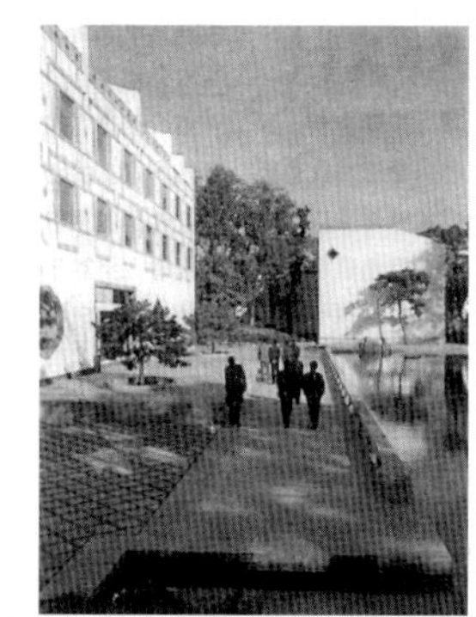

北京香山飯店

香港中國銀行大廈

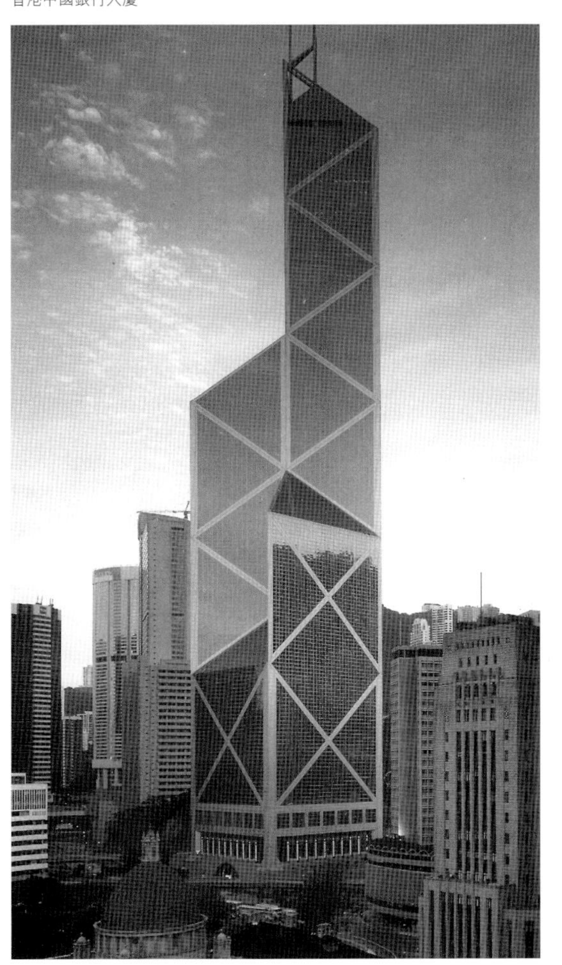

不光要解決功能、技術問題，還要對建築的空間、序列，造型進行反覆推敲，使其趨於完美。帕特農神廟具有其優美的比例，金字塔以其純淨的幾何形狀展示着它的魅力，朗香教堂更以其內部神秘的光影效果和外部造型的雕塑性而聞名於世。

電腦也越來越成為建築師不可缺少的工具。“拋開繪圖板”已成為某些激進設計工作者的響亮口號。在當前，這還是不可能的。建築師的徒手草圖仍然是建築師的構思表現的重要手段。電腦輔助設計及繪圖如今已發展到畫三度空間的立體圖、透視圖，圖面由單色變為彩色，由靜止變為旋轉，由繪圖變為設計。電腦輔助設計越來越受到建築師的歡迎。

17 風水：建築環境的東方信仰

風水，陰陽先生，隨着社會的進步似乎已越來越為人們所淡忘。提起它，也彷彿只和封建迷信、市井俚俗聯繫在一起。如果再進一步地將它和建築聯繫起來，恐怕更令思維活躍的現代人無法理解。風水究竟有沒有科學依據？有無研究的價值？值不值得提倡？要解開這些疑惑，我們必須先對風水有個初步的感性了解。

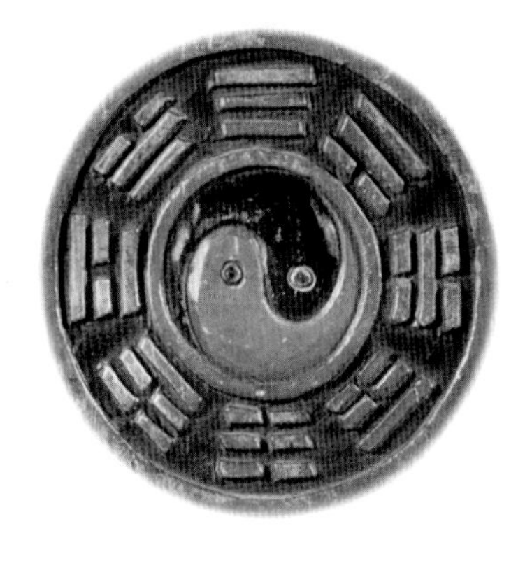

風水術是中國古代有關建築環境的基地選擇與規劃設計的理論，又稱"堪輿學"。據考證，它的產生可追溯至公元前4世紀。風水學主要是通過陰陽觀念觀察地形來尋找適合人類居住的建築地點，它包含有選擇的地形、地質水文、氣候、植被、生態、景觀等諸要素，並以傳統的"氣"、"生氣"、"陰陽"等概念來闡釋其好壞吉凶，確定是否適合人類居住生息，因而也可以説，風水就是為尋找建築物吉祥地點的一種景觀評價系統。數千年來，中國的一切建築活動幾乎沒有不受其影響的。由於經過幾千年封建社會中的發展，風水帶有不少的迷信成分，然而，並不能因此就按西方的概念將其簡單的論斷為科學或不科學。因為，在這種古老的具有中國文化特色的系統中，有科學的成分，也有迷信的成分。

既然風水就是選擇吉祥的，可以建造居住物的一種學問，那麼最重要的、和風水術最密切相關的問題也就是運用風水術來選擇合適的建築地點，即選址。在中國古代運用風水來選址的，一般有下列幾種類型：

風水與城市選址

在古代，城市的選址是一件十分隆重的事，它關係到未來的事業是否興旺發達，關係到族人與國家未來的前途與命運，因此必須認真對待。古都選址也充滿了禮儀規範和天人相應的文化和意識。

根據中華民族古老的“陰陽”、“五行”、“氣”等理論，城市的選址首先注重的是大環境。歷史上許多古城的設計，都是先考察一個地區遠近的山川河流等狀況，“觀其泉流，相其陰陽”。再根據這些山水的“氣”或是否有保護作用來確定地點。例如明代國都的所在地燕山，就坐落在昆侖山之氣的中段。“青龍”泰山居左，“白虎”華山居右，嵩山成為起支撐作用的保護山脈。

古代城市的選址，一般要在平坦而肥沃的山地之上，背有大山，左右有河流、泉水或湖泊。城內有通暢的排水系統，選擇城址應充分利用自然資源和農產品來保障城內人口的衣食所需和繁殖六畜，以發展經濟吸引更多的人口集中。在選擇這些地理優勢的基礎上築城挖壕，低處築堤，高處控渠，從而建立起城市。

在中國古代城市的選址中，風水成分最多的，也最為我們熟悉的，恐怕非中國的首都——北京莫屬了。

北京的風水是被歷代堪輿家，也即風水先生所稱頌的。因為北京地處險要，位於華北平原的北端，平原與山地交匯的要衝。北枕居庸，西峙太行，東連山海，南俯中原，再加上北京的河山鞏固，水甘土厚，民俗淳樸，物產豐富，良好的地理

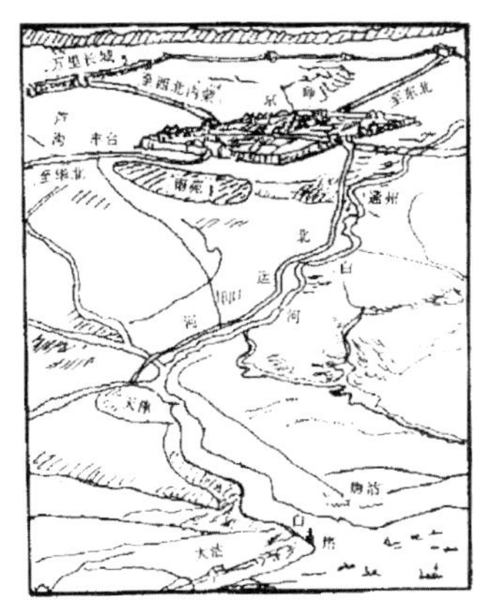

京津風水圖

位置加上繁榮的經濟狀況，即使完全按今天科學的評判觀點來看也是修建城市的極佳地點。

而從風水家們的觀點看來，北京北面太行山，軍都山形成半圓形的山灣，南面有大河，還有湖泊、沼澤。按風水上來說，是所謂"藏風聚氣者茲地實有之"，具體分析而言，城西的太行山脈由南向北奔騰而來，城北的燕山山脈羅列擁簇守衛着京師，兩山交會相聚形成風水中所說的"龍脈"。另外，森森密蓋着山巒，其中雲氣鬱積。在青山之中，桑乾河和洋河匯合成澎湃的永定河，穿行於深山老林之間，到京西的三家店，陡然衝出山谷，在北京小平原上伸展流淌，形成了北京四週形如蛛網一般的溪流湖海。因而造就了北京的溫潤豐饒，土肥人美，這正符合風水上要求的利於生態的最佳的"藏風聚氣"的格局。

風水與宮殿選址

在古代，不僅城市、國都一般選擇在當時被認為風水最好的地方建設，而且宮殿地點的選擇也至為重要。這不僅關係到禮數、古制，也與守禦、供養等密不可分，故而，與城市選址一樣，也需要進行周密的"堪輿"。一般宮殿都建在城市內的風水穴上，因為這裡被認為是"生氣"聚集的地方。前文提到的北京城中的紫禁城就是一個代表作，它位於城市東西、南北交叉軸的交點上。這樣，整座城市的中心是皇城，皇城的中心是宮城，宮城的中心是太和殿，太和殿中心又有位於須彌座上的寶座這個中心，風水上稱為"太極"。按《周易》中說"易有太極，是生兩儀"。兩儀指天地或陰陽，這就是說將太和殿中心比喻成了藏風得水、生化萬物的地方，從而把皇帝塑造成一位整座城市乃至整個人間的主宰者，集中突出了天子的"君權神授"、"唯我獨尊"。

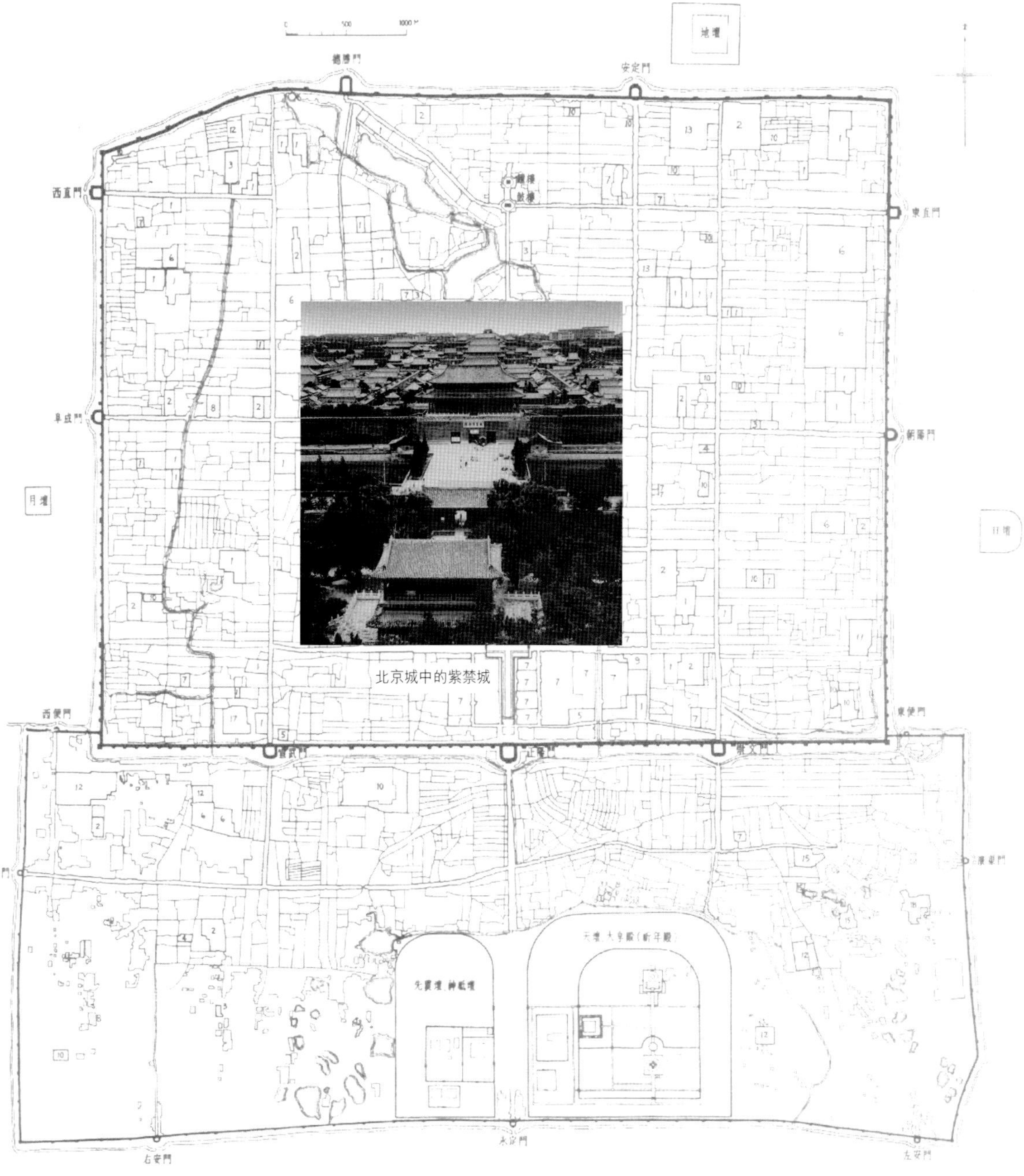

北京城中的紫禁城

不僅宮殿在城市中的位置需要堪輿家來認真考定，而且宮殿中的各個部分也與風水原理密切相關。在紫禁城中，諸好三大殿之類的許多重要宮殿都位於中軸線上，取的是“致中和”之意。皇宮南北對稱，大門朝南，正符合風水中所謂有“負陰抱陽”。整個紫禁城有一條護城河環繞，使河水通過主門和入口。這樣做是因為風水術中將流水喻為財源滾滾，流水通過主門，象徵接納財富。此外，為了取得良好的風水，三大殿及皇宮的其它建築都背靠一座假山，這意味着護衛，實際上也起到防風禦寒的作用。

風水與陵墓選址

既然風水術的作用主要就是體現在選擇良好的宅地和墓地上，因而，古人對從下到平民百姓上至帝王將相死後的“陰宅”——墳墓的選址都不遺餘力的運用風水原理加以選擇。

其實，在風水術中，好的陵墓地點與好的宅

北京市明十三陵分佈圖

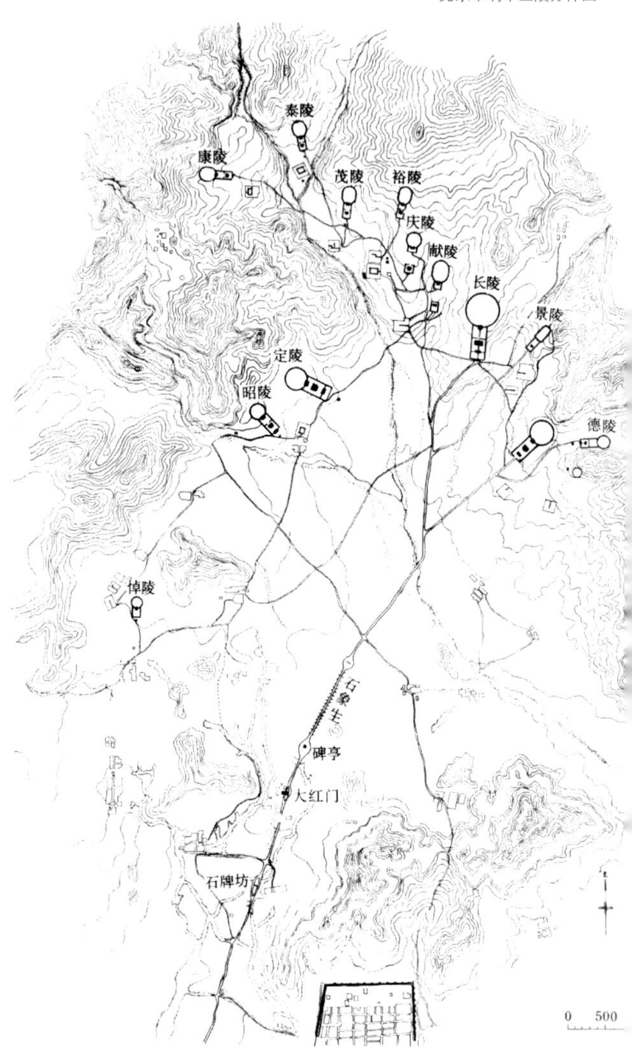

第地點是相差不大的。因為古人認為死後的人仍是活人生活的繼續，所以，陵墓的環境與宅第的環境大致相同，都必須有山有水。一般而言，無非是“背陰抱陽”，即以馬蹄形山丘為靠背，前有臨水的開闊地。方向上一般朝陽，這樣就能“得水藏風”。不僅要有水，而且水流要平緩，蜿蜒屈曲。環於“風水穴”四週的山也很講究，有諸如“青龍白虎，朱雀玄武”之分類。另外，山的走向、起伏，即所謂的“龍脈”在墓地的選址中也至關重要，都是不能馬虎的。

由現存的清東陵、十三陵都體現出了上面説到的風水原理。在十三陵中，雖然地域很大，數目很多，但陵墓始終都是位於四週圍山脈構成的一個“盆”之中。位於中心的長陵，據於主峰天壽山前，這是由於風水穴一般位於山脊當中主山峰的山腳下。在長陵南6公里處，有崛起對峙的兩座作為入口的小山，山間的道路位置的選擇也很精心，力求使大小不同的兩座山由於道路距它們的遠近不同而在感覺上差別不大，正是所謂的“左崇而右實，右勝而左殷”。

風水與住宅選址

風水術在中國不僅在歷史上廣泛用於城市、宮殿、陵墓等的選址，在近現代的建築中，仍常常為人們作為選擇、調整住宅地點、布局的一種手段。在華僑居住較多的國家，許多賓館和高層建築都是按當地華僑風水家的建議設計的。而在國內，跟我們生活最近的例子恐怕就是四合院了。

四合院的東南西北四方，古稱“四象”，分別和青龍(東)、白虎(西)、朱雀(南)、玄武(北)相配。又與春夏秋冬相依。即青龍(春天)、白虎(秋天)、朱雀(夏天)、玄武(冬天)四個方位加上它們圍成的正中，就形成了東南西北中五個方位，又與金木水

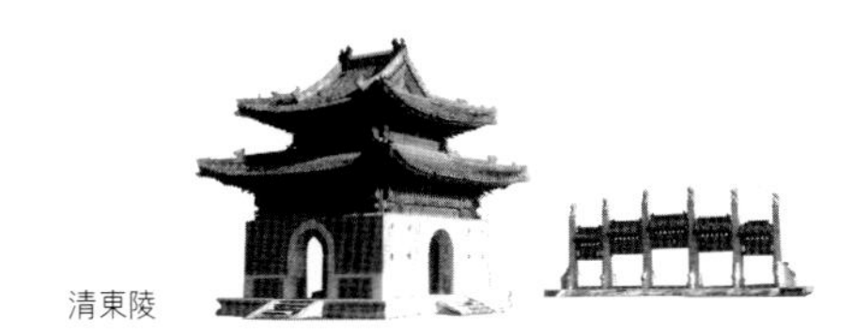
清東陵

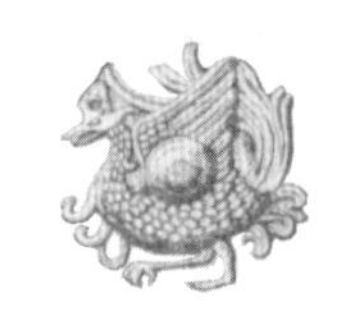

玄武

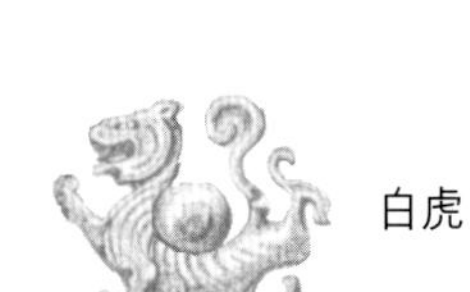

白虎

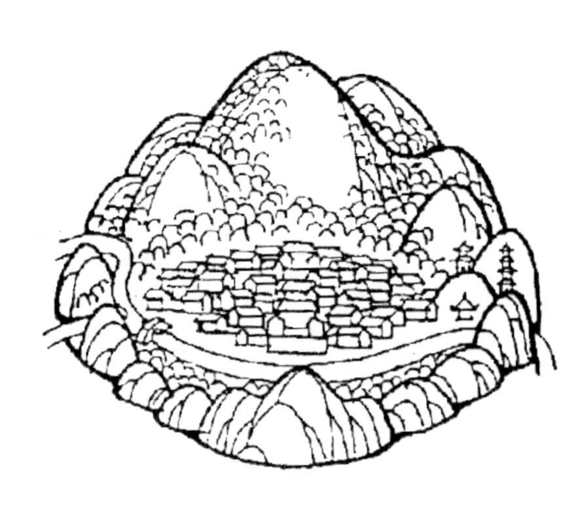

青龍

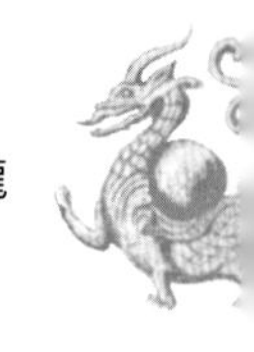

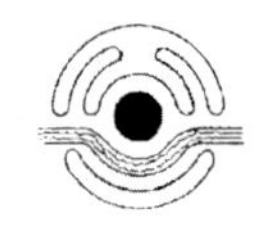

朱雀

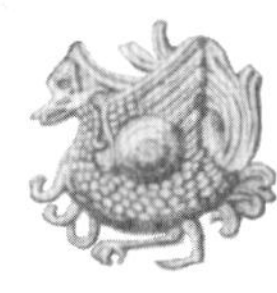

火土相配。東方為木，南方為火，西方為金，北方為水，正中為土。在宮殿上都用此"五星座"配置。將主殿堂放於當中，四方各有配殿，以長廊將五方連接，這即是風水中陰陽五行思想在庭院布局中的體現。

除了在四合院的布局中，風水對於在住宅的選址上同宮殿陵墓的選址同樣重要。因為一所好的房子必須和週圍良好的環境相配合才會使住的人身心健康。古書《營造宅經》上說："左青龍，右白虎，前朱雀，後玄武"。即吉地週圍應是左面有河流（青龍），右面有長道（白虎），前面有池塘（朱雀），後面有丘陵（玄武）。有此四神者，是最尊貴的土地，是屬於"四神相應"的吉相地方，可以作為住宅的用地。

風水與室內設計

一所好的住宅，如果只有優雅舒適的外部環境仍是不夠的，因為人是居住在室內的，房屋內部的布置對人也許比外部更為重要，這也就是為什麼現在家庭裝修風大盛的一個主要原因。正如很多人運用風水來選宅地一樣，他們也將風水術用於調整住宅內部環境，以求得好風水。這種做法，現代人可能會覺得過於迷信，但他們的有些觀點也的確有一些合理之處，比如說，用風水術布置室內格局的人強調床下不宜堆雜物，理由是如此易潮濕，生出細菌、害蟲，從而影響健康，而且床下因不通風，衣物也容易發霉。又比如說，風水家認為房間中鋭角傢具過多是凶意，理由是易碰傷人。

由這兩個簡單的例子來看，風水在對於選擇宅地和內部的裝修布局上不能說完全是迷信的東西，它對於吉地的看法同現代建築設計中的某些原理比較接近，比如都認為建築物應該朝向陽光，後有山丘或建築物遮風等。因而如果宏觀的分析面對，可以看出，風水中是有一定的科學成分的。因為它最早就是從為找一個好住的、可以造房子的地方這個單純的意願出發，是一種對於自然現象和規律的反映和總結，只是由於在封建社會中的長期發展，使得風水逐漸帶上了宗教和迷信的色彩。所以對於風水這樣一種也可稱為中國文化一部分的系統來說，其中有科學的成分，也有迷信的成分，只是看我們以怎樣的態度去面對它。

對於風水的起源，現在一般的學者都認為，風水產生於中國，後來方由鄰國逐漸向外傳播。在這些鄰國中受影響較重的主要有朝鮮和日本。

在朝鮮的歷史文獻中記載風水內容的為數很多。據說漢城就是由於符合風水學說的全部要求才被定為國都的。在現代的韓國，風水研究方面的書籍十分暢銷，而且水平也都很高。這些書籍大都是從歷史地理角度進行探討，另外，也有從民間故事等方面研究的。

日本的風水研究熱始於1980年代。1980年代末還成立了全國風水研究者會議。日本的風水研究與朝鮮最大的不同是日本人不研究本國的風水，這是它的一個大的特色。因為日本風水為殖民統治服務，研究朝鮮、台灣居多。戰後殖民地消失，因而風水也衰退。

除了朝鮮和日本，在西方，歐美的風水研究史也很長，其中又以英國為最。他們研究風水的原因大概是不理解為什麼歷史上東洋比西洋經濟發展快。他們先認為是儒教的作用，後又轉到風水的研究上來，而通過長期的研究，目前世界上的風水文獻中竟形成了歐美書最多，水平也最高的局面。在歐美研究中國的書，在講述中國人思考方式時，都會論及風水，他們把風水視為宗教、世界觀、科學思想。對於這個事實，不知是否會促使我們以更客觀的態度來研究一下風水，而不是只把它當作是封建迷信的殘餘。

從古至今，風水與建築的關係一直很密切，因為二者都和人類的居住緊密相聯。作為一種歷史遺傳下來的東西，我們可以先不去管它是科學還是迷信，而本着先研究後下結論的原則好好地分析一下，將其中有用的部分（如選址中的陽光取向、通風等）運用到現代的學科（如建築設計）中來。這樣，不僅可以去蕪存菁，剝掉迷信這一掩飾外衣，而且可以整理出寶貴的知識來。

另外，風水除了其中的科學自然知識和規律外，其慣用的陰陽五行等理論與中國的古代哲學也有相通之處。對風水的研究，也可以作為是對古代哲學研究的一個側面補充。

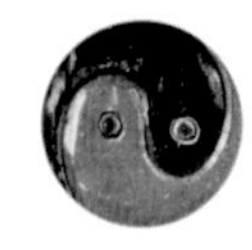